Paul Hugger / **Der schöne Augenblick**

1 Strassenphotograph bei der Aufnahme einer Studentengruppe anlässlich eines Zürcher Festes. Dreissiger Jahre (Frey).

Paul Hugger

«DER SCHÖNE AUGENBLICK»

SCHWEIZER PHOTOGRAPHEN DES ALLTAGS

Prolog von Hans-Ulrich Schlumpf

OFFIZIN

Für Druckbeiträge danken wir folgenden Behörden und Institutionen:

- Bürgergemeinde Härkingen
- Cassinelli-Vogel-Stiftung Zürich
- Präsidialabteilung der Stadt Zürich
- Regierungsrat des Kantons Solothurn
- Regierungsrat des Kantons Uri
- Stiftung der Schweizerischen Landesausstellung 1939 für Kunst und Forschung
- Ulrico Hoepli-Stiftung Zürich
- Karl Mayer Stiftung Vaduz
- PRO HELVETIA Zürich

Gestaltung: Peter Zimmermann

Lithos: Franz Horisberger AG, Niederglatt ZH
Satz und Druck: BuchsDruck, Buchdruckerei Buchs AG, Buchs/SG
Einband: Buchbinderei Burkhardt AG, Mönchaltorf ZH

ISBN: 3-907495 05-5
Printed in Switzerland

INHALT

PROLOG

Vier Fotografen übernahm Paul Hugger aus dem Film «Der schöne Augenblick»[1] für seine monographischen Studien über «Schweizer Fotografen des Alltags»: Matthias Keust, Richard Aschwanden, Ernst Hiltbrunner und Jean Amrein. Es ist also kein Zufall, dass sie im Buch vorkommen, weil es vorher den Film gab. Wie aber kamen die vier Fotografen in den Film? Durch Zufall? Oder verdanken sie ihre filmische Existenz einer soziologischen Voruntersuchung über Fotografen und sind gleichsam als statistischer Durchschnitt herausgefiltert worden? Oder sind die vier Protagonisten schlicht die subjektive Wahl der Filmautoren Friedrich Kappeler und Pio Corradi? Allgemeiner formuliert: Wie werden welche Leute zu Hauptdarstellern in Dokumentarfilmen? Diese Frage mag banal erscheinen. Hinter ihr stehen aber eine ganze Reihe von gestalterischen – und im Falle von Filmen mit ethnologischem Anspruch – auch wissenschaftlichen Fragen.

Der Leser, die Leserin mag glauben, dass die Frage für den Spielfilm einfacher zu beantworten sei. Der künstlerische Leiter, also der Regisseur oder der Produzent, wählt sich den oder die Schauspieler(in) aus, die der Rolle am besten entspricht. In der Realität ist die Auswahl der Schauspieler – das sog. «casting» – allerdings ein wesentlich komplizierterer Prozess, wobei Faktoren wie die Terminpläne, die Kosten und der Marktwert eines Protagonisten eine zentrale Rolle spielen. Und immer wieder sind es auch zutiefst subjektive Faktoren, welche schliesslich die «rationalen» Faktoren überspielen: Ein Regisseur will einfach mit dieser bestimmten Schauspielerin arbeiten, und nicht selten wird die Rolle, die sie im Film zu spielen hat, zur Rolle, welche sie im Leben des Regisseurs spielt.

Die Frage lässt sich für Dokumentarfilme nicht einfach und schon gar nicht für alle Dokumentarfilme verbindlich beantworten. Jeder Film hat seine eigene Entstehungsgeschichte. Dennoch gibt es wohl Faktoren, die bei gelungenen Dokumentarfilmen immer wieder eine entscheidende Rolle spielen. Ihnen soll im folgenden am Beispiel der Vorgeschichte des Films «Der schöne Augenblick» nachgegangen werden.

Der Film ist Teil eines Produktionsprojektes, das ich als neuer Leiter der Abteilung Film der Schweizerischen Gesellschaft für Volkskunde vorschlug. Waren bisher die klassischen «sterbenden» oder später «alten» Handwerke der Holz-, Ton-, Metall-, Lederverarbeitung etc. in Filmen dokumentiert worden – Paul Hugger trug zum Aufbau dieser Film-Enzyklopädie entscheidend bei –, sollte jetzt der rasante Umbruch im technisierten Handwerk, das erst im 19. Jahrhundert entstanden war und heute bereits wieder verschwindet, dargestellt werden. Dieses Vorhaben entstand aus der Einsicht, dass Computer und Prozesssteuerung unsere Alltagswelt tiefer umpflügen, als es bisher je neue Fertigkeiten und Techniken vermochten. Von Anfang an war bei dieser Zielsetzung auch an einen Film über Dorf-Fotografen gedacht worden. Es war evident, dass die grossartige Alltags-Bildkultur, die sich in 150 Jahren entwickelt hatte, durch Sofortbild- und Massen-Fotografie bereits wieder ihrem Ende entgegenging. Besonders reizvoll erschien uns ein Film über Dorf-Fotografen aber auch deswegen, weil dieser gleichsam als «naiver Ethnograph» seine Zeit, in der er lebte, genauestens dokumentierte. Schliesslich liessen sich in einem solchen Film das Medium und seine Technik selbst thematisieren und reflektieren, wie es in der Schluss-Sequenz des Films mit der Referenz an die Arnolfini-Hochzeit (Gebrüder Van Eyck, 1434) auch grossartig geschehen ist.

Man hätte das Thema «Dorf-Fotografen»

natürlich auch in der Art vieler Fernseh-Beiträge abhandeln können, das heisst, als gescheiter Radio-Essay, der mit mehr oder weniger passenden Bildern illustriert ist. Unsere Ambition war eine andere. Der Dorf-Fotograf sollte im Film als lebender Mensch auftreten, der sein Metier möglichst in allen seinen Facetten ausübt und sich selbst darstellt. Uns interessierte mehr als das Handwerk selbst die Rolle, welche der Fotograf in einem Dorf spielt und wie sich seine Beziehungen zu den Menschen gestalten, die er mit der Kamera abbildet. Auch sollte die spezifische Atmosphäre eines Ateliers zum Ausdruck kommen. Da wir auch die Dynamik des technischen Umbruchs einzufangen gewillt waren, setzte dies voraus, dass der Protagonist unseres Films in irgendeiner Weise mit den früheren Techniken der Atelier-Fotografie verbunden war. Ein umfangreiches Programm also. Mit diesem «Suchbild» gingen wir auf Recherche. Sie sollte sich als äusserst schwierig erweisen, und sie dauerte nahezu zwei Jahre.

Friedrich Kappeler, selbst ausgebildeter Fotograf, der als Regisseur für den Film vorgesehen war, hatte bereits einen Spielfilm über einen Dorf-Fotografen gemacht.[2] Es war natürlich verlockend, vom gleichen Autor eine dokumentarische Arbeit über dasselbe Thema zu erhalten. Der Fotograf und dessen Atelier, das Friedrich Kappeler damals als Realdekor brauchte, waren leider nicht mehr verfügbar. Dennoch wurde er zunächst schnell fündig. Er entdeckte auf einer seiner Motorradfahrten im zürcherischen Tösstal einen Dorf-Fotografen, der tatsächlich noch nach alter Manier in einem baubarackenähnlichen Tageslicht-Atelier arbeitete. Seine Frau führte einen kleinen, malerischen Laden, in dem sie neben Brot und Süssigkeiten auch Schulpapeterien und natürlich Filme und Ansichtskarten anbot. Der hagere, wohl etwas kränkliche Mann hatte wie viele Fotografen sonderliche Züge, wirkte im speziellen eher mürrisch. Ein Hauptthema unserer Gespräche mit ihm war der fehlende Urheberschutz für seine Arbeiten. Die Leute verwendeten seine Bilder, wie es ihnen gerade passte, duplizierten und publizierten Fotos von ihm, ohne dass er je einen Rappen davon sehe.

Das Atelier war für unseren damaligen Wissensstand beeindruckend. Alles war vorhanden, alte Lampen, schiebbare Vorhänge, Hintergründe, Requisiten – etwa eine theatralisch wirkende Balustrade –, verschiedene Kameras. Auf einem Tischchen lagen Stapel von Abzügen, welche, je tiefer man drang, die ganze Dorfbevölkerung und ihre Geschichte zu enthalten schienen. Einmalig war, dass in den obersten Schichten immer häufiger die Bilder von Tibetern auftraten, die nach ihrer Flucht anfangs der sechziger Jahre in einem Nachbardorf eine neue Heimat gefunden hatten. Meist standen da ganze Familien in ihren exotischen Trachten. Mir schien auch der Stil dieser Fotos eigen, indem die Menschen, wie auf Expeditionsfotos, getrennt, für sich stehend und streng frontal nebeneinander aufgenommen waren. Ich liess ein Passfoto von mir machen, das mein Gesicht dank raffiniertem Licht um zehn Jahre verjüngte. Aber alle Versuche, mit dem Mann in ein persönlicheres Gespräch zu kommen, scheiterten. Er blieb misstrauisch, verschlossen, von einem Film wollte er schon gar nichts wissen. Sein einziges Entgegenkommen nach langem Hin und Her: Er wolle die Sache noch einmal mit seinem Sohn besprechen, der als technischer Fotograf in Zürich arbeitete. Das Ergebnis dieser Unterredung war ein klares Nein.

Eine erste Feststellung zu unserer anfänglich formulierten Frage lässt sich machen: Man kann niemanden zu seinem Filmglück zwingen. In Dokumentarfilmen in unseren Breiten kommen in der Regel nur Leute vor, die darin vorkommen wollen. Menschen, die sich spontan für einen Film zur Verfügung stellen, dürften zumindest in der Schweiz eine Minderheit sein. Und oft sind es dann noch die Falschen, die «Rampengeilen», wie man im Jargon sagt, die man als Filmer nicht will. Somit schränkt sich das Reservoir möglicher Protagonisten eines Dokumentarfilmes schon ganz erheblich ein.

Der Misserfolg mit dem Fotografen aus dem Tösstal führte zu einer systematischeren Haltung bei Friedrich Kappeler und mir. Wir beschlossen, die ganze Schweiz nach «unserem Dorf-Fotografen» durchzukämmen. Da er am ehesten in der «Provinz» zu finden wäre, richteten wir unsere Aufmerksamkeit auch speziell auf kleinere Städte und Ortschaften, etwa auch solche, in denen der Fremdenverkehr eine Rolle spielt, da wir annahmen, dass hier am ehesten noch eine Nachfrage nach Studioaufnahmen bestehen könnte. Unsere Rekognoszierungs-Reisen im Jahre 1983 führten uns durch die meisten Kantone der Schweiz. Generell bot sich das Bild eines Gewerbes, das sich bereits weitgehend auf die neuen Bedürfnisse der Konsumgesellschaft eingestellt hatte (soweit es nicht ganz verschwunden war) und in erster

Linie vom Verkauf von Apparaten und dem Handel mit Amateur-Kopien lebte. Da und dort gab es zwar noch Ateliers, aber meist so modernisiert mit Blitzlicht-Anlagen und Polaroid-Kameras, dass sie sich für eine historisch vertiefte Darstellung des Dorf-Fotografen nicht eigneten. Immer wieder stand uns auch der eher introvertierte Charakter der Fotografen entgegen, so dass dieser oder wir selbst nicht überzeugt waren, dass der Betreffende fähig wäre, in einem Film als «Dorf-Fotograf» aufzutreten. In Appenzell war es die Frau eines alten Fotografen mit wunderschönem Atelier, die uns buchstäblich aus dem Hause jagte. Wir bezogen in unsere Recherchen schliesslich auch berühmte Fotografen wie Jakob Tuggener ein, kein «Dorf-Fotograf» zwar, aber ein grosser Ethnograph. Aber Tuggener war zu diesem Zeitpunkt bereits gebrechlich und kam für eine Filmarbeit nicht mehr in Frage.

Endlich stiessen wir in Einsiedeln ein zweites Mal auf einen Anwärter für die tragende Figur des Filmes. Einer der dort ansässigen Dorf-Fotografen wohnte und arbeitete in einem geschindelten, hoch aufragenden Haus, das wegen der wenigen Fenster ein abweisendes Wesen zeigte, ein Eindruck, der sich noch verstärkte, da bei der Hälfte die Läden zugezogen waren. Im Pultdach war ein vollverglastes, komplettes Tageslicht-Atelier untergebracht, mit an Drähten beweglichen Rideaux, Studiokamera und Requisiten, wohl derselbe Atelier-Typ, wie er von Paul Hugger bei Kaspar Metzener geschildert wird. An den Wänden hingen nicht nur Porträts und Hochzeitsaufnahmen, sondern Bilder von Grossprozessionen vor der barocken Stiftskirche und Landschaftsaufnahmen der Höfe, welche später vom Sihlstausee überflutet worden waren. Das war scheinbar, was wir suchten: Ein Fotograf, der noch die alte Studiotechnik pflegte, sein Brot mit den Bildnissen und wichtigen Ereignissen der Bevölkerung verdiente und daneben ein waches Auge für die Ereignisse und Veränderungen seiner Umgebung hatte.

Es empfing uns – nicht gerade freundlich – ein untersetzter Innerschweizer, der uns schnell abfertigte, da die Frau Wäsche habe und er ihr beim Aufhängen helfen müsse. Ein kurzer Blick ins Atelier gelang uns zwar, aber dann mussten wir gehen. Wir sollten uns das nächste Mal – bitte sehr – telefonisch anmelden. Schon bei der Rückfahrt nach Zürich dämmerte Friedrich Kappeler und mir, dass dies eine harte Nuss werden könnte, doch wurden unsere Bedenken von der visuellen Qualität des Gesehenen in Schach gehalten. Es brauchte viele Telefonate, bis der Fotograf von Einsiedeln bereit war, mich nochmals zu empfangen.

Nie werde ich den Geruch, eine Mischung aus Kohl und Fixiersalz, im Flur des Ateliers vergessen. Als ich ihm unser Anliegen vortragen konnte, war er wenig begeistert, sagte aber auch nicht klar «nein». Er müsse die Sache mit der Familie besprechen und nochmals überschlafen. Diese Situation ist mir geläufig: So lange ein möglicher Darsteller für einen Dokumentarfilm nicht unmissverständlich «nein» sagt, kann man von einem gewissen Interesse ausgehen, auch wenn dieses Interesse durch Scham, Bescheidenheit oder Ängstlichkeit überdeckt wird. Weitere Nachfragen, die sich über Monate hinzogen, ergaben weiterhin keine klare Stellungnahme. Der Mann schien – wie viele Fotografen – unter ständigem Stress zu stehen.

Friedrich Kappeler hatte unterdessen beschlossen, dass er den Film zusammen mit dem ebenfalls als Fotograf ausgebildeten Kameramann Pio Corradi als Ko-Autor machen wolle. Schliesslich sagte uns der Fotograf ein weiteres Rendez-vous zu, nämlich in seinen Ferien, die er jeweils als Wart in einer Berghütte in der Nähe von Einsiedeln verbrachte. Zu dritt stiegen wir an einem sonnigen Tag durch Tannenwälder zur besagten Hütte auf, wo eine verschworene Clique von Einheimischen gesellig beim Bier zusammensass. Wir kamen als Fremdlinge und blieben es auch. Wir wurden begutachtet, und wir begutachteten. Alle Versuche, den persönlichen Kontakt zwischen dem Fotografen und uns herzustellen, waren vergebens. Bei der Rückkehr war klar, dass der Mann für den Film nicht in Frage kam, ohne dass dieser wirklich abgesagt hätte. Warum? Die «Chemie» zwischen Friedrich Kappeler, Pio Corradi und dem Fotografen stimmte nicht, eine Voraussetzung jeder dokumentarischen Filmarbeit. Der Protagonist muss unbedingtes Vertrauen haben in den Regisseur, da er ja nichts weiss vom Filmen, also auf Gedeih und Verderb auf dessen Führung angewiesen ist. Es war aber nicht nur dies. Der Fotograf von Einsiedeln – sein Haus drückte es schon aus – war wie viele Fotografen introvertiert und misstrauisch. Ihm fehlte eine wesentliche Eigenschaft für die Mitarbeit an einem Film: die Neugierde, ein neues Feld kennenzulernen und die Bereitschaft, sich mit Unbekannten in ein doch abenteuerliches Unternehmen einzulassen. Dazu kam wohl die Scham, von so vielen anderen Menschen, sei es auf der Leinwand, sei es gar am Fernsehen, gesehen zu werden. Und vielleicht steckte dahinter auch noch die Angst, sich selbst sehen zu müssen, wie man eben ist. Es mag besonders schwierig sein, als Beobachter des Lebens selbst in die Rolle des Beobachteten zu geraten.

So hatten wir nach mehr als einem Jahr Recherchen noch immer keinen Hauptdarsteller für unseren Film. In unserer Verzweiflung dachten wir sogar wieder an den Fotografen im Tösstal, aber der war unterdessen gestorben. Einzig Jean Amrein wollten wir schon damals in irgendeiner Form in den Film einbeziehen. Ich sagte Friedrich Kappeler, dass er nun selbst jemanden finden müsste, wenn er den Film noch machen wolle, da ich unterdessen an meinem eigenen Film «Umbruch»[3] zu arbeiten begann.

Das erste Mal wurde mir bewusst, wie schwierig es ist, einen Dokumentarfilm aus einer abstrakten Idee heraus zu entwickeln. Meistens stösst man ja auf eine Realität und sagt sich: «Darüber müsste man einen Film machen.» Man denkt so, weil die Realität die Ansprüche, welche die Filmarbeit stellt, bereits erfüllt. Diesmal hingegen gingen wir gleichsam von unserem Idealbild des Dorf-Fotografen aus, zu dem wir die Wirklichkeit erst noch suchen mussten. Und nicht nur das: Die den Dorf-Fotografen darstellende Person musste gewisse Bedingungen und Fähigkeiten erfüllen, also z. B. offen und neugierig sein, keine Angst vor der Kamera und der damit verbundenen Öffentlichkeit haben, Eigenschaften, die Richard Aschwanden, der tatsächliche Protagonist des «Schönen Augenblicks», in hohem Masse besitzt.

Wie stiessen wir also schliesslich auf unseren Hauptdarsteller? Der Filmerfreund Fredi M. Murer hatte uns schon zu einem früheren Zeitpunkt auf die Aschwanden aufmerksam gemacht, die er seit seiner Kindheit kannte. Ein etwas oberflächlicher Augenschein im Laufe der gesamtschweizerischen Recherche liess uns von ihnen absehen. Das Geschäft der Aschwanden schien schon ganz der modernen Zeit anzugehören, von den Reichtümern, die sich hinter der zeitgemässen Fassade verbargen, ahnten wir noch nichts und auch nichts von den darstellerischen Fähigkeiten Richards.

Friedrich Kappeler und Pio Corradi erinnerten sich an den Hinweis von Murer und beschlossen, Richard Aschwanden nochmals zu besuchen. Diesmal sprang der Funke über: Pio Corradi brachte nicht nur sehr schöne Fotos des Archivs der Aschwanden, des in eine Gerümpelkammer verwandelten alten Tageslicht-Ateliers und Richard Aschwandens selbst mit, sondern auch die Gewissheit, dass Richard Aschwanden fähig sei, als Darsteller seiner selbst die Rolle des Dorf-Fotografen in einem Film zu spielen. Dies war die entscheidende Einsicht: *Ein Hauptdarsteller in einem Dokumentarfilm muss fähig sein, seine Rolle zu spielen.*

Das wird nun die streng wissenschaftlich argumentierenden Ethnologen und Volkskundler erschrecken. Sie werden empört sagen: Das ist doch kein wissenschaftliches Auswahlverfahren, da werden ja wissenschaftsfremde Kriterien wichtig. Und sie werden mit Schaudern die Dramatisierung der Wahrheit vermuten. Recht haben sie, oder besser, hätten sie, wenn Film ein wissenschaftliches Medium wäre. Ist er aber nicht, auch wenn dieses schwerwiegende Missverständnis gerade im deutschsprachigen Raum noch in vielen Köpfen spukt.[4] Wenn wir einmal von den «optischen Dauerpräparaten» des IWF (Institut für wissenschaftlichen Film, Göttingen) absehen, ist Film vielmehr in jedem Falle ein gestaltetes Medium, auch dort, wo sein Hersteller glaubt, «streng wissenschaftlich» vorzugehen. Bestenfalls kann Film den wissenschaftlichen Ansprüchen an die Verifizierbarkeit der Aussagen genügen. Die Gestaltung und die damit zwangsläufig verbundenen dramaturgischen Probleme verlangen aber, dass ein Thema, ein Sachverhalt, ein Mensch mit Mitteln dargestellt wird, welche dem filmischen Medium entsprechen und die dem Gesetz der Ökonomie der künstlerischen Mittel unterstellt sind.

Zurück zu Richard Aschwanden, der dem Film als beeindruckender Darsteller selbst in fiktiven Szenen, wie an der Axenstrasse als Wander-, oder, am Schluss des Filmes im alten Atelier, als Studio-Fotograf diente. Seine weitreichenden Verbindungen und Bekanntschaften im Kanton Uri erschlossen dem Film darüber hinaus zahlreiche weitere Figuren, allen voran den fotografierenden Kapuziner Matthias Keust, aber auch die Bauern mit ihrer Ahnengalerie in der guten Stube oder die Kompanie vor dem Tell-Denkmal. Richard Aschwanden entpuppte sich immer mehr als eigentlicher Motor des Films, und zeitweise war er dessen Hauptdarsteller, Aufnahme- und Produktionsleiter zugleich. Allerdings blieb auch Richard Aschwanden nicht von den Zweifeln verschont, welche andere mögliche

Darsteller vor dem unerbittlichen Blick der Kamera empfunden haben mögen. Vor allem das Sprechen vor der Kamera bereitete ihm schlaflose Nächte. Ist es die Schule oder das Fernsehen, das uns Schweizern das Sprechen, «wie uns der Schnabel gewachsen ist», verlernen liess? Es half Richard, dass er sich dem Film nicht wegen seiner eigenen Person, sondern «wegen der Sache», der Fotografie nämlich, zur Verfügung stellte. Es war kein Zufall, aber ein Glücksfall, dass dieser weltoffene Mensch Mitglied einer Fotografen-Dynastie war, welche fast die ganze Fotogeschichte abdeckte, ja dass er selbst die wichtigsten Stationen dieser Geschichte miterlebt und mitgestaltet hatte. So kristallisiert sich im Film «Der schöne Augenblick» in einer einzigen Person und ihrem Umfeld die faszinierende Bildkultur, von der wir anfangs gesprochen haben.

Jean Amrein und Ernst Hiltbrunner, der von Pio Corradi im Emmental entdeckt worden war, führen uns zur Ausgangsfrage zurück: Wie werden welche Leute zu Hauptdarstellern in Dokumentarfilmen? Beide sind sie faszinierende Persönlichkeiten, die dem Film Glanzlichter aufsetzen. Und doch könnten sie das Thema «Dorf-Fotograf» oder «Wander-Fotograf» allein nicht tragen. Nicht nur ist ihre Welt zu speziell, zu wenig repräsentativ für eine grössere Zahl von Fotografenschicksalen. Auch ihre Ausdrucksweise vor der Kamera ist beschränkt. Man möge diese Feststellung nicht diskriminierend verstehen. Es soll nur darauf hingewiesen werden, dass Hauptdarsteller in gelungenen Dokumentarfilmen nicht zufällig solche sind. Sie müssen das fiktive Erzählgewebe, das aus Realitätssplittern in einem Film aufgebaut wird, auch darstellen und ausdrücken können.

Diese Fähigkeit ist nicht allen Leuten, nicht allen Völkern im selben Masse gegeben. Bei den Dreharbeiten zum Film «TransAtlantique»[5] wurde mir erstmals richtig bewusst, welche Begabung zur Selbstdarstellung z. B. die Italiener im Gegensatz zu uns Schweizern haben. Es war ein Vergnügen, mit den Schiffs-Offizieren die (fiktive) Verhaftung eines blinden Passagiers oder deren Flirt mit einer Brasilianerin zu inszenieren. Zu dieser natürlichen Schauspiel-Kunst gehören Körperbewusstsein, eine Prise Eitelkeit und ein schwer zu definierendes Kamerabewusstsein, wohl ein Empfinden dafür, wie man durch «das Auge des anderen» gesehen wird und wie man sich in bezug auf die Bewegungen dieses anderen selbst bewegt. So ist Richard Aschwanden nicht zufällig Hauptdarsteller im Film «Der schöne Augenblick», sondern weil er die nahezu ideale Geschichte zum Thema hat und sie darüber hinaus auch *ver-körpern* kann. Hingegen ist es ein Glücksfall, dass es Richard Aschwanden gibt und noch vielmehr, dass wir ihm und seiner Familie begegnet sind.

Hans-Ulrich Schlumpf

Fussnoten

1 «Der schöne Augenblick» von Friedrich Kappeler und Pio Corradi. Produziert 1985 von denselben und der Schweiz. Ges. f. Volkskunde, Basel. Ausführender Produzent: Hans-Ulrich Schlumpf. Verleih: Filmcooperative, Zürich. 16 mm / Farbe – Schwarzweiss / 82 Min.

2 «Stolz oder die Rückkehr» von Friedrich Kappeler. Teil der Fernseh-Serie «Die sieben Todsünden», produziert 1980 für das Schweizer Fernsehen von der Nemo Film AG. 16 mm / Farbe – Schwarzweiss / 59 Min.

3 «Umbruch» von Hans-Ulrich Schlumpf. Dokumentarfilm über den Kulturwandel im Druckereigewerbe. Produziert 1987 von demselben und Schweiz. Ges. f. Volkskunde, Basel. Verleih: Filmcooperative Zürich. 16 mm / Farbe – Schwarzweiss / 93 Min.

4 Hans-Ulrich Schlumpf – Warum mich das Graspfeilspiel der Eipo langweilt. In: Rolf Husmann (Hg.) – Mit der Kamera in fremden Kulturen. Aspekte des Films in Ethnologie und Volkskunde. Interdisziplinäre Reihe Bd. 1. Emsdetten 1987.

5 «TransAtlantique», Spielfilm von Hans-Ulrich Schlumpf. Produziert 1982 von Limbo Film AG und Ariane Film AG, Zürich. Verleih: Cactus Film AG, Zürich. 35 mm / Farbe / 108 Min. TransAtlantique. Texte zum Schweizer Film 7. Zürich 1983. (Drehbuch mit zahlreichen Fotos von Pio Corradi.)

2 Hospenthal an der verlassenen Gotthardstrasse. Die Eröffnung des Gotthardtunnels 1881 traf den Tourismus im Passgebiet schwer (M. Aschwanden).

ANLASS, ZIELSETZUNG UND METHODE

Regelmässig erscheinen Monographien über berühmte Photographen, Bildbände, die diesen Meistern einer «illegitimen» Kunst gewidmet sind. Viel seltener werden dagegen die einfachen Dorf- und Stadtphotographen gewürdigt und in ihrem Wirken dargestellt, jene Professionellen also, die nahe beim Volk lebten, die Bedürfnisse nach bildhafter Repräsentation auch der kleinen Leute wahrnahmen, die ihre Umwelt, die Szenen des täglichen Lebens, nicht aus der Sicht des Reporters oder zu ästhetischer Delektation festhielten, sondern als echte Zeitgenossen, als Involvierte.[1] Sie dokumentierten, teils ohne dies zu beabsichtigen, die damaligen Lebensverhältnisse und Mentalitäten. So sind diese Photographen in besonderem Masse zu Abbildnern und Interpreten einer lokalen gesellschaftlichen Wirklichkeit geworden, die sich gerade zu ihrer Zeit in einem grundsätzlichen Umbruch befand. Sie haben uns ein Bildmaterial hinterlassen, das von ausserordentlichem Quellenwert ist, selbst wenn auch diese Photographen durch Bildwahl und Ausschnitt die Realität interpretieren.

Den Anstoss zu diesem Buch gab der Dokumentarfilm von Friedrich Kappeler und Pio Corradi «Der schöne Augenblick», welcher 1986 fertiggestellt wurde. Hans-Ulrich Schlumpf hatte das Projekt als Leiter der Abteilung Film der Schweiz. Gesellschaft für Volkskunde konzipiert; der Film wurde unter seiner Verantwortung in Zusammenarbeit mit dem Fernsehen der deutschen und rätoromanischen Schweiz produziert. Die Absicht war, anhand einiger als exemplarisch empfundenen Photographen deren Bedeutung und die Funktion in Dorf und Stadt aufzuzeigen (und zwar in Vergangenheit und Gegenwart). Dabei interessierte der Photograph als Zeuge und Interpret des lokalen Lebens, die vielfältige und individuell unterschiedliche Art, wie er diese Wirklichkeit wahrnimmt. Der Film zeigt das Schaffen eines einfachen Wanderphotographen, eines städtischen Photographen, der mit der Polaroid-Kamera seine Kunden nachts in den Vergnügungslokalen aufspürt, aber auch einer ganzen Photographendynastie, die über Generationen hinweg das wichtigste Anschauungsmaterial zur sozialen, wirtschaftlichen, baulichen und kulturellen Veränderung einer Region geliefert hat. Der Film wurde zum packenden Dokument des sich wandelnden Geschmacks und der sich verändernden lokalen Bedürfnisse, wie sie sich im Œuvre der örtlichen Photographen widerspiegeln.

Ein Jahr später beschloss ich, die von den Filmemachern in langen Recherchen aufgespürten Photographen-Persönlichkeiten auch in Text-Monographien festzuhalten, mittels Interviews jene Angaben und Informationen zu sichern, die der Film nur selektiv und andeutungsweise machen kann, und schliesslich die Bedeutung solcher Photographen des Alltäglichen aus der Sicht der Volkskunde zu reflektieren. Die ersten Arbeiten an diesem Buch folgten also den Spuren des Films und konnten sich die entsprechenden Vorgaben zunutze machen. Dann weitete sich der räumliche und thematische Zugang, neue Photographen traten hinzu, teilweise entdeckt durch zufällige Käufe von Negativplatten auf Flohmärkten; zusätzliche Erkenntnisse, gewonnen aus der vertieften Beschäftigung mit der wissenschaftlichen Literatur über die Photographie, beeinflussten den Gedankengang.

Das Buch möchte zeigen, wie der lokale Photograph mit seiner sozio-kulturellen Umgebung vernetzt ist, wie er einerseits die Bedürfnisse der Bevölkerung wahrnimmt, andrerseits aus seinem Können, seiner technischen und ästhetischen Schulung und seiner persönlichen Eigenart heraus Impulse an die Umgebung abgibt, das ästhetische Empfinden und die Sehweise einer Bevölkerung verändert und ihre Wahrnehmung der gesellschaftlichen und landschaftlichen Phänomene beeinflusst. Der Photograph steht seinerseits im Spannungsfeld eines fachlichen Wissens, einer entsprechenden traditionellen Optik, der ihm zugänglichen Fachinformationen, der kommerziellen Möglichkeiten und seiner persönlichen Neigungen und Wertungen. Daraus ergibt sich letztlich eine eigenwillige, individualistische Art zu photographieren, auch wenn die Bilder eines Dorfphotographen auf den ersten Blick sehr konventionell erscheinen mögen. Das Einmalige, je Individuelle erschliesst sich nur aus dem Gesamtwerk heraus. Und darum geht es im vorliegenden Buch: Es will zeigen, wie sich bei der photographischen Repräsentation eines sozialen Umfeldes beträchtliche Unterschiede zwischen den Photographen ergeben, selbst dort, wo die äusseren Bedingungen ähnlich liegen. Das lässt sich gerade an den Leistungen der Photographen aus Uri und dem Haslital zeigen, die in einem landschaftlich und demographisch ähnlichen Rahmen arbeiteten. Gewiss, Photos zur Konfirmation oder zur Hochzeit gleichen sich, hier wie dort. Sie sind zeittypisch aufgefasst, wenn auch mit kleinen, individuellen Variationen. Was sich aber grundsätzlich unterscheidet, sind die sektoriellen Ausschnitte aus der gesamten sozialen Realität, die der einzelne Photograph jeweils wahrnimmt.

Der erste Teil des Buches enthält *einige grundsätzliche Überlegungen zur Photographie aus volkskundlicher Sicht*, referiert auch einschlägige Arbeiten. Gewichtiger, auch umfangreicher ist der zweite, monographische Teil. Er wird durch lange Ausschnitte aus der Autobiographie des Kapuzinerpaters *Matthäus Keust* eingeleitet. Keust hat früh zu photographieren begonnen und das entsprechende Erlebnis festgehalten. Es lässt sich an seinen Aufzeichnungen nachvollziehen, was die Entdeckung damals bedeutete, das Staunen über das Wunder, das sich auf der Glasplatte abspielte. Darüber hinaus ist sein Tagebuch eine wichtige Quelle zur Zeitgeschichte; es birgt eine Fülle von Informationen, in die immer wieder Reflexionen über das photographische Schaffen einfliessen. Es folgen die Talphotographen *Michael* und *Richard Aschwanden* in Altdorf und *Kaspar* und *Werner Metzener*, resp. *Robert Würgler* in Meiringen, künstlerisch ausgebildete und technisch routinierte Photographen von unterschiedlicher Sehweise und Mentalität. *Ernst Hiltbrunner*, der Wanderphotograph im Emmental, hat nie eine Photographenlehre gemacht; dem «Selfmade-Man» wurde das Photographieren zum Lebensunterhalt. Seine Erinnerungen zeigen, wie mühsam und armselig, kräfteraubend und demütigend oft die Suche nach Aufträgen war. Wieder anders *Wilhelm Felber*, Photograph in Langenthal, mit hohem selbstkritischem Ansatz, unzufrieden oft mit seinem eigenen Schaffen, eigenbrödlerisch und publizitätsscheu, aber von wacher künstlerischer Sensibilität. Schliesslich *Jean Amrein*, kaum mehr fassbar in seinen biographischen Umrissen, weil informationsscheu, der Photograph der Zürcher Nachtlokale, der mit seiner Polaroid-Kamera erst abends spät auftaucht und seit Jahrzehnten aus den farbigen Sofortbildern seine Spezialität gemacht hat.

Im Kontrast dazu drei andere Photographen, nicht so leicht lokalisierbar, weil im Geist unstet, im photographischen Schaffen überregional: *Walter Läubli*, auch er kein gelernter Photograph, der nach langer Wanderschaft im Vorfeld des Zweiten Weltkriegs zur Schweiz zurückfand und bewegende Bilder einer noch nicht zersiedelten Heimat machte; *Theo Frey*, der Typus des Bildreporters schweizerischer Prägung, der ohne volkskundliche Vorbildung, getrieben von einer genuinen Neugierde und einer Sympathie zu den Menschen, sie in ihren vielseitigen Lebens- und Arbeitsbedingungen aufnahm, gewiss letztlich gezwungen zum Broterwerb, aber doch souverän in der Auswahl seiner Bildmotive; *Kurt Blum*, mit seinen köstlichen Erinnerungen an seine Lehrzeit in Burgdorf, der nach einigen Jahren der Tätigkeit als Reprophotograph konsequent eigene Wege ging, die ihn in Kontakt mit wichtigen Künstlerpersönlichkeiten der Nachkriegszeit brachten. Und schliesslich bietet dieses Buch auch Informationen über weitere Photographen, die kaum je monographisch erfasst würden, deren Bilder nicht galeriewürdig sind, kaum auktionsträchtig, die aber Spuren hinterlassen haben im Bewusstsein der Zeitgenossen und bei all jenen, die in ihren Bildern ein Stück der Vergangenheit visualisiert sehen. Als Ganzes belegen diese Einzelmonographien, die sich beliebig erweitern und variieren liessen, die grosse Individualität solcher Photographen. Ein nach aussen scheinbar homogenes Berufsbild – der Atelierphotograph mit seinem Kundenservice und dem Porträtstudio – erweist sich bei genauerem Hinsehen als höchst differenziert, getragen von oft sensiblen und künstlerisch angeregten Persönlichkeiten, die ihre Sensibilität aber hinter der Routine verbergen müssen.

So will das Buch in ganz unterschiedlicher Weise Informationen zu Aspekten der Photographiegeschichte in unserem Lande geben, die sich anderswo nicht finden, weil sie nicht spektakulär sind und keine Photographen von Weltruf betreffen. Sie beleuchten das Wirken jener Berufsleute, die während Jahrzehnten das ikonographische Bild der Schweiz mitgeprägt haben. Es sind Informationen vor Ort gesammelt, in Enquêten und Gesprächen, gemäss den bewährten Methoden der Volkskunde.

Ein vielfacher Dank ist abzustatten: zunächst den Realisatoren des Films für ihren Spürsinn, mit dem sie typische Photographen-Persönlichkeiten entdeckten, Pio Corradi vor allem, der eine eindrückliche Photoreportage beisteuerte, Dr. Hans Ulrich Schlumpf, dem Initianten des Films und Autor eines entsprechenden Prologs; den Photographen mit ihren Gattinnen: Richard Aschwanden, Altdorf, Kurt Blum, Bern, Willy Felber, Langenthal, Theo Frey, Weiningen, Ernst Hiltbrunner, Rohrbach, Walter Läubli, Zürich, Robert Würgler, Meiringen. Sie haben mich bereitwillig aufgenommen, gastfreundlich bewirtet, ihre Gunst nahm oft freundschaftliche Züge an. Zu danken ist ferner dem Provinzial der Schweizer Kapuziner, Père Gervais Aebi, für die Erlaubnis, das Manuskript von Pater Keust in breiten Passagen zu edieren, dem Provinzarchivar, Bruder Stanislaus Noti, der stets hilfsbereit wichtige Informationen beisteuerte, ebenso Pater Seraphin Arnold in Altdorf und Jules Pfluger in Härkingen für entsprechende Informationen; Dr. Martin Fröhlich und Ernst Moser vom Eidgenössischen Archiv für Denkmalpflege in Bern, Dr. Max Gschwend vom Zentralarchiv der «Aktion Bauernhausforschung in der Schweiz», Basel, für gute Zusammenarbeit und die Bereitschaft, die Glasnegative, einzelne der hier vorgestellten Photographen betreffend, in die Archivbestände aufzunehmen und die Kopien für die Bearbeitung zur Verfügung zu stellen. Waltraut Bellwald hat mit grosser Hingabe das photographische Œuvre von Ernst Hiltbrunner registriert und analysiert. Grossen Dank schulde ich ferner Beatrice Kirkmann und meiner Frau Susanne für die Mitgestaltung des Manuskripts.

3 Wartende Kutscher auf dem Bahnhofplatz in Göschenen. Sie beförderten die Gäste in die Hotels des Urserentals. 1917 wurde die elektrische Schöllenenbahn eröffnet (M. Aschwanden).

I. Theoretischer Teil:

DIE PHOTOGRAPHIE UND IHRE GRUNDSÄTZLICHE BEDEUTUNG IM LEBEN DES VOLKES

Die Photographie revolutioniert die Seh- und Perzeptionsweise der Menschen

Ohne Zweifel hat die Photographie unsere Anschauung von Welt verändert, die Art des Sehens. Seitdem die Photographie zum Massenprodukt geworden ist, zum erschwinglichen Abbild einer scheinbaren Wirklichkeit, hat sie nicht aufgehört, diese Wirklichkeit für uns subjektiv zu verändern. Das trifft für eine künstlerisch sensibilisierte Elite ebenso zu wie für die breiten Schichten. Nie zuvor hat ein Medium der künstlerischen Erfassung unserer Umwelt so viele Menschen erreicht wie die Photographie. Sie ist allgegenwärtig: in den Stuben, auf den Strassen, in den öffentlichen Verkehrsmitteln, den Printmedien usw. Die Photographie kam in eine für breite Schichten – vor allem in protestantischen Gebieten – fast bilderlose Welt. Sie brachte das Bild in den Alltag der Leute, in ihre Stuben und Kammern.[2] Die Photographie hat weit mehr als die frühere Druckgraphik, etwa Holzschnitt oder Xylographie, das Fenster zur Welt aufgestossen, das Blickfeld des Menschen ausserordentlich erweitert, dafür vermutlich seinen Sinn für das Nahe, das Vermögen, Einzelheiten zu erfassen, zurückgebildet.[3] Im gleichen Mass ist die Photographie zum Mittel der Manipulation, der Propaganda geworden.

Zunächst brachte die Photographie – in Form des Porträts – auch dem Menschen bescheidener sozialer Stellung die Möglichkeit, ein Bild von sich selber zu erhalten, den Nachfahren zu überliefern und so zu einer Bild-Genealogie beizutragen. Da das soziale Denken des Menschen wesentlich entlang von Familienstrukturen erfolgt, so trat hier die Photographie mitten in die Privatsphäre hinein. Das visuelle Erinnerungsdokument brachte eine heute kaum mehr nachvollziehbare Steigerung der Möglichkeiten, Vergangenes sich zu vergegenwärtigen. Photographien sind zu Bildern geronnene Erinnerungen.

Anders argumentiert allerdings *Heinz Buddemeier*: Grundsätzlich hält nach ihm das Photographieren den Menschen eher davon ab, genauer hinzusehen, die Natur zu beobachten. Ein Zeichner muss sich mit den Dingen intensiv auseinandersetzen. Nicht so der Photograph, in Sekundenschnelle ist ihm ein Bild möglich, und er kann weiterziehen: «Das Fotografieren fördert keineswegs, wie oft behauptet wird, die Beobachtungsgabe. Das Gegenteil ist der Fall. Damit hängt auch zusammen, dass die Fotografie zu einer Verringerung unseres Wissens über die Natur beiträgt, was wiederum die bereits im vorigen Abschnitt beklagte Entfremdung von der Natur begünstigt.»[4] Mehr noch, nach Buddemeier trägt das Photographieren zur Verarmung unserer Erinnerung bei, weil sich die verblassenden Erinnerungen allmählich an ein einziges Bild fixieren. Was hier Buddemeier anspricht, gehört wohl in den weiteren Kontext der allgemeinen Veränderung unserer Gedächtnisstruktur. Wir erinnern uns weniger konsequent und weniger in geschlossenen, auf unsere gesellschaftliche Situation bezogenen Sequenzen oder Inhalten, sondern weit diffuser, wobei viel grössere Zeiträume einbezogen sind. Diese Entwicklung ist nicht einseitig der Photographie anzulasten, sondern auf die moderne Informationsfülle zurückzuführen, die dem Einzelnen auch Entferntes naherückt und zugänglich macht.

Die Porträtwürdigkeit belegte als symbolischer Akt die Respektabilität. Was früher nur

4 Cartes-de-visite aus den Jahren 1860–1880. Vor- und Rückseite.

Fürstlichkeiten und anderen hochgestellten Persönlichkeiten möglich war, war nun auch gewöhnlichen Menschen zugänglich. Die Photographie leitete die Demokratisierung des Porträts ein. *Gisèle Freund*[5] weist auf das gemalte Miniaturporträt als unmittelbaren Vorläufer des photographischen Porträts hin. Es liess sich auf alle möglichen Unterlagen applizieren, war aber nur für eine aristokratische oder grossbürgerliche Schicht erschwinglich. Die 1826 entdeckte Photographie verdrängte rasch das Miniaturporträt. Um 1850 war es weitgehend ausser Mode.[6] Die zahlreichen Miniaturisten in den Städten und Kleinstädten verloren ihr Brot, an ihre Stelle traten die Photo-

graphen. Deren Trümpfe waren die schnelle Herstellung, der weit geringere Preis (ein Zehntel am Anfang) und eine formale Ähnlichkeit, die den Erwartungen und dem Geschmack der bürgerlichen Gesellschaft entsprach.

Anfänglich, zur Zeit der Daguerrotypie, war zwar die Photographie wegen des grossen Aufwands nur den obersten Schichten zugänglich; aber dank rascher technischer Verbesserungen wurde sie bald erschwinglicher. Die Künstler, die durch die Photographie ihr Brot verloren, Porträtisten, Stecher, Lithographen usw., wandten sich oft dem neuen Beruf zu. Sie brachten handwerkliches Können und künstlerischen Sinn ein, und das gab den frühen photographischen Erzeugnissen das hohe Niveau. Für Freund[7] und andere ästhetisierende Theoretiker der Photographie haben die technische Verbesserung und die Kommerzialisierung, wie sie in den ersten Jahrzehnten nach der Entdeckung der Photographie erfolgten, die künstlerische Qualität, welche die frühen Bilder auszeichnet, ruiniert. Das entspricht wohl einer einseitigen Optik, die aus einem elitären Kunstbegriff erwächst. Wenn wir den einfachen Menschen, den Vielen, nicht einfach jeden Kunstsinn absprechen (wie könnten wir sonst von Volkskunst reden?), dann müssen wir wohl auch späteren Erzeugnissen der Photographie, auch wenn sie unter kommerziellen Gesichtspunkten und als Massenartikel entstanden, ästhetische Qualitäten zubilligen.[8]

Die Bildnisphotographie übernahm, wie im übrigen auch die Landschaftsphotographie, aus der darstellenden Kunst die Stilrichtung und entwickelte daraus eigentliche Bildmoden, die sich als langlebig erwiesen. «Das Publikum jedoch sieht in der Fotografie einen Ersatz für ein gemaltes Bildnis, folglich werden die Fotografien den verschiedenen Wünschen, wie man sich vorgestellt sehen will, angepasst».[9] «Die Tatsache, dass sich die Fotografen fertiger Bildformen in dem Masse bedienen, in dem diese allgemein verstanden und rezipiert sind – denn neue Kunstformen lassen sich stets schlecht verkaufen –, verweist auf den volkstümlichen Charakter der Bildnisfotografie».[10]

Die Entwicklung der «Carte-de-Visite», des billigen Kleinformats (um 1854), geht auf den in Paris arbeitenden Italiener *André Adolphe Eugène Disdéri* (1819–1890) zurück. So liess sich gleichzeitig eine Serie von zwölf Bildern herstellen, was eine entscheidende Verbilligung der Porträtaufnahme bedeutete. Disdéri hat dem Porträt die individuelle Note genommen und die Figuren generalisiert, typisiert. Dies geschah mittels Requisiten und Dekorstücken. 1865 gehörten die Säule, der Vorhang und das Tischchen bereits zu den typischen Requisiten. Disdéri führte die Retouche, welche die individuelle Charakteristik verwischt, in die Porträtaufnahme ein. Unter Verkennung der eminent sozialen Bedeutung, welche der Carte-de-Visite zukommt, hat man hart über ihren «Warencharakter» als einen Verrat an der ursprünglich künstlerischen Funktion der Photographie geurteilt. Nach *Hans J. Scheurer*[11] z.B. geben sich die Carte-de-Visite-Aufnahmen mit dem Schein zufrieden, sie sind keine Charakterporträts, wie sie aus der Begegnung des Photographen mit seinem Kunden entstehen, sondern sie verweisen auf einen ganz andern Charakterzug der Photographie: «Diese Bilder sind eigentlich keine Bildnisse im ursprünglichen Sinn, sie sind als Inszenierungen *Wunschbilder*, eine Addition bürgerlicher Wünsche und Ideale, die in der Wirklichkeit absurd, in der Inszenierung der Photographie aber glaubwürdig erscheinen. Sie besitzen einen Doppelcharakter: Nach aussen geben sie sich als Präsentationsbilder, indem sie protzend den eigenen Stolz dokumentieren, nach innen zum Dargestellten verhalten sie sich wie Wunschbilder, die es ihnen leicht machen, sich in ihnen wohl zu fühlen» (S. 96f.). Die Bildherstellung wurde so standardisiert, sie entsprach einem genauen ästhetischen Kanon und einem Ritual, zuerst der bürgerlichen Klasse, später der Masse. Auch die Salons der Bürger waren ja Kulissen. Es wurde nun möglich, ein Pantheon der Freunde und Bekannten anzulegen, nicht nur, wie zu Beginn bei Nadar, von Berühmtheiten, sondern auch aus der eigenen gesellschaftlichen Umgebung.

Mehr und mehr greift später der Photograph zu aufwendigeren Bildkompositionen, wie sie ursprünglich die Maler verwendet hatten. Auch die Maler skizzierten oder porträtierten zunächst die einzelnen Gesichter oder Figuren und brachten sie dann in eine Gesamtdarstellung ein. Der Photograph imitiert ihn, er setzt einzelne Porträts figürlich in Landschaften ein oder vor gezeichnete Hintergründe, die thematisch mit dem abgebildeten Ereignis oder der porträtierten Gruppe zusammenhängen.

Die Arbeiten der Photographen, die wir in diesem Buch erfassen, erfolgten fast alle nach der Phase der «Carte-de-Visite»-Begeisterung und -Mode, die sich zwischen 1854 und 1905 situieren lässt. Jährlich wurden damals Millionen von Porträtphotographien hergestellt. Auch die Landbevölkerung der Schweiz machte den Boom mit, wie zahllose Beispiele von «Cartes-de-Visite» gerade aus den von uns erfassten Regionen belegen. Für Tausende von Photographen war das Porträt damals die wichtigste Einnahmequelle. Jede monographische Auswahl von einzelnen Photographen muss sich unter diesem Aspekt als zufällig erweisen, wenn man bedenkt, dass allein in den Vereinigten Staaten zwischen 1850 und 1900 etwa 100 000 Photographen wirkten, die meisten davon als Porträtisten.[12]

Die lange Auseinandersetzung um die Frage,

ob Photographie eine echte Kunst sei oder nur ein Handwerk, trug sicher auch dazu bei, dass die Photographie ungeachtet der grossen wirtschaftlichen Bedeutung, die sie bereits in der zweiten Hälfte des 19. Jahrhunderts erlangte, wenige Spuren in den zeitgenössischen ökonomischen Gesamtdarstellungen hinterliess. Um 1899 gab es in Frankreich z.B. über 1000 photographische Ateliers, die mehr als eine halbe Million Menschen beschäftigten.[13] Für die Schweiz sind die Zahlen kaum weniger eindrücklich. Das Volkswirthschafts-Lexicon der Schweiz, hg. von *A. Furrer*, 1889 in Bern erschienen, macht im 2. Band, S. 576, folgende Angaben: «Es bestehen über 200 Geschäfte mit ca. 600 Arbeitern. Die eidg. Berufsstatistik von 1. Dezember 1880 gibt die Zahl der Photographen und Retoucheurs auf 539 an. Geschäftsumsatz ca. 3 Mio Fr. Ca. 20 Etablissements gehören zu den grössern ihrer Art, indem sie je 6–10 Arbeiter beschäftigen. Im Jahre 1860 wurden erst ca. 46 gezählt». Es ist aber kennzeichnend, dass das von *N. Reichesberg* herausgegebene vierbändige Handwörterbuch der Schweizerischen Volkswirtschaft, Sozialpolitik und Verwaltung (Bern o. J., vermutlich 1906) das photographische Gewerbe mit keinem Wort berührt, obwohl damals in fast allen grösseren Lokalitäten Photographen am Werk waren in einer einmaligen Berufsdichte, die aber noch kaum ermittelt ist.[14]

Zum Realitätscharakter der Photographie

Die Photographie hat, noch ausgesprochener als die Malerei, zwei Aspekte, wobei man «Realität» und «Wirklichkeit» begrifflich unterscheiden könnte. Sie stellt die «Realität» des im Augenblick Festgehaltenen dar. Diese erhält aber subjektiv durch das Betrachten, auch nach längeren Zeiträumen, eine andere «Wirklichkeit», die sich zusätzlich durch den Gebrauch in der Praxis unterscheiden kann.[15] Dabei sind der sozial vermittelte und der individuelle Gebrauch, resp. die Rezeption der Photographie, zu unterscheiden. Die Photographie steht ja in den ästhetischen Konventionen ihrer Zeit; sie wirkt aber auf den Betrachter gemäss seiner Konditionierung durch die Herkunftskultur einerseits und die individuelle Erfahrung andrerseits.[16] Eine solche Betrachtungsweise der Photographie versteht sich kritisch; sie unterscheidet sich von der Annahme, in der Photo liege eine allgemein verbindliche Wirklichkeit. Das menschliche Auge sieht subjektiv und konventionell, zeitgebunden. Die Photographie, vor allem bei statischen Bildern, löst Erinnerungsassoziationen aus. Sie ist damit nicht einfach Abbild einer «objektiven» Wirklichkeit, sondern erhält medialen Charakter.

Daraus gilt auch für die Beschäftigung mit der Photographie: Jeder Umgang mit Quellen, ob sie nun historisch oder zeitgenössisch sind, hat kritisch zu geschehen. Eine fraglose Interpretation der Photographie als Realitätsträger per se ist naiv. Auch Photos des Alltags sind inszeniert.

Andere Autoren sprechen den Photographien sogar einen surrealen Charakter zu. Für *Susan Sontag* liegt Surrealismus «bereits in der Natur des photographischen Unterfangens, in der Erzeugung eines Duplikats der Welt, einer Wirklichkeit zweiten Grades, die zwar enger begrenzt, aber dramatischer ist als jene, die wir mit eigenen Augen sehen».[17] Für sie ist die Photographie dem Wesen nach sogar die einzige surreale Kunst. Dies gilt wohl für den Photographen, der aus eigener Wahl photographiert, der auszieht, «die andere Hälfte der Welt, der Gesellschaft» abzubilden. In viel bescheidenerem Mass aber kann das für einen Photographen wie z.B. Ernst Hiltbrunner zutreffen, der auf Aufträge aus war, der die Bilder knipste, die von seinen Kunden gewünscht wurden. Ihn leiteten beim Photographieren weder moralisierende noch wissenschaftliche Motive, von denen Sontag spricht,[18] er zog nicht aus, um eine Bestandesaufnahme der Welt zu machen. Solche Photographien sind wenig wertend, sie belegen das Einverständnis mit jedermann, der Auftragsphotograph kann sich den Luxus einer Parteinahme, eines Engagements nicht leisten. Er hat dafür vielleicht auch gar kein Sensorium. Ihn leitet nicht in erster Linie die Vorstellung des Pittoresken, noch des Bedeutenden noch des Schönen, sondern vielmehr das Notwendige, das Absetzbare, der Wunsch des Kunden. So greifen viele Gedanken der Essayisten über die Photographie bei bescheidenen Alltagsphotographen ins Leere. Trotzdem sind auch diese Photos ein Versuch, sich fremde Realität anzueignen. Und in der gegenwärtigen Jagd nach alten Photos, nach Glasnegativen, liegt mit der Wunsch des Sammlers, einen Happen früherer Wirklichkeit, vergangener Lebensformen zu ergattern.

Die Photographie ist aber mehr als ein «Bild», sie ist immer auch ein «Abbild» des erfassten Gegenstandes, denn das Objekt hat durch die Lichtwirkung direkt zum Bild beigetragen. Die Photographie ist eine Reliquie des Wirklichen. «Unser unleugbares Gefühl, dass der Prozess des Photographierens etwas Magisches hat, kommt nicht von ungefähr. Niemand hat angesichts eines Bildes von der Stadt allein das Gefühl, dieses Bild sei von der gleichen Substanz wie sein Gegenstand. Es stellt etwas dar oder verweist auf etwas. Eine Photographie aber ist nicht nur 'wie' ihr Gegenstand, eine Huldigung an den Gegenstand. Sie ist Teil, ist Erweiterung dieses Gegenstands; und sie ist ein wirksames Mittel, ihn in Besitz zu nehmen, ihn unter Kontrolle zu bringen.»[19] Sontag unterscheidet drei Formen der Besitzergreifung durch die Photographie: die Photo als Surrogat des Objekts, dann die Konsumentenbeziehung durch die Photo, d. h. die Partizipation an Erfahrungen, schliesslich die Aneignung von Information, die Photo als Informationsträger.

Die Suche nach dem volkskundlichen Quellenwert der Photographie darf sich also nicht von ästhetisierenden Gesichtspunkten leiten lassen; sie muss davon abstrahieren, dass Photos künstlerischen Genuss ermöglichen. Photographien sind volkskundlich nur dann aussagekräftig, wenn sie in den zeitgeschichtlichen und sozio-ökonomischen Kontext gestellt werden. Das bedeutet eine Absage an eine elitäre Geschichtsschreibung der Photographie.[20] Die Melancholie, die wir beim Betrachten alter Photographien empfinden, ist die Trauer über versunkene Welten, ist aber auch das unterschwellige Bewusstsein der eigenen Vergänglichkeit, das Wissen darum, dass diese Menschen, diese Gruppen, diese ad hoc gebildeten Gemeinschaften dahin sind, unwiderruflich, dass sie nur für einen Augenblick, eben den «schönen Augenblick», gegenwärtig waren. So liefern die Photos Augenblicks-Geschichten; durch die Interpretation, durch die Wiedervertäuung in einen geschichtlich gegebenen Zusammenhang erhält ihre Aussage eine grössere Gültigkeit. Dabei steht die Momentaufnahme, die erstarrtes Leben darstellt, im Widerspruch zu diesem Leben selbst, das stets im Fluss ist. Die Photo ist in diesem Sinn ein antizipierter Tod.

Der sozio-kulturelle Aussagewert der Photographie

Die Photographie und das Photographieren hängen eng mit den gesellschaftlichen Normen zusammen. Darauf hat *Bourdieu* hingewiesen, wobei er allerdings für ein modernes Verständnis die gesellschaftliche Konditionierung zu absolut setzt: «Die Normen, welche die photographische Aneignung der Welt entsprechend dem Gegensatz zwischen Photographierbarem und nicht Photographierbarem organisieren, sind untrennbar mit dem System implizierter Werte verknüpft, die einer Klasse, einer Berufsgruppe oder einer Künstlervereinigung eigentümlich sind, deren photographische Ästhetik niemals etwas anderes als lediglich einen Aspekt dieses Systems bildet, auch wenn sie für sich in Anspruch nimmt, autonom zu sein.»[21] Dies gilt für die Amateurphotographie wie für die professionelle. Die aufzunehmenden Anlässe und Gegenstände waren und sind teilweise heute noch gesellschaftlich festgelegt, ebenso Personen und Orte; sie entsprechen einem Gruppenkonsens.

Als Motivation für das Photographieren gibt Bourdieu an, dass die Photographie ein Mittel ist, die Angst vor der Vergänglichkeit zu mindern, ein Mittel gegen das Zerstörerische der Zeit, dass die Kommunikation mit andern erleichtert wird, indem gemeinschaftliche Situationen der Vergangenheit rekonstruierbar werden, als Möglichkeiten der Selbstverwirklichung durch magische Aneignung oder künstlerische Gestaltung oder technische Meisterschaft, dass sie weiterhin einem gewissen Prestigebedürfnis entspricht. Schliesslich unterstreicht Bourdieu auch den spielerischen Charakter der Photographie (S. 26 f.). Aber diese rein psychologische Erklärung genügt ihm nicht. Die Photographie, das Photographieren hängt in den formalen Bedingungen stark vom sozialen Kontext ab, von den Möglichkeiten, die gesellschaftlich für den je einzelnen gegeben sind. Das Spannende und Aufregende beim kleinen Landphotographen sind gerade seine stereotypen Bilder, die Beschränktheit seiner motivlichen Wahl, das Konforme als Spiegelbild der ländlichen Gesellschaft. Generell sind Bourdieus Ansichten – wir haben bereits darauf hingewiesen – in ihrer Absolutheit zu relativieren. So entwikkeln auch einfache Atelierphotographen, mindestens nach der Carte-de-visite-Ära, eine mehr oder weniger grosse Individualität, eine eigene ästhetische Kreativität, gewiss in unterschiedlichem Mass. Dafür bietet gerade Ernst Hiltbrunner ein gutes Beispiel.

Bourdieu weist darauf hin, dass die Photographie eine stark integrierende Funktion für die Familie, für die Gruppe hat.[22] Das Photographieren hat rituellen Charakter, d. h. das Knipsen des Bildes sanktioniert das Gruppen- und Gemeinschaftserlebnis. Die Photographie erhöht das Moment des Feierlichen, erhebt den Anlass in den Rang des Denkwürdigen und Einmaligen.

Wir haben es bereits weiter oben gesagt: Der Realitätscharakter der Photographie ist insofern nur scheinbar, weil jede Photographie die Sehweise des Photographen wiedergibt, seine Ansicht von der Welt, und diese seine Ansicht wiederum von der augenblicklichen Gesellschaft und ihrer Logik bestimmt ist. Photographien sind nicht objektiv, sondern scheinen es zu sein, weil sie konform mit den Regeln der Gesellschaft, mit der von ihr definierten «objektiven» Sicht der Welt gehen. Dadurch entsteht die photographische Tradition, eine kanonische Ästhetik, und nur deren Erzeugnisse werden von den Zeitgenossen gelesen und verstanden. Trotzdem lebt in den photographischen Bildern etwas Zeitloses, etwas Unbewegtes, der Zeit Enthobenes. «Das Ehepaar, das sich umschlungen hält, drückt mit einer anderen Geste den nämlichen Sinn aus wie die verschlungenen Hände von Cato und Portia im Vatikan. In der Sprache aller Ästhetiken bedeutet Frontalität das Ewige, im Gegensatz zur Tiefe, aus der die Vergänglichkeit wieder eingeführt wird, und die Ebene signalisiert das Wesen oder die Essenz, kurz: das Zeitlose. So übernehmen die Bauern, die für das Hochzeitsphoto posieren, das Kompositionsprinzip und die Haltung der Figuren auf byzantinischen Mosaiken, verteidigen sich auf diese Weise gegen die Macht der Photographie, die Wirklichkeit aufzulösen, indem sie diese als vergänglich exponieren.»[23]

Bourdieu hat treffliche Überlegungen zur Analyse von Porträts und Gruppenbildern angestellt: Die Pose, die auf den Porträts ländlicher Bewohner erscheint, kontrastiert mit der sogenannten natürlichen Haltung, wie sie die Städter gerne affektieren. Hinter der korrekten, hieratischen Haltung steht die Absicht, sich selbst zu achten und von andern Achtung zu verlangen. Wenn auf Gruppenbildern alle in die gleiche Richtung, d. h. ins Objektiv schauen, so bezeugt die Konvergenz der Blicke den Zusammenhalt der Gruppe. Wer seitwärts schaut, erregt Missfallen, weil er offensichtlich der Gruppe entflieht, ausweicht, abwesend ist. Die Frontalität der Aufnahme ist kulturell tief verwurzelt. Es ist die ehrerbietige Haltung, eine Art Reverenz dem Betrachter gegenüber, die Gleiches erheischt. Dabei gibt der, welcher diese Haltung einnimmt, dem andern ein Bild von sich selbst, in einer höchst zeremoniellen Pose. Er will dabei von sich selbst «das beste und dem Ideal von Würde und Ehre möglichst entsprechende Bild geben» (S. 95). Der Photograph ist nur Exekutor, der technische Realisator einer gesellschaftlich festgelegten Verhaltensweise.

Bourdieu berücksichtigt wohl zu wenig das stilisierende Eingreifen des Photographen, der seinerseits in der Tradition des Metiers steht. Auch die technischen Bedingungen sind kaum einbezogen, die sich zu Normen und Traditionen verdichten.

Generell bezeichnet Bourdieu die Ästhetik des breiten Volkes als eine «funktionale». Photographien müssen für die Leute eine Funktion erfüllen. Man kann in ihren Augen nicht wahllos alles photographieren; wenigstens gilt dies für früher. Die Wegwerfgesellschaft hat hier die Grenzen fliessender gemacht. Aber «von der Photographie erwartet man, dass sie eine narrative Symbolik in sich schliesse, dass sie darin einem Zeichen oder, besser, einer *Allegorie* gleicht, ohne Doppelsinnigkeiten eine dem Signifikanten transzendente Botschaft vermittle und jene Zeichen vervielfache, mit denen sich eindeutig der virtuelle Gehalt komponieren lässt, den man ihr unterstellt» (S. 103). Photos von Unbedeutendem werden von den unteren Volksschichten abgelehnt, weil sie gegen die Werthierarchie verstossen, gegen die naturalistischen Erwartungen des Volkes, die seiner Sicht von der Welt entsprechen.

Im gleichen Band kommt *Robert Castel* auf den *Symbolcharakter der Photographie* zu sprechen. Nach ihm beziehen Bilder, welche die Photographen von Vergangenem vermitteln, ihre Würde und damit ihr besonderes sozialwissenschaftliches Interesse auch aus der Tatsache, dass sie einer bewussten Wahl entsprechen. Die abgebildeten Menschen, Objekte und Situationen wurden von den Zeitgenossen als solche gewählt, weil sie ihnen Dauer verleihen wollten, zeichenhaften Charakter. Daraus erwächst ihre Monumentalität. «Man bannt nicht alles und jedes auf den Film. Der photographische Ritus feiert einzig, was seiner würdig ist. Das Wahrgenommene muss bereits überbewertet sein, ehe es die photographische Weihe erfährt. Dies verweist auf positive und auf negative Normen. Ein ganzer Aspekt des Erlebten wird a priori durch ideologische, ethische, ästhetische usw. Verbote zensiert.

Das Photo ist ein Symbol v. a. deshalb, weil es eine Wahl innerhalb der Ordnung dessen trifft, was symbolisiert und ausgedrückt werden kann. Nicht alles, was vorkommt, wird der photographischen Weihe für wert befunden. Hinter jedem Photo steht ein Relevanzurteil, die Entscheidung eines Individuums, und jenseits von dieser Entscheidung ein Zeichen für jene Werte, die in der Gruppe legitimiert sind.»[24] Die Photo muss so gelesen werden, dass diese Absicht, diese Botschaft entschlüsselt, wahrgenommen wird. Eine Photo hat so immer eine imaginäre Botschaft, das darauf Abgebildete eine imaginäre Existenz.

Bourdieu hat einfachen Leuten Bilder von Gruppen und Einzelpersonen zur Begutachtung vorgelegt und ihre Wertung, ihre Art des kritischen Umgangs mit den Bildern festgehalten. Aber es gilt zu bedenken: «Bei 'persönlichen Photos' weiss man, dass die Mutter Mutter und der Vater Vater ist; aus den Bildern von Unbekannten muss die Funktion der einzelnen deutlich symbolisiert sein. Ob Mutter, Vater oder Verlobte, die Photographie hat sie als solche darzustellen» (S. 93 f.).

Als einer der wenigen hat *Ernö Kundt* versucht, Photographien aus der Sicht der Rezipienten zu analysieren, also den sozio-kulturellen Stellenwert, die Funktion der Photographie in ihrem Umfeld, in der betreffenden Gesellschaftsschicht – hier bei den ungarischen Bauern – zu ermitteln.[25] Bauern und Leute der unteren sozialen Schichten, welche die modernen Massenkommunikationsmittel noch kaum erreicht haben, müssen Photographien zuerst «lesen» lernen. Photographien werden schichtspezifisch unterschiedlich aufgefasst und interpretiert. Die in Museen befindlichen Photobilder sind aber oft von ihrem sozio-kulturellen Kontext abgelöst, so dass ihr gesellschaftliches Umfeld kaum mehr geortet werden kann.

In Ungarn wurde bei Hochzeiten bereits Ende des vorigen Jahrhunderts photographiert (immer bezogen auf die bäuerliche Schicht). Nach dem Ersten Weltkrieg kamen andere Stationen des Lebens dazu, wie Erstkommunion, Firmung, Schuljahresabschluss, Burscheneinweihung, Militärdienst. Die photographiewürdigen Anlässe sind meist die gleichen wie bei uns. Auf der sog. «Bahrenfoto» stehen die Angehörigen zu beiden Seiten des offenen Sarges (S. 222). Besonders häufig entstanden Familienphotos zur Zeit des Krieges oder als Bilder, die man mit Emigranten, hauptsächlich in den USA, tauschte, auch dies eine für schweizerische Verhältnisse zutreffende Feststellung. Kundt untersucht die «Montage» dieser Photos, ihr Einbringen in oft selbstgeschnitzte Rahmen, wahre Geduldsarbeiten. Die Photos werden an bestimmten Wandstellen der guten Stube angebracht, diese Wandstellen, eigentliche «Collagen», ersetzten – ein interessanter Gedanke – damals die Photoalben in der bäuerlichen Gesellschaft.

Mit dem Vergleich von mündlichem Lebensbericht und photographischer Dokumentation im familiären Bereich beschäftigt sich *Annemarie Tröger*. Es geschieht dies anhand von zwei Bildern aus dem kleinbürgerlichen Milieu einer Grossstadt Ostdeutschlands. Es zeigt sich auch hier, dass die Photos allein, ohne Kenntnis des Kontextes, nicht genügend aussagekräftig sind. Photos erhellen eine Facette der damaligen Wirklichkeit, geben den Dingen, die mündlich überliefert werden, sinnenfälligen Ausdruck.[26]

Alte Photographien sind hermetisch und zugleich vieldeutig

In welchem Mass Photographien die Wahrheit verschleiern, ihr Geheimnis nicht preisgeben können, hat mir folgende Begegnung an einem trüben Novembertag 1987 gezeigt. Eine ehemalige Photographin hatte mich zu sich gebeten, um mir eine Bilddokumentation aus ihrer Familiengeschichte zu zeigen. Sie legte mir zunächst eine Photo vor, eine grosse Toggenburger Familie darstellend, elf Kinder, die Mutter sitzend, das Haar streng in der Mitte gescheitelt, der Vater wie beschützend zuhinterst stehend, die Knaben in Sennenkitteln, die Mädchen adrett gekleidet. Das Bild mochte um 1910 aufgenommen sein. Eine Bauernfamilie aus dem Neckertal, offensichtlich in gesicherten materiellen Verhältnissen lebend. Eine heile Welt, war man geneigt anzunehmen, die Mienen waren zwar ernst, wie es sich bei einer solchen Sitzung vor dem Photographen geziemte, aber sie wirkten nicht verbittert. Die tatsächlichen Verhältnisse waren offenbar aber ganz anders: Trunkenheit und Brutalität des Vaters, Hader und Hass und eine hoffnungslos überforderte Mutter, dazu mehrseitiger inzestuöser Missbrauch, ein Inferno, das sich schliesslich in vier Selbstmorden (der Grossvater als letzter) äusserte, ein Unheil, das sich bis ins dritte Glied fortsetzte. Das Beispiel mag illustrieren, dass Photos stumme Zeugen sind und dass sie oft zu Fehlinterpretationen verleiten, sofern man nicht über weitere Hintergrundinformationen verfügt. Und die sucht man bei alten Glasplatten oft vergeblich.

Jean Mohr hat diese Vielfalt der Interpretationsmöglichkeiten an fünf Photos gezeigt, die er verschiedenen Personen vorlegte und die zu ganz unterschiedlichen Aussagen führten, Aussagen, die bei weitem den wirklichen Sachverhalt verfehlten.[27]

Bei der Interpretation einer Photo, die ja einen Augenblick der Vergangenheit festhält, der unwiederbringlich entflieht, aber in der Photo als gegenwärtig erscheint, fliessen von seiten des Betrachters eigene Erinnerungen, eigene Erfahrungen, das Unbewusste mit hinein. «Ein photographierter Augenblick kann nur insofern Sinn erlangen, als der Betrachter eine Dauer hineinliest, die über ihn hinausführt. Wenn wir eine Photographie sinnvoll finden, leihen wir ihr eine Vergangenheit und eine Zukunft.»[28] Leichter fällt es, die allgemeinen kulturgeschichtlichen Rahmenbedingungen und Strukturen, resp. Elemente von Photographien, v.a. im Vergleich, zu ermitteln. Und bei alten Photos, zu denen wir keinen weitern Kommentar besitzen, ist dies für den Kulturgeschichtler oft die einzige Möglichkeit.

Weitere Bemerkungen zur «Lektüre» und Interpretation der Photographie

Eine Gesellschaft kann ohne das Bild nicht auskommen; es ist ein hervorragendes Mittel der Kommunikation. Interessanterweise lässt das französische Wort «image» zunächst an die Photographie denken, das deutsche Wort «Bild» an ein Gemälde oder eine Zeichnung. Das zeigt, in welchem Mass die Photographie geschichtlich im französischen Bilddenken präsent ist.

Unnötig zu betonen, dass der semantische Wert der Photographie oft unabhängig vom ästhetischen ist. Auch das Lesen der Bilder muss gelernt sein. In dieser Hinsicht sind viele Menschen noch heute Analphabeten. «L'immense majorité des gens ne se sont pas encore familiarisés avec la lecture de l'écriture iconique. Le déchiffrage correct de tous les composants d'une image doit être appris, mais beaucoup de personnes ne sont pas conscientes de la nécessité d'un tel apprentissage.»[29] Es gilt nach *Paul Almasy*, drei Komponenten eines Bildes zu unterscheiden: *fixe* (wie Berge, Häuser, Bäume), *bewegliche* (Rauch, Wolken, Wasser, Auto), *lebende* (Menschen und Tiere). Sie sind einander hierarchisch zugeordnet. Die lebenden Elemente dominieren die beweglichen usw. Bei der identifizierenden Lektüre eines Bildes, einer Photographie sucht der Leser die Hauptinformation zunächst bei der dominierenden Komponente, sie wird zuerst entziffert, und ihr wird die grösste Bedeutung zugemessen. Bei der *«ikonographischen Reaktion«* gilt es zu beachten, dass sie nicht objektiv sein kann, beide, «émission» wie «réception», sind subjektiv. Photos können stärkere Emotionen freisetzen als Texte. Die Lektüre einer Photo, wie auch eines Textes, ruft beim Leser drei Reaktionen hervor: eine optische, eine geistige, eine psychische. Zwei Prozesse verbinden sich dabei: das identifizierende und das interpretierende Lesen, dazu kann auch eine ästhetische Wertschätzung kommen. Während die identifizierende Lektüre bei einer gleichen sozio-kulturellen Gruppe kaum Unterschiede erbringt, so zeigen sich diese sofort bei der interpretierenden Lektüre. In vermehrtem Mass gilt dies noch bei der psychischen Reaktion. Diese kann zeitlich sehr unterschiedlich ausfallen. Verliert eine narrative Photographie (die also ein Objekt nicht nur um seiner selbst willen zeigt, wie etwa Photos in einem Warenkatalog) ihren Aktualitätsgrad, verändert sich auch die Bedeutung des Bildes für den Leser, es verliert an Interesse, setzt weniger Emotionen frei und führt dadurch zu einer andern Interpretation. Das kann sehr wohl an Bildern von politischen Aktualitäten gezeigt werden (etwa von der Ermordung eines Staatspräsidenten). Diese Beobachtung belegt aber auch, wie heikel die Auswertung photographischer Dokumente der Vergangenheit ist, und wie schwer es hält, die Frage zu beantworten, welche Bedeutung sie in ihrer Zeit hatten, vor allem, wenn diese Photos aus dem familialen Bereich stammen. Für das Porträt im besonderen gilt, dass sich seine Lektüre je nach den Beziehungen unterscheidet, die der Betrachter zur dargestellten Person hat. Über das visuell Wahrnehmbare hinaus führt jedes Bild den Betrachter im Geiste auch zu abstrakten Begriffen und Vorstellungen. Das gehört zur Polysemie des Ikonographischen.

Photos können selbstverständlich nur dann wirksame Träger von Bild- und Ideenbotschaften sein, wenn sie entzifferbar sind, wenn sie jene Sprache sprechen, die eine Gruppe versteht. Die Photos in den Familienalben des 19. Jahrhunderts sprechen eine andere Sprache als moderne Gruppenbilder. Wir müssen davon ausgehen, dass sie für die damaligen Zeitgenossen unerhört präsent, spannend waren, dass sie ihnen einen Dialog ermöglichten. Sicher nahmen die Menschen früher solche Bilder eindringlicher wahr; diese Bilder begleiteten sie länger, als das heute der Fall ist, wo wir von Bildern überflutet werden und entsprechend gegenüber ikonographischen Reizen abgestumpft sind.

Einige technische Angaben zu den alten Porträtaufnahmen

Porträtaufnahmen gliedern sich vom gewählten Ausschnitt her in folgende Kategorien: «ganze Figur», «Kniestück» (Füsse und Unterschenkel sind weggelassen), «halbe», «Halbfigur» oder «Hüftbild» (der Körper ist nur bis zur Mitte dargestellt). Es folgen das «Brustbild», schliesslich der «Kopf», wenn die Schultern nicht mehr im Bild erscheinen. Als Mosaikbild bezeichnet man zusammengesetzte Figurenkompositionen, mit «Vignettierung» die Methode, Porträts mit diffusem Bildrand wiederzugeben. Die «Medaillon»-Kompositionen, von Disdéri auf den Markt gebracht, wurden rasch von der Branche nachgeahmt. Gemeint ist die Vereinigung verschiedener Porträts in Medaillongrösse auf einem Bild. Ovalförmige Porträts, die sog. «Camee-Bilder», waren in den siebziger Jahren grosse Mode. Das Oval war manchmal erhaben geprägt. «Cabinet-Aufnahmen» (110 × 170 mm) nennt man die grösseren Formate auf Karton, die kleineren (63 × 102 mm) «Cartes-de-visite». Die Photographen bezogen die Kartons mit den Vignetten (vor allem pflanzlichen Motiven als Rahmendekors) beim Grossisten. Die Photographie-Karten wurden als rückseitige Werbeträger wichtig; entsprechend aufwendig wurden sie seit der Mitte der sechziger Jahre des 19. Jahrhunderts drucktechnisch gestaltet. Oft wechselten die Ateliers mehrmals die Firmen-Präsentation. In den siebziger Jahren gesellten sich allegorische Verzierungen dazu. Gleichzeitig setzte sich der seitliche Goldschnitt durch, seit den neunziger Jahren vermehrt auch im Schrägschnitt. Vornehm wirkten die «Glacé-karten», dunkel bis schwarz, mit der Firmenbezeichnung in Gold. Ehrenmedaillen von Ausstellungen wurden in den achtziger und neunziger Jahren auf den Photokarten reproduziert. Um 1910 nahm der Karten-Druck ab; viele Photographen verzichteten fortan auf die Verwendung eigentlicher Photographie-Karten.

Das Dekorationsmaterial für die Ateliers wurde auch industriell hergestellt. Da gab es Felsen aus Papiermaché oder Leinwand; sie waren über ein Gerippe gespannt und mit Moos, Rinde, Baumwurzeln naturalistisch verziert. Man brachte Vasen auf Postamenten, Geländern und Balustraden, als Imitation von Eisen und Stein ins Bild. Auf Säulenschäften konnte der Kunde den Körper abstützen. Die Dekorationsstücke mussten leicht sein, damit sie sich mühelos verschieben liessen. Die Möbel waren oft in der Höhe verstellbar und so den Körpermassen anpassbar. Besondere Sorgfalt verwendete man auf den Hintergrund, bemalte oder gobelinartige Tuchflächen, die man an Rouleaux herunterlassen konnte. Viele Photographen besassen mehrere Sujets. Sie stellten Ideallandschaften dar oder hochbürgerliche Wohnräume. Von der Fülle der verfügbaren Motive zeugen zwei Kataloge mit je hundert Beispielen, welche die Firma Ernst Burkhard, vorm. August Pfister, Atelier für Photo-Hintergründe, Richterswil, 1912 herausgab.

Der ambulante Photograph verwendete als Hintergrund ein Stück gewöhnlicher Leinwand oder eine Wolldecke. Auch rief er in grösseren Siedlungen die Leute aus den Häusern und an die Fenster und photographierte sie so. Diese Postkarten-Photos sind heute gesuchte Dokumente der früheren Stadt- und Dorfbilder. Ungewollt hat so der Photograph einen unersetzlichen Beitrag für die Denkmalpflege geleistet.

Kinderphotos waren eh und je für die Betroffenen eine Tortur. Unlängst habe ich in einer Kabine für Schnellphotos des Hauptbahnhofs Zürich ein heulendes Türkenkind gesehen, das allein auf dem Stuhl sitzen sollte, vom Vater mit strafenden Worten zurechtgewiesen. Dieser gab schliesslich den Versuch auf, ein fröhliches Kinderporträt zu erhalten. Vom Photographen verlangten Kinderporträts besondere Listen; sie stellten für ihn auch eine besondere Herausforderung dar.

Das berufstypische Erscheinungsbild des Photographen

Das Berufsbild des Photographen ist nicht einheitlich: Es werden darunter Angestellte ebenso wie selbständig Erwerbende verstanden, Leute, die eher handwerklich arbeiten, Künstler, die sich auf ihren Stil etwas einbilden, Unternehmer mit grossen Mitarbeiterteams. Unterschiedlich steht auch der Photograph in seinem Milieu, in der betreffenden Bevölkerung. Er kann zum Interpreten werden, zum gültigen Abbildner und ästhetischen Vorbildner, anerkannt und durch Jahrzehnte hindurch präsent. Alles, was des Photographierens wert befunden wird, wird dann von seiner Linse, von seinem prüfenden Auge, erfasst. Sein Schaffen zeigt im Laufe der Jahre einen Längsschnitt der sozialen Wirklichkeit. Oder er spezialisiert sich auf eine besondere Sparte; in der Stadt ist er dann etwa Mode-, Werbe-, Theaterphotograph, erfüllt Spezialaufgaben bei der Presse und nimmt daneben kaum andere Sparten der gesellschaftlichen Wirklichkeit wahr. So ist das Berufsbild des Photographen schillernd; uneinheitlich ist auch die Ausbildung. Die nötigen «alchemistischen» Kenntnisse sind dank der technischen Neuerungen geringer geworden, die entsprechende Qualifikation, das Grundwissen wird schneller erworben. Der alte Photograph war sein eigener Laborant und Chemiker, viele Substanzen stellte er selber her; wachsam verfolgte er die von ihm eingeleiteten Prozesse. Das Fingerspitzengefühl, das bei der Bedienung der schwerfälligen Kamera notwendig war, erübrigt sich heute; an seine Stelle sind Routine und Sicherheit getreten. Dafür werden junge Photographen in der Ausbildung stärker für Fragen der Ästhetik sensibilisiert. Zur Eigenart des Photographen gehört aber immer noch die Tendenz, seine Arbeitsweise und die Kniffe sorgsam vor andern zu verbergen.

Der erfolgreiche Kleinstadt- oder Dorfphotograph legte Wert auf ein weltmännisches Gehaben; er trat sauber und adrett gekleidet auf, mit guten Manieren, die ihn als Angehörigen der Mittelschicht auswiesen. Der Photograph, auch auf dem Land, hatte ein Gespür für Modetendenzen; allerdings nahm er diese filtriert wahr, mit zeitlicher Verzögerung.[30]

Die *Rolle des Photographen* kann als usurpatorisch bezeichnet werden; ihm kommen gebieterische Rechte über andere zu, er arrangiert, ordnet an, verlangt Aufmerksamkeit und Stillhalten. Vor seinem faustischen Anspruch – eben ein Abbild der Welt zu schaffen – zittert man insgeheim. Deutlich kommt dies im Film «Der schöne Augenblick» bei der Szene zum Ausdruck, wo Richard Aschwanden eine ganze Militärschule vor dem Telldenkmal orchestriert. Der Gebrauch einer Kamera stellt eine Form der Teilnahme dar; der Photograph ist nicht nur neutraler Beobachter, passiver Voyeur; photographieren heisst zustimmen, gewähren lassen, wenn oft auch nur passiv. Dies gilt besonders bei Dokumentaraufnahmen.

Bei unserer Beschäftigung mit den Photographen eines Tales, eines Dorfes, einer Kleinstadt ist die Frage zentral, welchen Ausschnitt der Wirklichkeit diese Photographen wahrnahmen, was sie ablichteten, was sie auch geflissentlich übersahen. Was hielt der Photograph in Meiringen, in Altdorf von seiner Umgebung fest, welche Motive, welche Einsichten, welche Blindheiten leiteten ihn dabei? Denn «Photographien sind tatsächlich eingefangene Erfahrung, und die Kamera ist das ideale Hilfsmittel, wenn unser Bewusstsein sich etwas aneignen will. Es heisst, sich selbst in eine bestimmte Beziehung zur Welt setzen, die wie Erkenntnis – und deshalb wie Macht – anmutet».[31] Nach Susan Sontag ist Photographieren ein «gesellschaftlicher Ritus, ein Abwehrmittel gegen Angst und ein Instrument der Macht». (S. 40)

Der Photograph – Magier eines gesellschaftlichen Rituals

Der Gang zum Photographen wurde in der Vergangenheit zur feierlichen Handlung, man zog das schönste Kleid an, stellte sich ins beste Licht. Auch diese Haltung war kulturell vermittelt. Die angebliche Objektivität des Objektivs erwies sich bei näherem Zusehen als bestechlich, der Photograph retouchierte, verjüngte, verschönte, brachte Einzelheiten, die unerwünscht waren, zum Verschwinden. Er bannte so eine Wunschwelt auf die Platte, den Menschen nach dessen Erwartungen und Vorstellungen und von des Photographen Gnade. Aber gerade darin zeigt sich eine höhere Objektivität, in der Pose, in der theatralischen Haltung äussert sich der Geist einer Epoche. «Die Kamera röntgenisiert das hohle Pathos, das Selbstbewusstsein der Unwissenheit, die Verschleierung des wahren Ichs durch Uniformen, Pomp, Protokoll und geborgte Majestät, die Engstirnigkeit, die sich durch grosse Gesten tarnt, die Eleganz, die Kleinkrämerei verbergen soll, die Ordenskollektionen, die Entschlossenheit ersetzen.»[32]

Der Demokratisierungsprozess, der durch die Photographie unterstützt wurde, führte zur Verflachung der Schichtunterschiede. «Die Photographie rührte auch an die herkömmliche Gesellschafts- und Klassenordnung. Bis zur Popularisierung der Photographie war es ein Vorrecht der Besitzenden, sich mit Hilfe eines Malers die Unsterblichkeit zu erkaufen. Nun aber konnte sich bald jedermann ein Photo als Denkmal seiner selbst leisten. Der Unterschied zwischen hoch und niedrig wurde geringer. Und ein Kaiser, der sich photographieren lässt, thront nicht mehr so hoch über seinem Volk wie ein Monarch, der gemalt wird.»[33] Es erstaunt nicht, dass das Photographieren lange als Respektlosigkeit galt, als Mondänität, die sich nicht für erhabene Augenblicke ziemte. Das erklärt vielleicht auch, wieso das Photographieren in der Kirche während der liturgischen Handlungen so lange untersagt oder erschwert war.

Viele Photographen sind unbekannt geblieben, ihr Plattenmaterial ist zugrunde gegangen. Wo es sich erhalten hat, bleibt es oft anonym. Das zeigt, wie sehr die Kunst noch nicht als Kunst geachtet wurde, wie sorglos man nach dem Tod des Urhebers damit umging.

Der Photograph als künstlerischer Gestalter

Der Photograph entwarf für seine Kunden, vor allem für Gruppen, Gesamtkompositionen; er sorgte für den künstlerischen Schmuck und die entsprechende dekorative Gestaltung. Das gilt für eine gewisse Phase der Postkartenherstellung wie auch für das Erinnerungsblatt von Vereins-Generalversammlungen. Der Photograph entwikkelte dabei, wie auch der Zeichner-Lithograph, eine spezielle Kunst des Gruppenbildes. So sehen wir vor dem Hintergrund einer imaginären Landschaft Scharen von Turnern, Schützen, Eisenbahnern, Bäckern usw., versehen mit den Symbolen ihrer Tätigkeit, mit Requisiten der Geselligkeit, Fahnen, Bierhumpen usw. Sie blicken alle in eine bestimmte Richtung und belegen die einstige Glorie des Vereins- oder Korporationswesens. Derartige Bilder sind bisher weder systematisch gesammelt noch in ihren dekorativen Elementen analysiert worden. Sie entsprechen als «lebende Bilder»[34] durchaus dem damaligen Geschmack, der alle Schichten umschloss und echte Denkmäler der Volkskunst lieferte.

Einige Elemente der Darstellung und der Komposition seien aufgeführt: Bei Vereinen bildet oft eine Ansicht des betreffenden Ortes den Hintergrund. Für schweizerische Grossanlässe wählt der Photograph gerne eine ideale Landschaft, das Jungfraumassiv etwa oder eine patriotische Gedenkstätte. Berufssymbole werden fast immer als Attribute angebracht, bei Eisenbahnern etwa Lokomotiven, dampfende Expresszüge, die über Brücken donnern. Feuerwehrleute hantieren mit Spritzen und Leitern, wobei die Schlauchleitungen als florale Motive wirken. Schlosser treten mit Schlüsseln und andern Werkzeugen auf. Radfahrer weisen ihre blumengeschmückten Räder vor, Turner agieren an Turngeräten. Generell sind Uniformen wichtig. Sonst ist die Bekleidung bürgerlich, Krawatten oder Schlipse gelten als obligatorisch. Die Aufmachung insgesamt weist auf ein beträchtliches zeichnerisches und gestalterisches Können des Photographen und seiner Gehilfen hin. Dabei sind die Übergänge von der Lithographie her, die Vorbildscharakter hat, fliessend.

5–11 Der Photograph als künstlerischer Gestalter: Erinnerungs-Kompositionen für Vereine.

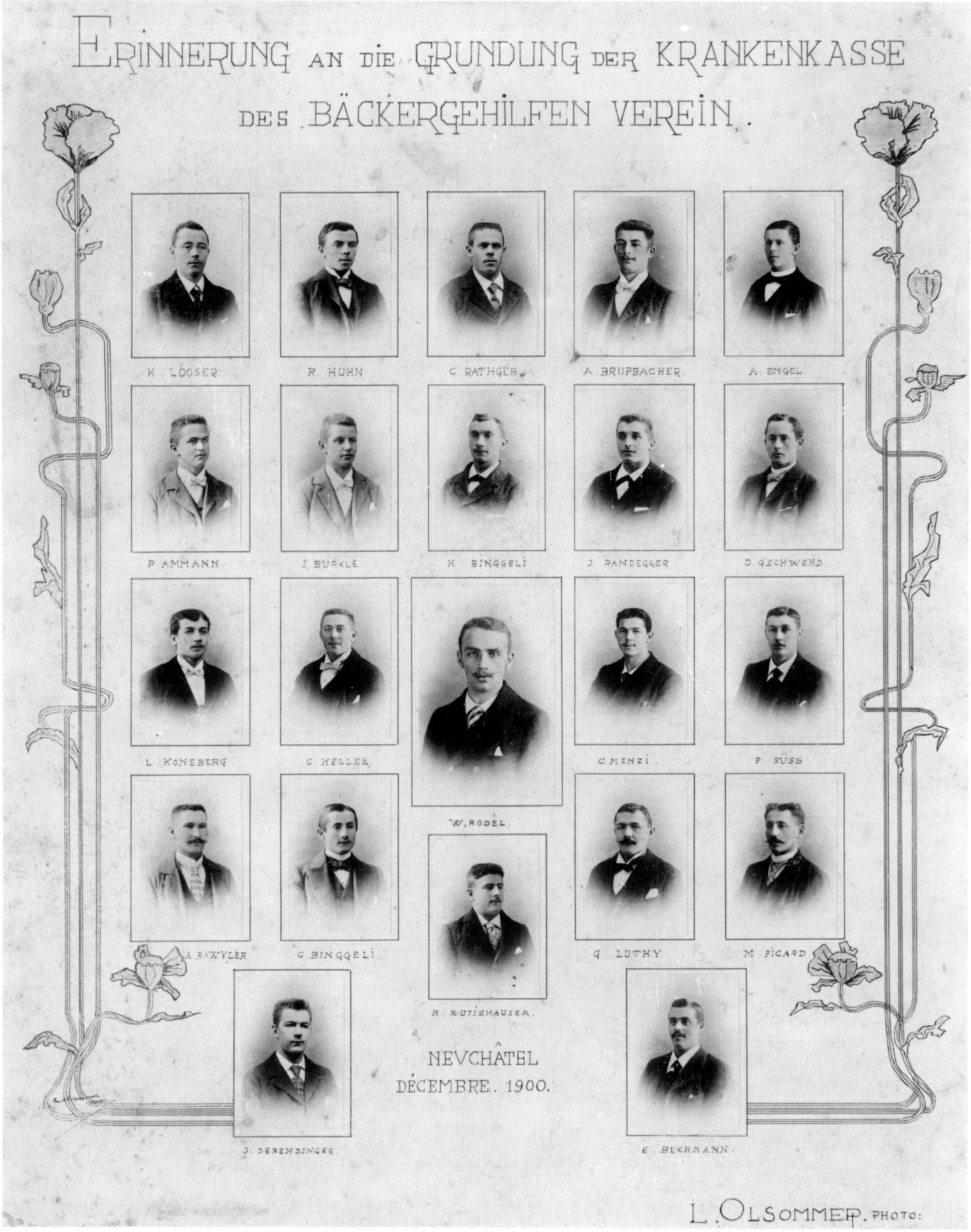
ERINNERUNG AN DIE GRUNDUNG DER KRANKENKASSE
DES BÄCKERGEHILFEN VEREIN.
H. LOOSER
R. HUHN
C. RATHGEB
A. BRUPBACHER
A. ENGEL
P. AMMANN
J. BURKLE
H. BINGGELI
J. RANDEGGER
J. GSCHWEND
L. KONEBERG
C. KELLER
W. RODEL
C. MENZI
P. SUSS
A. RAWYLER
G. BINGGELI
R. RUTISHAUSER
G. LUTHY
M. PICARD
NEVCHÂTEL
DÉCEMBRE. 1900.
J. DERENDINGER
E. BUCHMANN
L. OLSOMMER. PHOTO:

6

Freiw: Feuerwehr Straubenzell
1906
E. Schmid
F. Bosch
U. Graf
A. Walser
A. Forster
A. Anderes
G. Peyer
H. Gyr
F. Gahler
W. Bolleter
E. Riederer
E. Mayer
A. Wenk Feldweibel
A. Steiger Oberlieut.
J. Sutter
T. Zingg
L. Hübscher
J. Zuberbühler
F. Spillmann
H. Feurer
J. Wendel
W. Stutz
E. Vonwiller Wachtmeister
J. Zuberbühler
Hauptmann
H. Fehr Wachtmeister
T. Zellner
E. Frey
A. Kellenberger
J. Amann
H. Rinderknecht
A. Hinder
J. Dürr Beisitzer
T. Enzmann Wachtmeister
O. Frehner
J. Etter
A. Ziegler
K. Tobler
G. Feil
F. Diem
P. Koch
A. Meili
A. Aeple
A. Lemmenmeier
A. Willi
G. Gubler
T. Asfalg.
K. Wetzel
--- F. Lüthi Feldle-St. Gallen ---

7

Chargierte der Spritze
No 9
Mühle Herisau
1905
Ulr. Knellwolf
II. Pumpchef
Carl Schadegg
Vice-Commandant
Joh. Donzé
Commandant
Jak. Tanner
I. Pumpchef
Ernst Vogel
II. Schlauchchef
Conrad Weiss
I. Schlauchchef
Gottfried Bösch
II. Chef des Arb.-Corps
Emanuel Kündig
I. Chef des Arb.-Corps
Spritzenhaus Mühle
Conr. Ramsauer
Ordonnanz
Ad. Kradolfer
II. Mechaniker
Emil Zeller
I. Mechaniker
Chr. Holderegger
Ordonnanz
Photographie von Edwin Jucker Herisau

8

Genie-Verein Winterthur 1893.
Quallelbach-Brücke erstellt den 4. Juni 1893.

9

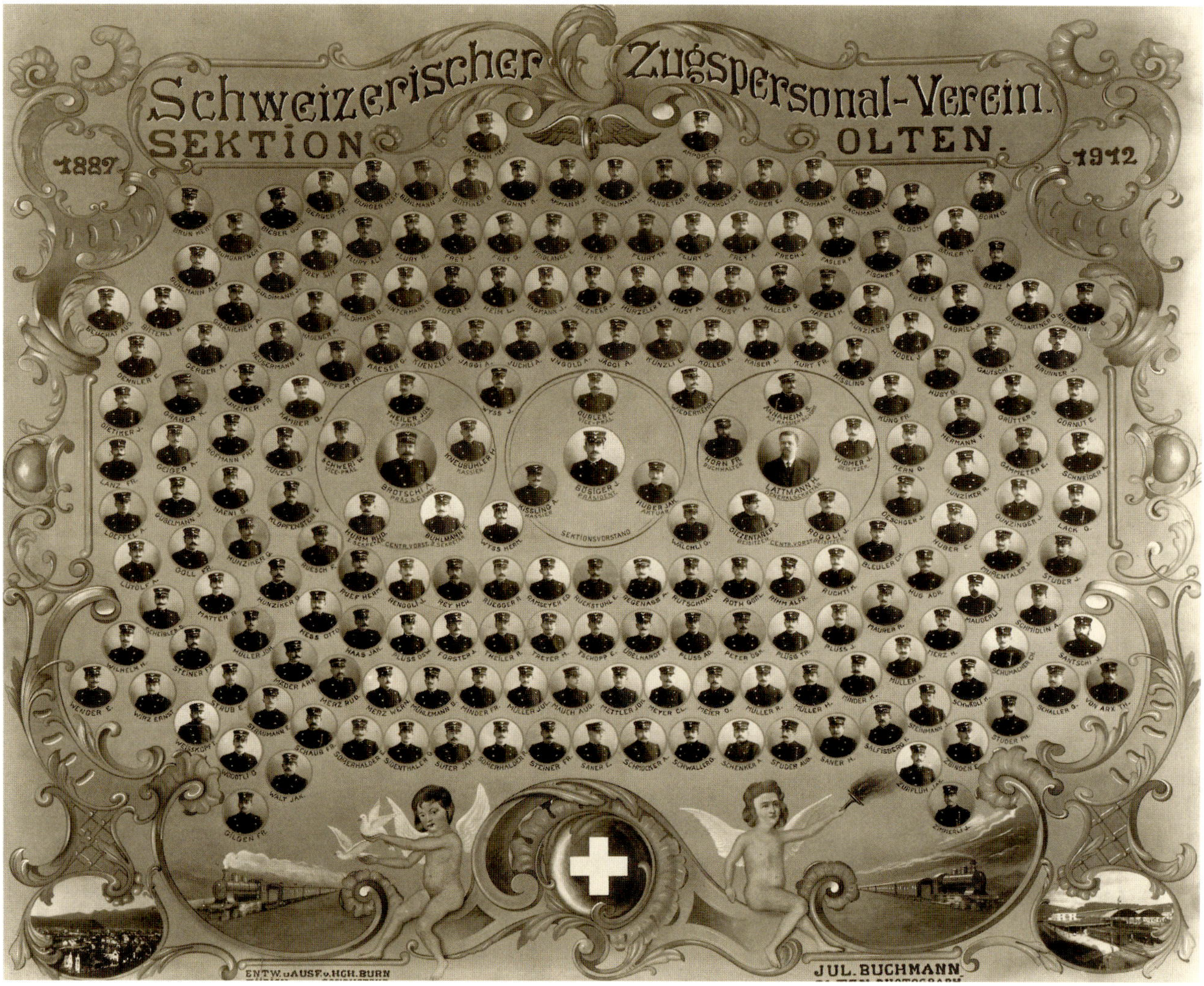
Schweizerischer Zugspersonal-Verein.
SEKTION OLTEN.
1887
1912
JUL. BUCHMANN

10

11

12–13 Der Photograph als künstlerischer Gestalter: Postkarten-Entwürfe für Uzwil des Photographen A. Wagner (um 1890).

13

EXKURS: FAMILIENPHOTOGRAPHIE UND FAMILIENALBEN ALS VOLKSKUNDLICHE QUELLEN

Die Volkskunde hat das Familienalbum bisher kaum beachtet. Zu den Ausnahmen zählen etwa eine frühe Arbeit von Wolfgang Brückner[35] und neuerdings einige Aufsätze in der anregenden und innovativen Zeitschrift «Fotogeschichte», die zum Teil aus der Feder von Volkskundlern stammen.[36] Doch sind die Bedeutung des Photographierens als kommunikativer Handlung innerhalb der Familie, die formale Ausgestaltung von Familienalben, ihre Wertschätzung und Funktion kaum thematisiert worden. Die nachstehenden Überlegungen erwuchsen aus der Arbeit einer kleinen Arbeitsgruppe im Rahmen einer Lehrveranstaltung der Universität Zürich (SS 1988).[37] Die Studenten gehörten verschiedenen Fachrichtungen und Altersgruppen an. Sie brachten damit auch einen unterschiedlichen Erfahrungshorizont und unterschiedliche Assoziationsmöglichkeiten ein, was sich auf die Arbeit positiv auswirkte.

Die Fragestellung

Sie sollte möglichst offen bleiben. Gerade bei einem wenig bearbeiteten Thema besteht die Gefahr, dass sonst die Wahrnehmung zu sehr fokussiert wird und wichtige Dimensionen ausgeblendet bleiben. Trotzdem haben wir am Anfang einige Fragen aufgeworfen, die unserer Neugierde entsprachen und auch in etwa die Richtung des Vorgehens bestimmten. Die Photoalben sollten unter *folgenden Gesichtspunkten* analysiert werden:

- Welcher Art sind die photographierten Ereignisse? Werden *bestimmte Anlässe, bestimmte Lebensphasen* bevorzugt festgehalten?
- Welcher *Personenkreis* ist vertreten, und welche *Stellung* nehmen die Porträtierten innerhalb ihrer Primärgruppe ein?
- Sind *Ordnungsstrukturen* oder *Orientierungslinien* erkennbar, nach denen die Alben angelegt werden? Lassen sich hier eine gewisse Regelmässigkeit und Logik erkennen?
- Existieren *tabuisierte Bereiche*?
- Werden *Normen und Werte* erkennbar, z. B. durch die Inszenierung oder durch bestimmte Attribute?
- Lassen sich *zeit- oder regionaltypische Bildmuster* ausmachen?
- Ist das Familienalbum *Objekt künstlerischer Gestaltung,* und inwieweit spielen dabei rein technische Bedingungen eine Rolle?
- Welche Funktion haben solche Alben für das *Leben des einzelnen*, der Familie, und welche *Bedeutung* kommt der Photographie *im Prozess des Erinnerns* zu?

Es sei vorweggenommen: Nicht alle aufgeworfenen Fragen fanden in der Folge eine adäquate Antwort.

Die grosse Crux oder zur Auswahl der Objekte

Wer sich mit alten Familienalben beschäftigt, kennt das Problem: Mit ihren stereotypen Bildern, vor allem wenn schriftliche Einträge fehlen, sind die Alben schwer deutbar, sie lassen sich oft nicht einmal lokalisieren. Für eine volkskundliche Forschung, die sich nicht mit allgemeinen Feststellungen etwa über Veränderungen der Mode oder das hieratische Verhalten der Gruppe vor der Kamera begnügt, sind solche Alben wenig ertragreich. Aber selbst wenn die Photos beschriftet sind, fällt eine Rekonstruktion des soziokulturellen Kontextes schwer. Mit wachsender räumlicher und zeitlicher Distanz nimmt der qualitative Aussagewert ab. Grundsätzlich bedarf ein Album der Deutung, der Interpretation durch den Besitzer oder eines andern Beteiligten. Vor allem die Frage, welche Rolle die Photographie im Erinnerungsprozess an eine frühere Lebenszeit und bei deren subjektiver Interpretation spielt, kann nur beantwortet werden, wenn ein Album zusammen mit dem Eigentümer «gelesen» wird. Aus diesem Grund wollten wir Alben aus dem eigenen Familien- oder Bekanntenkreis zur

Deutung herbeiziehen. Es sollten dabei sowohl der Inhalt des Erinnerten als auch die durch das Bild ausgelösten Assoziationen und Emotionen festgehalten und analysiert werden. Es erwies sich aber als schwierig, eine gewisse Einheitlichkeit im Vorgehen zu erhalten, da nicht alle Beteiligten sich solche Alben beschaffen konnten. Daher beschlossen wir, unsere eigenen Alben zu interpretieren. Wir selber waren dabei wechselseitig sowohl Interpreten und sich Erinnernde als auch Interviewer und Beobachter. Diese zweifache Rolle, die jeder einzelne zeitlich getrennt wahrnahm, führte im Bewusstsein zu einer Überlagerung, da sich beim Erzählen und Deuten des eigenen Albums zugleich eine Selbstbeobachtung ergab. Diese Art der Untersuchung, so ungewohnt sie war, konnte eine besondere Chance bieten, zu differenzierten Einsichten zu gelangen. Das ganze hatte ohnehin nur Versuchscharakter, zumal die Koordinaten der Alben uneinheitlich waren. Schon in zeitlicher Hinsicht ergaben sich grosse Unterschiede, denn die Alben erstreckten sich von den zwanziger Jahren bis in die frühen siebziger Jahre unseres Jahrhunderts. Auch die Beschränkung auf die Kinder- und Jugendalben von nur acht Teilnehmern relativiert die Ergebnisse. Andererseits ergaben sich bei den Beteiligten ein ausgesprochenes Engagement und in einzelnen Fällen eine wachsende Emotion, die in der vertieften Begegnung mit Lebensphasen begründet war, die man längst abgeschlossen glaubte.

Ein weiterer Vorteil dieser Gesprächssituation lag darin, dass der intime Rahmen und das beiderseitige Einverständnis es ermöglichten, sehr persönliche Erinnerungen mitzuteilen.

Zur Methode

Bei einer solchen Versuchsanlage und Materialbasis konnte nur eine qualitative Datenerhebung sinnvoll sein, wobei vor allem das narrative Interview verwendet wurde. Mittels assoziativer Befragung wurde versucht, möglichst subjektive Daten zu erfassen. Vor allem aber erzählte der Informant selber, indem er sein Photoalbum durchblätterte. Er setzte die Schwerpunkte seiner Schilderung aus seiner subjektiven Betroffenheit heraus. Die Erzählphasen dauerten jeweils dreiviertel Stunden.

Während des Geprächs wurde protokolliert. Nachher verarbeitete der Interviewer die Notizen zu einem Bericht. Der Interviewte erhielt darauf Gelegenheit, den Bericht zu studieren und aufgrund seiner Erinnerungen das Gespräch zu korrigieren. Dieser validierte Bericht wurde im Plenum vorgetragen, assoziativ verarbeitet und schliesslich für einen Schlussbericht ausgewertet, dessen Teile einzelne Gruppenmitglieder redaktionell übernahmen und der diesem Aufsatz zugrunde liegt.

Die Alben in ihrer generationsspezifischen Gestaltung

Unterscheiden sich die Alben generationsspezifisch oder, anders gefragt: Gibt es einen Typus oder wenigstens typische Züge, die z. B. die Alben der Zwischenkriegszeit kennzeichnen, andere, die für die Alben der fünfziger Jahre zutreffen? Einige grundlegende Charakteristiken fielen auf: Das Album der zwanziger und dreissiger Jahre präsentiert sich ernster, systematischer als seine Nachfolger. Photographieren war damals ein wichtiger Akt, der im Atelier, zu Hause oder unterwegs geschah, wobei man sich in eine entsprechende Positur stellte. Auch wenn die Kodak-Box das Photographieren erleichtert hatte, so verlangten technisch gute Photos Sachverständnis und Einfühlung. Zudem war das Photographieren wirtschaftlich immer noch ein Luxus, die Photo ein relativ kostspieliges Gut, dessen Herstellung (Aufnahme und Entwicklung) ungleich mehr Zeit, Sorgfalt und auch finanzielle Mittel beanspruchte als heute. Es galt, mit dem Knipsen ökonomisch umzugehen. Das wirkte sich selbstverständlich auch auf die Auswahl der photographiewürdigen Anlässe und die Präsentation der Bilder aus. Die Photoalben der zwanziger und dreissiger Jahre geben sich insgesamt seriös, die Anordnung der Photos folgt traditionellen Mustern. Damit mag die Beobachtung zusammenhängen, dass meist der Familienvater photographierte. Er fehlt auch in der Regel auf den Bildern, wurde aber von den damaligen Betrachtern ins Bild hineingedacht. Der Mann galt als technisch begabter, ihn interessierte der Umgang mit der Kamera. Er drückt denn auch meist den Photos seinen Stempel auf, die Alben tragen seine Handschrift: Sie spiegeln Vaterstolz und Familienglück wider, die Idee der Harmonie, der bürgerlichen Rechtschaffenheit. Die Bilder atmen Solidität, Disziplin und Sauberkeit.

Typisch wirken auch die Zwischenblätter in früheren Alben: Vordergründig haben sie Schutzfunktion. Mit ihren Prägemustern (spinnennetzartig oder mit pflanzlichen Motiven) legen sie sich wie ein Schleier über die Bilder, die sich erst durch das Abheben des Blattes enthüllen. Ein Stück des Intimlebens enthüllt sich dadurch, sicher nicht unmittelbar (auch in der photographierten Realität nicht), sondern durch den Filter des sorgfältig eingelegten Luxuspapiers, lies der sozialen Konvention. Auch die Photos selber sind kunstvoller abgezogen, auf individuell gewähltem Papier, allenfalls mit Büttenrand. Auch daraus spricht die grössere Wertschätzung, die man dem einzelnen Bild entgegenbrachte.

Eine deutliche Veränderung in der Gestaltung der Familienalben stellten wir für die fünfziger Jahre fest: Diese Periode brachte eine neue Form der Geselligkeit; die Menschen gaben sich konsumfroh, scheinbar unbelastet von dräuenden Fragen der Weltpolitik, die Lustigkeit exzessiv betonend. Das Colgate-Lächeln des amerikanischen Werbestils wird europäisches Gemeingut. Die neue Geselligkeit und die veränderte Auffassung vom Verhalten vor der Kamera schlagen sich in den Alben nieder. Die wachsende Bilderflut – Photographieren wird für jedermann erschwinglich und auch technisch selbst bei Innenaufnahmen machbar – bringt einen lockeren, respektlosen Umgang mit den Photos. Das zeigt sich in der Ausgestaltung der Alben. Die Photos werden nicht mehr stereotyp angeordnet, sondern man klebt sie variantenreich ein, versieht sie mit Zeichnungen und launigem Kommentar. Die Schnappschüsse sind Trumpf; Menschen werden nun auch in Situationen aufgenommen, die früher als unschicklich galten, der Intimbereich wird stärker ausgeleuchtet. Die Tendenz verstärkt sich in den späten sechziger und siebziger Jahren. Alles und jedes wird photographiert: Menschen im Pyjama, auf dem Bett liegend, beim Zähneputzen, grinsend, mit ausgestreckter Zunge usw.; auch Haustiere gehören dazu, bis hin zum Meerschweinchen. Die Photo ist zum Alltagsrequisit geworden, zum Wegwerfartikel auch, von dem man sich aber meist doch nicht trennt, ein Müll, der den Erben zur Last wird.

Die Photoalben belegen seit den fünfziger Jahren auch die weit geringere Bedeutung, die man der eigenen Familie zumisst. Junge Menschen brechen aus dem Familienghetto aus. Ihre Photos zeigen Schulanlässe, Kellerfeste (in den fünfziger Jahren), Skilager, Ausflüge; vor allem dokumentieren sie die Geselligkeit unter jungen Menschen. Die Fröhlichkeit der fünfziger Jahre wirkt allerdings noch steif, die Tabus sitzen einem noch im Nacken, auch wenn man daran ist, sie zu transgredieren. Anders dann Ende der sechziger und in den siebziger Jahren: Da zeigen die Photos Menschen, für die es scheinbar keine Tabus mehr gibt, die aber bereits wieder unterwegs zu neuen gesellschaftlichen Zwängen sind.

Die regionalspezifischen Besonderheiten

Das sehr begrenzte Untersuchungsmaterial erwies sich bei dieser Fragestellung kaum ergiebig. Wir konnten nur wenige konkrete Aussagen über regionalspezifische Besonderheiten machen. So stammten etwa Alben, deren Bilder stark von religiösen Motiven geprägt sind, durchwegs aus katholischen Gegenden. Hier ergab sich, vor allem für die dreissiger und vierziger Jahre, eine ausgeprägte Prozessionskultur (etwa an Fronleichnam, bei der Erstkommunion). So enthalten Alben, vor allem für die reiferen Jugendjahre, regionalspezifische Züge, die aber nur beim Vergleich einer grösseren Anzahl erkennbar werden.

Durchgehende Strukturen

Neben den generationsspezifischen Unterschieden weisen die Photoalben auch gemeinsame Merkmale auf. Grundsätzlich folgen sie alle einem chronologischen Ablauf, der die markanten Phasen und Einschnitte des Kinder- und Jugendlebens illustriert: Baby-Zeit, erste Aktivitäten innerhalb und ausserhalb des Hauses, Spaziergänge und Ausflüge, erster Schultag, Klassenphotos usw. Wie das Leben nach normierten Stufen abläuft, so wirken unsere Alben ebenfalls einheitlich, wenig einfallsreich. Überraschungen, ausgelöst durch unerwartete Bildmotive, bleiben meist aus. Besonders deutlich wird dies bei jenen Alben, die von pädagogischen oder sozialkaritativen Organisationen herausgegeben wurden und welche die Bildfolge durch ein eingedrucktes Programm festlegten, das zugleich belehrte. Eine ähnliche stereotype Entwicklung zeichnet sich auch beim Einbezug weiterer Personen ab. Zuerst erscheint das Kleinkind mit den engsten Bezugspersonen, vor allem der Mutter und den Geschwistern; dann tauchen Spielkameraden auf, die nächsten Verwandten, die Paten usw. Nur allmählich und zögernd öffnet sich der Bezugskreis, werden weitere Bekannte aufgenommen. Das gilt in besonderem Mass für die älteren Alben, hat sich aber grundsätzlich auch bei den neuen Alben nicht geändert.

Im einzelnen haben wir folgende konventionelle Regelungen vorgefunden: Dort, wo ein Familienmitglied selber photographierte, sind die ersten Lebensjahre gut dokumentiert. Dabei spielte es allerdings eine Rolle, ob es sich um das älteste oder das jüngste Kind handelte: Die Erstgeborenen wurden häufig photographiert, man legte für sie oft ein eigentliches Baby-Album an. Der Photoeifer nahm in der Regel von Kind zu Kind ab, so dass das Jüngste oft kein eigenes Album mehr erhielt.

Das Baby im Arm der Mutter scheint über alle Generationen hinweg ein klassisches Motiv zu sein. Erstaunlicherweise wurde hingegen das Baby ebenso oft mit einzelnen Verwandten, Bekannten oder Geschwistern aufgenommen, kaum je aber mit dem Vater. Liegt es daran, dass der Vater immer selber photographierte, oder dass es als «unmännlich» galt, sich mit einem Säugling photographieren zu lassen? Würde diese Beobachtung auch für die Alben heutiger Eltern gelten? Gleich häufig wie auf dem Arm der Mutter erscheint das Kind im Kinderwagen: Entweder sitzt es allein darin, oder es stehen Familienmitglieder, auch der Vater, um den Wagen herum. Babys, die in einem Zuber baden oder auf einem Kissen liegen (beides im Freien), finden sich in fast allen Alben. Es sind die einzigen Aufnahmen, wo Nacktheit gesellschaftlich gestattet war. Solche Photos wirken fast obligat.

Aufnahmen rund um das Haus zeigen das Kind beim Spiel. Wie früher im Atelier des Berufsphotographen fehlen dabei die Spielsachen nicht. Am häufigsten sind Aufnahmen auf dem Dreirad. Auch Puppen, Stofftiere oder Bälle werden den Kindern in die Hände gegeben. Beinahe alle Alben enthalten Photos von gemeinsamen Aktivitäten der Familie, am häufigsten von Spaziergängen. Der Eintritt in den Kindergarten und die Schule eröffnen dem Kind den ausserfamiliären Bereich. Davon zeugen die Klassenphotos, die Aufnahmen von Schulreisen, Klassen- oder Skilagern, von Theateraufführungen. Dazu kommen Bilder von Jugendorganisationen, den Pfadfindern etwa, Sportvereinen, von Kinderfesten usw. Hier erweitern sich die Möglichkeiten, vor allem weil die Aufnahmen jetzt auch von Personen ausserhalb der engeren Familie stammen, von Schulkollegen und Freunden.

In den neueren Alben fehlen die früheren Gesamtaufnahmen der Familie, die regelmässig im Atelier des Photographen entstanden und in streng komponierter Ordnung jene ernste Harmonie widerspiegeln, die man als Ideal familiären Zusammenhangs sah.

Das Photoalbum als Dokument der individuellen Entwicklungsgeschichte

Gewiss, die Photoalben stehen in ihrer Zeit, sie spiegeln unbeabsichtigt die kulturellen, politischen und religiösen Wertungen der jeweiligen Epoche. Aufgenommen wird, was von der Gesellschaft vorgegeben und akzeptiert ist. Darin bilden auch unsere Alben keine Ausnahme.

Darüber hinaus dokumentieren sie aber auch die individuelle Entwicklung. Sie sind seit der frühen Jugend Laufgitter unseres Erinnerns. Die ersten Photoalben unseres Lebens zeigen dabei die Entwicklung nicht aus der Perspektive des Photographierten, sondern aus der Sicht der Eltern. Darin liegt ihr intersubjektiver Charakter. Die Eltern wählten die Photo-Situationen aus, sie entschieden, was photographiewürdig war und welche Bilder ins Album aufgenommen wurden. Doch leiteten sie dabei unbewusst traditionelle Vorstellungen und Werte. Die Erinnerung an die eigenen frühen Jahre wird so durch Bilder, die andere «gesehen» haben, unterstützt und geprägt. Gewiss, das ändert sich mit fortschreitendem Alter, wenn man beginnt, die Photos nach eigenem Ermessen aufzunehmen und einzuordnen. Doch bleibt die Tatsache, dass unsere frühen Erinnerungen weitgehend fremdgeprägt sind.

Zur Funktion von Familienalben

Die Funktion der Familienalben hat sich im Lauf der letzten hundert Jahre grundsätzlich verändert: Das Photoalbum in der hochbürgerlichen Phase war ein Vorzeigestück, eine Art bereinigte Familienchronik visuellen Zuschnitts, die auf dem Salontisch lag, reich verziert, wie eine Bundeslade im Schrein des Hauses. Hier waren die vereinigt, die zu den Intimi der Familie gehörten: Angehörige, Verwandte, Freunde und Bekannte, in der von der Gesellschaft erwarteten Pose, steif, zeremoniös, so wie sich Menschen eben zu verhalten haben, die man vorstellt. Diese Alben, so offen sie dem Besucher dalagen, waren zugleich hermetisch, für den Nichteingeweihten kaum entschlüsselbar. Die «Carte-de-visite»-Photos, die ja mit den Kabinettbildern das Wesentliche dieser Alben ausmachten, gaben nur wenig von den individuellen Lebensbedingungen preis, begnügten sich mit einigen chiffrierten Angaben zu

Stand, zu Beruf, etwa durch die Offiziersuniform oder den Ehering am Finger. Die Photos verlangten nach dem Kommentar, solche Alben wollten expliziert sein. Die Einladung, sich das Album anzusehen und deuten zu lassen, kam einem eigentlichen Initiationsvorgang gleich, der Besucher wurde in das Arkanum der Familie eingeführt. Aber was dann hier vorgeführt wurde und ikonographisch festgelegt war, war weniger das eigene Leben, der Werdegang etwa des Albumbesitzers, sondern vielmehr das soziale Umfeld, das Beziehungsnetz. Die fehlende menschliche Wärme, die fehlende Ausstrahlung, wie sie etwa Bildern von individuellen Lebenssituationen eigen ist, wurden durch das schmückende Beiwerk in den Alben ersetzt, durch die farbigen Dekors, etwa die Blumenranken. Sie sollten die mangelnde Lebensnähe, die fehlende Natürlichkeit ausgleichen. Je unmittelbarer später die Bilder wurden, die Schnappschüsse etwa, desto eher konnte man auf einen zusätzlichen Dekor verzichten.

In der Folge wandelt sich die Funktion des Familienalbums: Es wird zum Dokument des eigenen Werdegangs, zu einer biographischen Brücke, die aus dem Land des Vergessens zu den Ufern des Bewusstseins zurückführt. Das Album, wie es seit den zwanziger, dreissiger Jahren angelegt wird, stützt den Prozess des Erinnerns, stellt die ikonographische Formel einer Autobiographie dar, die aber immer noch des Kommentars bedarf, also textlich erweitert, ergänzt werden muss und dadurch erst zu einer eigentlichen, immer wieder aktualisierbaren Selbstdarstellung wird. Solche Alben enthalten nun weit mehr Privates, Dinge, die man vor dem Unberufenen verbergen will; im Schnappschuss wird der Mensch überrascht, er kann sich keine Pose mehr zulegen. Darum lagern die Photoalben heute eher in Schubladen, oder sie stehen in Bücherregalen, dem fremden Besucher nicht gleich zugänglich. Die neueren Familienalben sind ich-zentriert, persönlichkeitsorientiert. Auch sie verlangen nach der Deutung, aber die Erklärung mündet zwangsläufig in ein Stück Lebensbericht aus.

Solche Photoalben können heftige emotionale Bewegungen auslösen, die bis zur völligen Ablehnung gehen und manchmal zu zerstörerischen Eingriffen in den Alben führen. Bildmaterial wird dabei willentlich vernichtet, Personen wie Gegenstände werden symbolisch aus dem Gedächtnis getilgt. Hier äussert sich die magisch-existentielle Dimension der Photographie. Photos sind keineswegs neutrale Objekte. Auch wenn es heute den Anschein macht, Photoalben hätten gegenüber Diapositiven zum Beispiel an Bedeutung verloren, so täuscht dies wohl: Mit fortschreitendem Alter nimmt die Bedeutung der Alben zu, besonders dann, wenn eine wichtige, im Bild festgehaltene Lebensphase abgeschlossen ist. Es bekümmert einen, wenn Photos nicht mehr datiert werden können, wenn ein bildlich festgehaltenes Ereignis aus dem Gedächtnis entschwunden ist. Diese Verärgerung, diese Beunruhigung kann ein Symptom jener existentiellen Verunsicherung sein, die den Menschen unter dem Eindruck der rasch schwindenden Jahre veranlasst, sich von der Vergangenheit her zu orientieren und so etwas Bleibendes in den Händen zu behalten, vor dem Zerrinnen zu bewahren. Erinnerung als Angstabwehr vor der eigenen Vernichtung.

Ein anderes Phänomen bietet dazu eine Analogie: Wenn wir seit dem Zweiten Weltkrieg in den Alben eine verstärkte Tendenz entdecken, die Entwicklung der Kinder zu dokumentieren, Ereignisse und Symptome schriftlich und photographisch festzuhalten, handelt es sich dabei vielleicht um ein Mittel der Anamnese. Solche Alben können später den Eltern als Beweis dienen, dass sie sich in der Erziehung der Kinder Mühe gegeben und nicht alles falsch gemacht hätten. Die zunehmende Reflexion über Kindererziehung, welche die Nachkriegszeit charakterisiert und sich auch in den Alben niederschlägt, veranlasste verschiedene Institutionen, wie etwa die Pro Juventute, vorgedruckte Alben herauszugeben. Zum ersten Mal wurde damit das Photoalbum zu einem Mittel der Indoktrination der Eltern, der Erwachsenenpädagogik.

Die gegenwärtige Situation ist durch eine eigentliche Bilderschwemme charakterisiert. Bei jeder Gelegenheit wird photographiert, oft das Banalste, fast wahllos, immer mit dem Gedanken, aus den vielen Kopien dann die besten Bilder auszuwählen, was schliesslich doch nicht geschieht. Daraus erwächst eine moderne Schwierigkeit im Umgang mit Photographien. Die Bilderflut erschwert die Erinnerung, lässt auch den Eifer erlahmen, die Bilder konsequent in ein Album zu bringen. So werden denn die Photos an Haufen gelegt, in Schachteln verstaut. Die Photoflut überfordert so den Menschen, stellt schliesslich auch eine Art Umweltverschmutzung her. Was ursprünglich als Kristallisationspunkt der Erinnerung gedacht war, wird zur Belästigung, zum Albdruck für den Gast, dem man die Photos als Pflichtlektüre vorsetzt.

1 Als Ausnahme darf gelten *Wolfgang Brückner*, der 1981 in einem Korreferat am Volkskunde-Kongress in Regensburg über einen autodidaktischen Dorfphotographen berichtete, der kurz nach der Jahrhundertwende in einem fränkischen Trachtendorf nebenberuflich photographierte und dessen Glasnegative erhalten sind. Brückner analysiert den sozio-kulturellen Erkenntnisertrag v. a. von der Kleidung und den entsprechenden Attributen her. Fotografie im fränkischen Trachtendorf 1905/15. In: Umgang mit Sachen. Zur Kulturgeschichte des Dinggebrauchs. Regensburger Schriften zur Volkskunde. Hg. von *Konrad Köstlin*. Bd. 1. Regensburg 1983. 258–265.
Helmut Eberhart unterstreicht ebenfalls, dass volkskundliche Ansätze zur quellenkundlichen Beschäftigung mit der Photographie trotz der entsprechenden Aufforderung Brückners noch eher spärlich geblieben sind: Zwischen Realität und Romantik. Die Viktor-Geramb-Photosammlung am Institut für Volkskunde in Graz, in: Zs für Volkskunde 81 (1985) 1.
Die wichtigsten Arbeiten zur Photographie als Kunst des Alltäglichen liefert aber die Zeitschrift «Fotogeschichte. Beiträge zur Geschichte und Ästhetik der Fotografie», hg. von *Timm Stark*, die seit 1981 in regelmässiger Folge entsprechende Aufsätze publiziert und vor allem auch die Photographie als sozialgeschichtliche Quelle interpretiert. Photos als Medium der Selbstreflexion, als Möglichkeiten, aus lebensgeschichtlichen Daten neue Identität zu gewinnen, ihre Funktion also in der Lebensgeschichte untersucht *Joachim Kallinich*: «Fotos sind schön und schwer zugleich.» Anmerkungen zu Fotografie und Lebensgeschichte, in: Tübinger Beiträge zur Volkskultur 69. 1986. 285–300.
Einen besonderen Stellenwert, allerdings weitgehend ohne textliche Interpretation, haben Alltagsphotographien und -photographen auch im Bildband: Das Tessin und seine Photographen. Photographien von 1858 bis heute, hg. v. *Walter Binder* u. a. Bern 1987.

2 Gewiss erreicht die populäre Druckgraphik als Wandbilddruck im 19. Jahrhundert auch die Wohnungen der unteren Sozialschichten, aber sie war motivlich viel eingeschränkter. Vgl. dazu *Christa Pieske*: Bilder für jedermann. Wandbilddrucke 1840–1940. München 1988. 44.

3 *Siegfried Kracauer* befürchtet eine völlige Erblindung der Welt, wenn alle Schlupfwinkel photographiert seien: Das Ornament der Masse. Essays. Frankfurt a. M. 1963. 288.

4 In: Das Foto. Geschichte und Theorie der Fotografie als Grundlage eines neuen Urteils. Reinbek b. Hamburg. 1981. 147. In einem gewissen Sinn war auch die Silhouette, benannt nach einem französischen Finanzkontrolleur um 1795, also die aus schwarzem Glanzpapier ausgeschnittenen Gesichts- und Kopfkonturen, eine Vorläuferin des photographischen Porträts. Lavater z. B. hielt damit charakteristische Physiognomien fest.

5 Photographie und Gesellschaft. München 1976. 14.

6 Einen schönen Einblick in die Tätigkeit eines Schweizer Kleinporträtisten gewährt der autobiographische Text: *Joachim Brunschweiler*, oder Lehr- und Wanderjahre eines Portraitmalers am Ende des XVIII. und im Anfange des gegenwärtigen Jahrhunderts, in: Thurgauische Beiträge zur Vaterländischen Geschichte. Hrsg. vom historischen Vereine des Kantons Thurgau. 9. Heft. Frauenfeld 1868. 1–94. Brunschweiler lebte von 1770 bis 1853.

7 (wie Anm. 5) 56.

8 Für *Pierre Bourdieu* ist die Photographie besonders geeignet, «jene Ästheten (und Ethiker) zu ermitteln, die für unterschiedliche Gruppen oder Klassen kennzeichnend sind, vor allem die 'Ästhetik' des 'einfachen Volkes', die sich hier in Ausnahmefällen offenbaren kann». In: Bourdieu, Boltanski, Castel Chamboredon, Lagneau, Schnapper: Eine illegitime Kunst. Die sozialen Gebrauchsweisen der Photographie. Frankfurt a. M. 1981. 18.

9 *Ursula Peters*: Stilgeschichte der Photographie in Deutschland 1839–1900. DuMont-Dokumente Photo. Köln 1979. 88.

10 Peters (wie Anm. 9) 89.

11 Die Industrialisierung des Blicks. Zur Kultur- und Mediengeschichte der Photographie. Köln 1987.

12 *William C. Darrah*: Cartes de Visite in 19th Century Photography. Gettysburg 1981. 12.

13 Vgl. dazu Freund (wie Anm. 5) 103.

14 Vgl. dazu unten S. 27; *Walter Baur*: Die Anfänge der photographischen Industrie in Zürich von 1880–1926. Typoskript eines Vortrags (9 Seiten), Stadtarchiv Zürich.

15 Vgl. zu diesen Überlegungen *Andreas Haus*: Fotografie und Wirklichkeit, in: Fotogeschichte. Beiträge zur Geschichte und Ästhetik der Fotografie 2. 1982. Heft 5. Frankfurt a. M. 1982. 5–11.

16 Einen interessanten, wenn auch sicher einseitigen Beleg für die schichtspezifische Wirkung der Photographie in der Frühzeit bildet folgender Sachverhalt: Bei der Bekämpfung des Vagantentums und im Nachvollzug des «Bundesgesetzes die Heimathlosigkeit betreffend» von 1850 wurden renitente Vazierende in Bern zusammengefasst und im Hofe der «Äusseren Gefangenschaft» zu erkennungsdienstlichen Zwecken photographiert. Das stellte für die Schweiz eine Neuerung dar. Die Photographien wurden nachher lithographiert und zusammen mit den Signalementen an die kantonalen Polizeibehörden weitergegeben. Der damalige Bundesanwalt *Jakob Amiet* schildert die Wirkung des Vorgangs auf die Heimatlosen, also Schweizer ohne Gemeindebürgerrecht, die damals zu den untersten Schichten gehörten: «Die meisten der Heimatlosen hielten sich schon verraten, wenn sie mit festgeschraubtem Kopfe vor der Maschine sassen, die in einigen Minuten ihr Bild erzeugte und ihre höchste Bewunderung erregte. Dieser moralische Eindruck war so bedeutend, dass die meisten Heimatlosen, weit entfernt, sich gegen die Photographierung zu sträuben, im Gegenteil einen Stolz darauf setzten und es sich zur Ehre anrechneten, photographiert zu werden. Es war auch begreiflich, dass dieses polizeiliche Mittel ihnen besser behagte, als das früher in einigen Kantonen bei den Weibern angewandte Mittel des Haarabschneidens.» Jahresbericht der Bundesanwaltschaft. Bern 1853. 717.

17 Über Photographie. München – Wien 1978. 52.
18 58.
19 Sontag (wie Anm. 17) 143.
20 Vgl. dazu *Jürgen Steen*: Fotografiegeschichte als Kunstgeschichte, Fotografie als «optische Sozialgeschichte» und die Industrielle Revolution, in: Fotogeschichte 2. 1982 (wie Anm. 1) Heft 5, 13–17.
21 (wie Anm. 8) 18.
22 (wie Anm. 8) 31–43.
23 Bourdieu (wie Anm. 8) 88.
24 *Robert Castel*: Bilder und Phantasiegestalten, in: Bourdieu (wie Anm. 8) 239.
25 Lichtbilder und Bauern. Ein Beitrag zu einer visuellen Anthropologie. In: Zs. für Volkskunde 80. 1984. 216–228.
26 Lebensgeschichte und Fotografie. Ein Vergleich an einem Beispiel, in: Fotogeschichte 2. 1982 (wie Anm. 1) Heft 5, 29–34.
27 In: *John Berger / Jean Mohr* unter Mitarbeit von Nicolas Philibert: Eine andere Art zu erzählen. München/Wien 1984. 41–57.
28 Berger (wie Anm. 27) 89. Vgl. zum Thema auch: *Berthold Beiter*: Die Gewalt des Augenblicks. Gedanken zur Ästhetik der Fotografie. Leipzig 1969.[2] 190–193.
29 *Paul Almasy*: La photographie moyen d'information. Paris 1975. 30.
30 Vgl. dazu Robert Castel (wie Anm. 24) 235–266.
31 Sontag (wie Anm. 17) 11.
32 *Ernst Drost*, in: K. u. K. Familienalbum. Die Welt von gestern in 319 alten Photographien von Franz Hubmann. Wien – München – Zürich 1971. 11.
33 Drost (wie Anm. 32) 11.
34 Zur Geschichte der «Lebenden Bilder» vgl. z. B. *Gottfried Korff:* Rote Fahnen und «Tableaux Vivants». Zum Symbolverständnis der deutschen Arbeiterbewegung im 19. Jahrhundert, in: Albrecht Lehmann (Hg.): Studien zur Arbeiterkultur. Münster 1984. 103–140.
35 Projekt und Ausstellung Photoalbum 1858–1914, in: Museumsdidaktik und Dokumentationspraxis. Zur Typologie von Ausstellungen in kulturhistorischen Museen. Hg. v. *Ingolf Bauer* und *Nina Gockerell*. München 1976. 127–146; zur Geschichte und formalen Ausgestaltung der Photoalben: *Ellen Maas*: Die goldenen Jahre der Photoalben. Köln 1977.
In einer brillanten Untersuchung hat *Clara Gallini* das italienische Hochzeitsalbum der Gegenwart und die entsprechenden Video-Kassetten, die eigentliche Photoromane erzählen, als neue Riten herausgestellt, genauer als rituellen Nachvollzug eines Initiationsvorgangs. In Form und Aufmachung dokumentieren diese Massenprodukte den Mythos des glücklichen Paares, «le triomphe du couple légitimement fondé». Das Posieren für Photos in den Photoalben nennt die Verfasserin eine Lehrzeit für eine Fiktion oder ein «déguisement» (227). Nicht mehr die Sache an sich muss immortalisiert werden, wie früher etwa das Hochzeitskleid, sondern das Bild, das mediatisierte Symbol davon. Erinnern durch das Bild wird zum bleibenden Vorgang der Sakralisation, das Massenbild trägt, entgegen der Meinung von Walter Benjamin, zur neuen Sakralsphäre bei. Gewiss gelten diese Untersuchungen und Verallgemeinerungen in erster Linie für italienische Verhältnisse und den ungeheuren finanziellen Aufwand, den man dort mit solchen Hochzeitsreportagen treibt: «Cérémonies en images. Albums et cassettes de mariages en Italie: SAVk 84. 1988. 212–232.
36 (Wie Anm. 1). Darin z. B. *Jürgen Steen*: Fotoalbum und Lebensgeschichte. Heft 10. 1983. 55–67; *Cornelia Rühlig*: Bloss ein paar Urlaubsfotos von «Knipsern». Kindheitsbilder eines bürgerlichen Mädchens (1926–1937). Heft 13. 1984. 41–50.
37 Zur Gruppe gehörten: Silvia Bärtschi-Baumann, Waltraut Bellwald, Rosi Brunner, Paul Hugger, Marcel Keller, Franz Osimitz, Ernst Trachsler, Johannes Vogel.

PERSÖNLICHKEITEN

Der zweite Teil unserer Darstellung führt einzelne, ausgewählte Photographen in ihrem Leben und Schaffen vor. Dabei richtet sich das Augenmerk zunächst nicht auf «Starphotographen», die absolute künstlerische Massstäbe setzten und individualistische Ziele verfolgten, sondern auf jene Leute des Metiers, welche der Photographie als alltäglichem Broterwerb nachgingen. Der Photograph als Handwerker also, mit Geschmack und auch kreativer Begabung oft, der in einem sozio-kulturellen Kontext lokalen Zuschnitts arbeitet, von dem er Impulse erhält, den er aber durch sein Schaffen auch beeinflusst. Der Photograph in Dorf und Stadt, mit einer Kundschaft, die er jahrelang bedient, von der er auch im Laufe der Jahre eine ausgezeichnete Kenntnis hat bis in die feinsten verwandtschaftlichen Verästelungen. Er begleitet ihre wichtigsten Lebensstufen, manchmal von der Taufe bis zum Totenbett. Dieser Photograph, bescheiden und verkannt von der «hohen» Kunst, beeinflusst unverdrossen und emsig den Geschmack der kleinen Leute; durch seine Ideen und Arrangements sucht er, den Kundenkreis zu aktivieren. Und bei all dem wurde sein Schaffen, oft wohl ungewollt, zum wichtigsten visuellen Dokument des Volkslebens seiner Zeit. Was wären die Volkskunde, die Alltagsgeschichte der letzten hundert Jahre ohne die Photographen und ihre nachgelassenen Dokumente?

Jede Auswahl ist gewiss arbiträr. Die hier vorgestellten Photographen stehen denn auch für viele. Jeder stellt einen Typus dar, der sich in mancher Variation zu seiner Zeit vorfand, vom Pionier über den künstlerisch ambitionierten Gestalter und «Pröbler» bis hin zum anspruchslosen Berufsmann. Bedeutung haben sie alle für ihre Zeit und Zeitgenossen.

14 Pater Matthäus Keust mit seiner geliebten Holzkamera, einer sogenannten Reisekamera.

EIN SCHWEIZER KAPUZINER ALS PIONIER DER PHOTOGRAPHIE

oder die Versuchungen einer neuen Muse

Unsere erste monographische Darstellung gilt einem Kapuzinerpater. Genauer gesagt, er steuert sie selbst autobiographisch bei. Erstaunlicherweise gehört gerade ein Ordensmann, den sein Gelübde zur Armut verpflichtete, zu den Pionieren der Photographie in unserem Land. Jedenfalls ist Pater Matthäus Keust für uns ein Glücksfall, denn sein Tagebuch hält mit bewegten Worten jene erste Begegnung mit dem neuen Medium Photographie fest, die sich 1858 im Kapuzinerkloster Olten abspielte. Damals erwarb sich Keust unter mancherlei Misserfolgen die ersten Erfahrungen in der Photographie. Seine Worte lassen uns die Faszination nachvollziehen, welche die frühen Photographen erlebten, wenn sich auf der Glasplatte zum ersten Mal Umrisse des neuartigen Bildes abzeichneten. Es war ein unerhörter Vorgang. Das Tagebuch Pater Keusts hat aber weit darüber hinaus Bedeutung; es ist das Psychogramm des Lebens eines letztlich einsamen Ordensmannes, der in der Auseinandersetzung mit einem Jahrhundert steht, das im klerikalen Umfeld reich an Spannungen und dramatischen Situationen war. Pater Keust ist der einzige Schweizer Kapuziner, der ein solches Tagebuch als systematische Lebenserinnerung hinterliess (abgesehen von einzelnen Dokumenten im Ordensarchiv in Luzern, die seelsorgerliche Eintragungen vermischt mit persönlichen Erinnerungen enthalten). Die Kapuziner wirken auf wechselnden Schauplätzen, und diese Lebensform verleitet offenbar wenig dazu, Erinnerungen niederzuschreiben, die man beim häufigen «Stellenwechsel» mit sich führen muss. Keusts Tagebuch wurde nach seinem Tod offenbar als nicht unbedenklich angesehen. Wie anders wäre es zu erklären, dass der Ordensgeneral selbst (es handelte sich hier wohl um Alt-General Pater Bernhard Christen, der damals in der Schweiz lebte) verfügt hatte, dass es nicht in die Hände von Laien ausserhalb des Klosters zu geben sei. Sicher leitete die Pietät in Anbetracht der oft sehr privaten Äusserungen den Ordensgeneral bei seinem Entscheid; aber es mögen auch Befürchtungen mitgewirkt haben, dass brisante Bemerkungen zum seinerzeitigen Tagesgeschehen, wie sie sich in den beiden Bänden mit den 1034 handgeschriebenen Seiten häufig finden, Schwierigkeiten in der Öffentlichkeit bereiten könnten. Noch wirkten jene Ereignisse nach.

Wir bringen hier das Tagebuch von Pater Keust in breiten Auszügen, und dies aus zweierlei Überlegungen: Es zeigt sich nämlich nur so, in welchem menschlichen, gesellschaftlichen und technologischen Umfeld die Photographie erstmals erscheint und in die Lebensgewohnheiten des Menschen eingreift, und zweitens ist der Bericht von Pater Keust an sich als volkskundliches und allgemein zeitgeschichtliches Dokument derart wertvoll, dass es sich lohnt, die wichtigsten Passagen zu veröffentlichen. Es ist zudem ein manchmal heiteres, manchmal ergreifendes, immer aber spannendes Lesevergnügen.

«Erinnerungen aus meinem Leben»[1]

Das erste Buch trägt den Vermerk:

«Rssmus P. General hat verfügt, dass diese Erinnerungen ins Archiv kommen und Laien etc. ausser dem Kloster nicht gegeben werden.
17. Aug. 1900 fr. Philibert».

«Obschon mein Leben keine besonders grosse Bedeutung hat, kam mir doch schon oft der Gedanke, ich solle Einiges davon niederschreiben, und wenn ich es jetzt thue, so geschieht es nur wegen mir selbst, um dem Drange meines Herzens zu folgen. Sollte das, was ich schreiben werde, zufällig vielleicht nach meinem Tode auch in andere Hände gerathen, so wird man sehen, wie gut es Gott mit einem Menschen gemeint hat, der so schlechte Anlagen hatte und dann schliesslich doch ein brauchbarer Mann geworden ist. Gutes hab ich leider nicht gar viel gethan, sondern mehr Böses, und wenn etwas Gutes zu verzeichnen ist, so darf es nicht hoch angeschlagen werden in Bezug auf mich.» (S. 2)

Eine Jugend im solothurnischen Gäu

Hans Keust wurde am 18. September 1828 als Kind der Eltern Jakob und Ottilie Keust-von Arx in Härkingen (SO) geboren. Er erzählt von einer Frau, wahrscheinlich der Hebamme, die anstelle der (offenbar wegen Schwangerschaften) häufig kranken Mutter die Hausgeschäfte besorgte und die man 'Heinehottere'[2] hiess. «Wir bekamen Küchli und Wein und es waren immer bekannte Personen da, die man Götti und Hübschegotte[3] nannte, und regelmässig hatte die 'Heinehottere' ein neues Brüderchen oder Schwesterchen bei uns zurückgelassen. Ich erfuhr erst später einmal von der Mutter, die ich fragte, dass die 'Heinehottere' diese Kinder in einem alten Schnitztrog aufbewahre und sie dort mit alten Besen füttere, damit sie nicht Hunger leiden müssen. Mich nannte man Hansli, ein anderes Mariannli, wieder eines Franziskeli, dann kam ein Benediktli, dann ein Lisebethli, ferner ein Eduardli, dann ein Augustinli, eine Julia, und mit dem allerbesten Willen kann ich mich nicht mehr erinnern, wie noch vier andere geheissen haben, die als Kinder gestorben sind.»

«Aber Eduardli ist im Bache vor dem Hause ertrunken, und das war das erste Leid und der erste Schmerz, so ich erfahren habe. Alle Belebungsversuche, die man nach Anweisung des Herrn Pfarrers anstellte, waren erfolglos. Vater und Mutter waren trostlos. Oft ging ich in die Kirche, wenn Niemand darin war, und schaute auf ein Engelköpflein, das auf dem Gemälde des Hochaltars sich befand und, wie ich damals meinte, dem ertrunkenen Eduardli ganz ähnlich sei. Dieses Engelköpflein übte darum auch in meinem späteren Leben eine merkwürdige Anziehungskraft auf mich aus.» (S. 3 ff.).

Hans Keust wurde so als Ältester von zwölf Kindern geboren, von denen acht die ersten Lebensjahre überlebten. Er fährt fort: «Während das Unglück geschah, es war an einem Sonntag Nachmittag, war der Vater nach Wolfwil gegangen, um ein Geschäft zu besorgen. Als er heimkam, sagte er, es sei ihm durch den ganzen Wald, den er durchschreiten musste, ganz weh und traurig gewesen, so dass er zu beten begonnen habe, jetzt wisse er, was das zu bedeuten hatte». (S. 5) – Sonst wirken die Kindheitserinnerungen Keusts oft schalkhaft-übertrieben, so wenn er von seinen kleinen Verfehlungen berichtet.

Der Vater war Kleinbauer; die Familie bewohnte ein Strohdachhaus, wie es für die Gegend typisch war, offenbar in Hausgemeinschaft mit einer andern Familie. Sorgen bereiteten dem Kleinen die Nägel in den Schuhen, die er beim Herumtollen immer wieder verlor. Dann tadelte ihn der Vater, so dass der Knabe es vorzog, barfuss zu gehen. Er berichtet auch von einer Strafe, die er erhielt, als er die störrische Milchkuh mit einem brennenden Holzscheit zur Vernunft bringen wollte. Die Gefahr, das Strohdachhaus in Brand zu setzen, war gross. Zur Strafe musste er fünf Vaterunser laut, mit «ausgespannten Armen», beten.[4] Fünfzehn Jahre später brannte das Haus tatsächlich nieder. Seine erste Kindheit, im besonderen die Schulzeit, sei die «denkbar armseligste und unglücklichste gewesen», ohne dass es jemand gewusst habe. Es bleibt bei dieser Feststellung offen, wie ernst sie gemeint ist. Auch in der Schule habe er wegen des Schulmeisters gelitten, eines Verwandten, weil ihn die Mitschüler jeweils als Verräter betrachteten. In der Freizeit spielten die Knaben mit Knöpfen, und Hans verlor dabei sämtliche Exemplare, die er im Hause zusammengetragen hatte. Deshalb schnitt er alle Knöpfe des väterlichen Sonntagsrocks ab, die er prompt wieder beim Spiel verlor. Auch von einem Gelddiebstahl aus Vaters Hosentasche berichtet er. Dabei erwies es sich für ihn als schwierig, das gestohlene Geld auszugeben.

15 Inneres der Kirche von Härkingen. Auf dem Hochaltar das Gemälde mit dem Engelköpflein, das den jungen Hans Keust an sein ertrunkenes Brüderlein Eduard erinnerte. Postkarte um 1900.

16 Strohdachhaus in Härkingen. Das Geburtshaus von Pater Keust, im Typus wohl dem abgebildeten ähnlich, stand gegenüber auf der anderen Strassenseite und brannte 1873 ab. Photo um 1890.

17 Ortspartie aus Härkingen. Postkarte um 1917.

«Wäre der 'Gross-Umgang'[5] gewesen, hätte ich schon gewusst, was ich thäte, aber der war vorüber. Dann hätte ich bei den Egerkingerläbkuchenfrauen, die vor und hinter der Kirche Läbkuchen, kleine und grosse, feil hielten, Läbkuchen gekauft, dass ich auch einmal genug davon hätte essen können.» (S. 29) Aber jetzt war er ratlos. «Bärendreck[6] und gelben Zucker durfte ich nicht kaufen, weil die Krämerin meine Tante war und dann gefragt haben würde, wer mir das Geld gegeben habe.» Der Knabe entschloss sich, Brot bei einer Bäuerin im Oberdorf zu kaufen. Diese schenkte ihm ein grosses Stück, weil sie der Meinung war, er habe Hunger. Mit Müh und Not brachte er es hinunter, gab auch unterwegs den Hühnern davon. Abends verspürte er keinen Appetit, legte sich noch während des Essens auf die Ofenbank. Dabei rollte eine Münze aus der Hosentasche. So kam der Diebstahl an den Tag. Als weitere Untat vermerkt Keust den Versuch, einen kleinen Jungen der im gleichen Haus wohnenden Nachbarfamilie, der stets schmutzig und unappetitlich war, unter einer Ladung Heu zu ersticken. Offensichtlich hatte er verständige Eltern; die Mutter war milde, der Vater etwas strenger, aber nicht unverständig. In der Schule sei er faul gewesen, gesteht er, mit ungenügenden Leistungen. Aber die Jungen mochten ihren Lehrer nicht, und wenn er beim Besuch des geistlichen Schulinspektors wegen der mangelhaften Leistungen seiner Schüler in Schwierigkeiten kam, gönnten sie es ihm.[7] In einem Fach, im Zeichnen, allerdings zeigte sich der junge Hans begabt und interessiert. Er befestigte seine Werke jeweils am Tenntor, damit die Dorfbewohner sie bewundern konnten. Auch gab er sich gerne dem Tagträumen hin, drunten an den Wassern der Aare oder hoch oben in den Wipfeln eines Baumes, wo er stundenlang ins Blaue gucken konnte (S. 43). Der Vater schätzte das Zeichentalent des Knaben wenig. «Der Vater sah es aber nicht gern, dass ich immer nur zeichnen wollte, und doch war es ihm wieder recht, wenn ich ihm die Fruchtsäcke zeichnete».[8] Da sich der Junge mit den Händen als wenig geschickt erwies, sollte er nach Meinung des Vaters Lehrer werden. Er besuchte deshalb die erst kurz zuvor eröffnete Bezirks- oder Sekundarschule des Gaus in Neuendorf,[9] die von einem geistlichen Lehrer geleitet wurde, dem «Schulherrn» Josef Wirz von Solothurn. Das war ein tüchtiger und strenger Mann, den die Schüler, die aus den umliegenden Gemeinden kamen, sehr schätzten. Keust beschreibt eine Reihe von Kameraden, an die er sich noch gut erinnert und die später wichtige Ämter innehatten, unter anderem Adam Motschi, den späteren Abt von Mariastein.[10] Eine dieser Schilderungen diene als Beispiel: «Des Ferdinand Scheuber von Boningen erwähne ich, weil sein Weg nach Neuendorf an unserem Hause, das ein wenig ausserhalb des Dorfes sich befand, vorbei führte und wir dann gemeinschaftlich über die Matten nach Neuendorf gingen und ebenso wieder heim von dort. Den Anschein, dass er ein grosser Gelehrter gebe, hatte er so wenig wie ich selbst, aber singen konnte er prächtig, ganz besonders sang er schön das Armenseelenlied. Ich weiss nichts mehr von demselben als 'Arme Seele mein, arme Seele mein' und dass wir dieses Lied und auch andere Lieder im Heimgehen auf den einsamen Matten mit hellen lauten Stimmen gesungen haben. Wir sangen nie, wenn wir zur Schule gingen, es war uns nicht darum, weil die Hausaufgaben in ihrem jämmerlichen Zustande uns das Singen verleideten, aber im Heimgehen war die Stimmung schon eine gehobenere.» (S. 57) Beim Examen erschienen jeweils die Pfarrherren und Lehrer der Umgebung. Noch gab es keine Zeugnisse («Notenhefte»), die Keust auch ablehnt. «Diese Notenhefte tragen nur dazu bei, dass den etwas schwächer begabten Kindern viel Leid verursacht wird, die besser begabten stolz und hochmütig werden und schliesslich die weniger Begabten später die andern überflügeln». (S. 65 f.)

Im Sommer wurden weite Schulspaziergänge unternommen. Einer führte z. B. nach Zofingen. Bei Boningen ging's über die Aare. Aber noch bestand kein Fährseil, und der Fährmann musste zuerst ein Stück weit die Aare hinaufrudern, um sich seitwärts über den Fluss treiben zu lassen. «Die meisten von uns hatten wegen dem ungewohnten Schaukeln des Kahns eine grosse Furcht, der alte mir bekannte Fährmann heiterte uns aber auf, indem er mit seiner alten heisern Stimme ein altes Lied zu singen anfing. [. . .] Nun waren wir im Kanton Aargau, wie man es gleich an der Kleidung der Frauen und Mädchen erkannte.» (S. 67) Zofingen prägte sich dem Jungen mit zwei Sehenswürdigkeiten ein: die «Tanzböden auf 2 Linden und das Römerbad. Die Äste der Linden waren so gezogen beim Wachsen, dass man ganz gut später einen Brätterboden legen konnte.»[11] (S. 68) Im Römerbad bestaunten die Schüler die

18 Josef Frei, Lehrer in Härkingen von 1833–76. Photographie um 1870.

Mosaikböden. Die Rückkehr erfolgte über Aarburg. Ein weiterer Ausmarsch galt dem Kloster St. Urban, wo ein Mönch die Knaben durch die Gebäude führte. Auch dieser Besuch blieb Keust unvergesslich. Die dritte Wanderung hatte Solothurn zum Ziel.

Keust lobt den erteilten Schulunterricht. Der Schulherr brachte ihnen unter anderem auch das Buchbinden bei, bei dem sich Hans als sehr gelehrig erwies. Aber ein grosser Kummer stand bevor: «Kaum hatte im Jahr 1844 das Schuljahr wieder begonnen, da wurde an einem Nachmittag ganz rasch der Schulherr hinausgerufen. Er blieb zu unserem Erstaunen recht lange draussen. Endlich kam er wieder in die Schule und ging an sein Tischchen. Er war ganz bleich und eigenthümlich gestimmt, wie wir ihn noch nie gesehen hatten. 'Meine l. Schüler', sprach er mit bewegter Stimme, 'als ich mich entschloss, geistlich zu werden, war es nicht, um immer Schule zu halten, sondern um in der Seelsorge thätig zu sein. So eben kömmt die Nachricht, dass ich als Pfarrer nach Oberdorf gewählt bin, wohin ich nächstens ziehen werde. Die Schule ist zu Ende, als letzte

19 «Meine Geschwister und Verwandten – Pfarrer Kiefer.» Photocollage von Pater Keust. Er selbst oben in der Mitte, umgeben von jüngeren Geschwistern, im Vordergrund die Eltern.

Aufgabe schreibt mir Jeder noch einen Abschiedsbrief, wie er es für gut findet, kurz oder lang. Jetzt Adieu Ihr l. Knaben, macht, dass etwas Rechtes aus Euch wird'.» (S. 83 f.) Dieser Weggang bedeutete zugleich das Ende der Schulzeit in Neuendorf. Die Schule wurde vorübergehend geschlossen, weil sich kein geistlicher Nachfolger fand.

Eine weitere Episode aus dem Schulleben, die Keust beschreibt, betrifft die häufigen Brandfälle: «Aufgeholfen war den Meisten von uns, wenn während der stillen Schulzeit auf einmal die Sturmglocken ertönten und irgendwo eine Feuersbrunst verkündeten. In den 40ger Jahren war dies keine Seltenheit, es brannte an allen Ecken, namentlich viel und oft in Wolfwil, und jedes Mal muss Feuer zum Brennmaterial gekommen sein, sonst hätten ja die Häuser nicht verbrennen können. [Eine offensichtliche Anspielung auf häufige Brandstiftung.] Einmal im Laufe des Vormittags tönten wieder die Sturmglocken, – es brannte in Wolfwil. Mit der Schule war es fertig, wir liefen nach Wolfwil auf die Brandstätte. Es brannte ganz flott im Oberdorf, als wir ankamen. Ich kann mich nicht erinnern, dass wir gearbeitet haben, aber zugeschaut haben wir, bis das Gebäude niedergebrannt war. Dann kam der Hochw. Herr Pfarrer, der Schulinspektor der Sekundarschule war, und hielt die Abdankungsrede.[12] Ich kann sie heute noch ganz auswendig, obschon jetzt 50 Jahre oder [mehr] darüber verflossen sind.

'Schon wieder, sprach er, hat ein Brandunglück unsere Gemeinde betroffen! Diese Brandunglücke sind keine Seltenheit in unserem Dorfe, aber nicht diese Brandunglücke sind die grössten Unglücke in Wolfwil, sondern das grösste Unglück in Wolfwil, das ist der Hass und die Zwietracht der Bewohner von Wolfwil!' Sprach's und ging davon. Er ist verstanden worden sowohl von denen, die es anging, als von denen, die zur Hilfe aus andern Gemeinden herbeigeeilt waren. Die Letzteren haben gedacht, der Pfarrer habe recht, und die Erstern wurden noch täuber. Über diese Feuerläufereien mussten wir dann immer einen Aufsatz liefern und so auch über diese letztere nach Wolfwil.» (S. 79 ff.)

Hans Keust wurde in die Kaplanenschule in Olten[13] aufgenommen, wo er allerdings der gleiche Faulenzer blieb. Täglich zog er zu Fuss nach Olten und zurück. Er fiel denn auch bei der Aufnahmeprüfung für das Lehrerseminar Solothurn durch. Guter Rat war teuer. Ein begüterter Onkel, der kinderlos war, nahm sich seiner an. Schliesslich riet ein Pfarrer aus der Umgebung, Hans zur weiteren Ausbildung an die Klosterschule von Mariastein zu schicken. Diese Aussicht erfüllte den jungen Mann mit grossem Stolz.

Zeitgeschichtlich interessant sind die Schilderungen der Freischarenumtriebe in Olten. Der Bursche beobachtete dabei, wie die Freischärler nach Luzern auszogen und jeweils zu seiner Freude geschlagen zurückkamen. Auf Kosten des Onkels wallfahrtete Hans mit drei Männern nach Einsiedeln. Es war das Jahr des zweiten Freischarenzugs (1845), und die drei Begleiter wollten die Schauplätze der Ereignisse sehen. Darum wanderte man über St. Urban, Willisau, Wolhusen, Werthenstein nach Malters, wo man im Wirtshaus einkehrte, vor dem sich ein mörderisches Gefecht abgewickelt hatte. Nachdem sie so zwölf Stunden marschiert waren, übernachteten sie in Blatten. Die Wanderung ging anderntags weiter über Luzern, das eingehend besichtigt wurde, nach Meggen und zur Hohlen Gasse, die den Jungen tief beeindruckte. «Es war mir, ich sehe den Tell in seinem Versteck, wie er lauscht, wie er späht, wie er, nicht mit Hass und Groll, sondern mit einer gewissen Wehmuth auf seine Armbrust schaut und nur, von der Noth gezwungen, das thun will, was er thun muss, um sich und die Seinen zu retten.» (S. 98 f.) . . . «In Art assen wir zu Mittag, und dort kam es mir ganz merkwürdig vor, dass ein Mann Käs in die Suppe schnitt. Das hatte ich noch nie gesehen.» (S. 99 f.)

Einen tiefen Eindruck machte auch Goldau auf Keust: «Es war mir, als hörte ich tief unter den schrecklichen Steinen das Jammern und Gewimmer der armen Verschütteten, namentlich der Kinder und Frauen.[14] Damals über diesen Schutt zu gehen war schrecklich. Überall nichts als furchtbare Felsplöcke, kein Grashälmchen, kein grünes Moos auf dem Gestein, es war noch fast wie nach dem Tage des schrecklichen Sturzes. Der alte Viktor Gammenkinger, der bereits 50 Mal alljährlich nach Einsiedeln ging, hat uns das frühere schöne Goldau geschildert, welches er genau gekannt und in welchem er auf der Wallfahrt sogar übernachtet hatte. Alles machte einen um so gewaltigeren Eindruck auf mich, weil wir in meiner Heimath den Rossberg sehen, von welchem der Sturz geschehen ist, und meine Eltern sogar das schreckliche Krachen hörten und die Staubwolken sahen, die der Sturz verursachte.» (S. 100 f.)

Dagegen hinterliess Einsiedeln einen gemischten Eindruck bei dem Jungen. Besonders das Gedränge an den Beichtstühlen missfiel ihm; Hans durchlebte damals offenbar eine religiöse Krise. Die Heimreise erfolgte bei zweimaligem Übernachten über Richterswil–Zürich–Wettingen–Lenzburg.

In der Klosterschule

Die Übersiedlung als Student nach Mariastein geschah in jenem Herbst, wo gemäss Keust zum ersten Mal die Kartoffelkrankheit auftrat. Viele Knollen, die er zu Hause vor dem Weggehen noch ausgrub, waren schwarz gefleckt. Der Abschied fiel ihm unerwartet schwer: «So ein recht tiefes Gefühl der Liebe hatte ich im Grunde genommen nur zum ertrunkenen Eduardli, gegen meine übrigen Geschwister und sogar gegen die Eltern schien ich trocken und kalt zu sein. Als ich nun am Morgen der Abreise gefrühstückt hatte und zwar gut und den Tornister auf dem Rücken, den Stecken in der Hand, reisefertig dastand und Vater und Mutter und einem Geschwister nach dem andern die Hand zum Abschied reichte, da fing ich an zu weinen, als gelte der Abschied für's ganze Leben, und alle weinten mit, sogar der Vater.» (S. 106) Der Onkel begleitete ihn. Zu Fuss ging es über die Jurapässe. Hans fürchtete sich vor den Anforderungen der neuen Schule, weil er annahm, die Klosterschüler seien sehr gelehrt, und weil er selbst nur ein geringes schulisches Wissen erworben hatte. Es war zugleich ein Schuldgefühl über all dem vernachlässigten Lernen, wie er schreibt. Er wurde herzlich aufgenommen. Bald fühlte er sich in der Schar von Deutschen, Elsässern, Deutsch- und Westschweizern heimisch. Das religiöse Gefühl erwachte beim Beten in der prunkvollen Kirche oder in der Wallfahrtskapelle unten im Felsen. Und auch die Liebe zur Musik erfasste ihn. Er lernte Trompete und Waldhorn, spielte bald im kleinen Orchester. Es war für ihn eine glückliche Zeit, wohl die glücklichste seines Lebens, wie er vermerkt. Wie ehrlich Keust seine Leistungen beurteilt, belegt folgende Stelle: «Trotz meinen geringen Talenten und trotz meinen noch geringeren Leistungen bei meiner gleichsam angeborenen Nachlässigkeit im Lernen kam ich gleichwohl immer gut durch, erhielt sogar gute Noten und Prämien. Ich kann jetzt noch nicht begreifen, warum man mich immer als einen der bessern Studenten betrachtete. Es war alles nur Lug und Trug und Schein, ich selber wusste ganz genau, wie elend es um mein ganzes Wissen stand, und schämte mich vor mir selber. So erging es mir auch später, ich kam immer gut durch, überall konnte man mich gebrauchen, bekam sogar Ehrengasten [?], aber gekannt hatte man mich nicht, sonst würde man mich links liegen gelassen haben». (S. 118 f.)

Täglich wurden kleine Spaziergänge in der Umgebung gemacht. Man spielte, trieb manchmal auch Mutwillen. Heimlich kehrten die Schüler in einem Wirtshaus ein und tranken einen Liter oder einen Doppelliter Wein. Die Kost war eintönig, häufig wurde Sauerkraut aufgetischt. An Festtagen allerdings gab es Wein und Braten. Im Herbst aber stahlen die Studenten Birnen von einem nahen Baum ausserhalb des Klosters; alle baulichen Vorrichtungen, die sie daran hindern sollten, halfen nichts, zum grossen Ärger des Pater Grosskellner. Einmal wäre die Sache fast schlimm ausgegangen, da die Jungen vom Baume stürzten und sich verletzten. Auch vom gefährlichen Plündern der Vogelnester in den Felsen unterhalb des Klosters ist die Rede. Es wurden so ziemlich gewagte und listenreiche Streiche durchgeführt. Pater Leo[15], der «Moderator», dem im besondern die Betreuung der Studenten oblag, erwies sich aber als ausgezeichneter Pädagoge, der oft Verständnis für das ausgelassene Treiben zeigte.

Zu den festlichen Ereignissen gehörten die Fronleichnamsprozession in Mariastein und das Portiunkulafest in Dornach.[16] Dabei wirkte die Klostermusik mit. Pater Leo komponierte für das Fronleichnamsfest Märsche, die sorgfältig einstudiert wurden. «Es war eine eigentliche Feldmusik, bei der die kleine und grosse Trommel, der türkische Hut, der Dreiangel und die Platten nicht fehlten. Ich glaube nicht, dass ich je in meinem Leben einen so grossen Stolz hatte, wie bei diesem Anlass mit unserer Musik». (S. 171 f.)

[. . .] «Auf Portiunkula komponirte P. Leo jährlich ein neues Amt mit Musick, das wir Studenten im Kapuzinerkloster zu Dornach darnach aufzuführen hatten. Den ganzen Gottesdienst besorgte Mariastein, auch die Predigt wurde immer von einem Steinherrn gehalten. Am 2. August Morgen führte der Markstaller die betreffenden Herren nach Dornach, hatte auch überdiess noch ein Fass Wein für die Capuciner und Gäste bei sich. Die Studenten mussten zu Fusse gehen, aber thaten es gerne. Der etwa 2 Stunden weite Weg ist ungemein kurzweilig, wenn es nicht etwa regnet. An Portiunkula ist in Dornach ein eigentlicher Markt, wo alles Mögliche in den

Buden und Ständen feil geboten wird. Auch Schaubuden sind vorhanden, vor denen ein Beiass oder Komiker die Wunderdinge ausruft, die gesehen werden können. Eine ungeheuere Volksmenge wogt bis zur Kapuzinerkirche und in dieselbe auf und ab. Die Beichtstühle sind umlagert von Pilgern aus Fern und Nah, besonders aus dem Elsass und Schwarzwald. Das Getümmel und Getöse von Aussen dringt bis in's Innere der Kirche und des Klosters hinein, das ebenfalls vollgepfercht von Menschen ist. So störend all das für die Andacht ist, hat es uns Studenten doch recht gut gefallen. Die musikalischen Ämter, so P. Leo komponirt, und die wir in Dornach aufführten, waren allerdings ein bischen Dudelmusik, wie überhaupt fast alles, welches von ihm erschien, aber damals hat es gefallen und angesprochen. Die Zeiten haben geändert und wir mit ihnen. Seitdem nun ernstere Musick und ernsterer Gesang in der Kirche sich Bahn gebrochen hat, sind die *Gläubigen* und namentlich auch die *Sänger und Sängerinnen* überall viel ernster, andächtiger und besser geworden und religiöser!?»

«Ein so liederreiches Herz, schlagend für Musick und Gesang und alles Schöne, Edle und Würdige, wie es P. Leo besass, habe ich keines mehr gefunden, trotzdem er jetzt als Dudelidumdei angesehen und verworfen wird und sogar von mir selber.»[17] (S. 172 ff) Nach einem fröhlichen Mittagsmahl brach man auf. «Die Heimkehr an diesem Tage war gewöhnlich ein wahrer Fest- und Triumphzug. Überall, wo wir in ein Dorf kamen, wurde geblasen, dass es eine Freude war und die Leute mit Wein aus den Häusern kamen, um uns zu laben. Einmal, als wir ein wenig angestochen waren, gingen wir nicht zu vieren oder zu zweien nebeneinander, sondern im Gänsemarsch hintereinander, so dass die Hintersten kaum recht hörten, was die Vordersten, und die Vordersten, was und wie die Hintersten bliesen. Alles Volk hat ob dieser unserer Hanswursterei herzlich lachen müssen und sich mehr gefreut, als wenn wir regelrecht aufspaziert wären. Das hat aber P. Leo vernommen, und das nächste Jahr hiess es, wir sollen die Instrumente alle in die Herrenkutsche hineinthun, es gehe leichter für uns, als heimtragen derselben. Wir merkten den Pfeffer und schweigend thaten wir, wie befohlen, aber so lustig war der Heimweg nicht mehr, wie früher.» (S. 176 f.)

Das Jahr 1848 brachte auch für die Studenten in Mariastein dramatische Tage. Sie erlebten aus nächster Nähe den Umschwung in Frankreich (Sturz von König Louis Philippe). «Schon am andern Tag kamen von allen Seiten aus dem Elsass her Juden und Jüdinnen mit ihren Kindern. Sie mussten sich in die benachbarte Schweiz flüchten, weil die Elsässer eine wahre Verfolgung der Juden in Szene gesetzt hatten.»[18] (S. 183)

Im gleichen Jahr wallfahrtete Hans im Auftrag einer Frau Eva Pfluger, die in Härkingen wohnte, von Mariastein zu einem wundertätigen Kreuz in Hagenthal, wofür sie ihm einen Gulden gegeben hatte. Er nahm dabei zwei kleinere Kameraden mit, die ihm anvertraut worden waren. Auf der Heimkehr sprachen die drei zu stark dem Weine zu, was einen entsprechenden Tadel nach sich zog.

Die Ferien verbrachte Keust jeweils bei seinem Onkel, wo er sich zwar langweilte, im übrigen aber ein schönes Leben führte. Leider habe er nicht auf Reisen gehen können wie andere Studenten, die einfach in Klöstern und in Pfarrhäusern um das Viaticum (Wegzehrung) vorsprachen. Der plötzliche Tod der hübschen Schwester eines Freundes, für die er offenbar tiefe Gefühle hegte – sie war beim Brotbacken leblos zusammengesunken –, erschütterte ihn so tief, dass er den Entschluss fasste, ins Kloster zu gehen. «Gott hat verschiedene Wege und verschiedene Mittel, einem Menschen seinen Beruf vorzuzeichnen. Ich hätte mich damals genirt, so etwas einem einzigen Menschen zu offenbaren, aber jetzt darf und mag die ganze Welt es wissen.» (S. 197) Noch aber lief nicht alles glatt. Manche weltliche Anfechtung war zu überwinden, über die Keust freimütig spricht. Dabei scheint auch ein Mädchen im Spiel gewesen zu sein. So ist der Text erstaunlich offenherzig, auch eigene Bosheiten aus den Jugendjahren werden ehrlich rapportiert. Ein Eintritt ins Benediktinerkloster Mariastein kam wegen der 1834 erlassenen Bestimmungen der Solothurner Regierung[19] nicht in Frage. Pater Leo riet zu einem Noviziat bei den Kapuzinern. Eine Anfrage wurde vom Provinzial positiv beantwortet: Hans und sein Freund Natzi (Ignaz), der ebenfalls Kapuziner werden wollte, hätten sich einer Aufnahmeprüfung zu unterziehen. Bei dieser Gelegenheit kommt Keust auf seine Freundschaft mit dem lieben, fleissigen und begabten Natzi zu sprechen, den er dominierte und oft auch ausnutzte.

Keust nahm Abschied von Mariastein. «Auf meiner Heimreise hatte ich Gesellschaft, und zwar das sogenannte Luzernermareili. Dieses Luzernermareili war eine ganz kleine ältere Person, die das ganze Jahr wallfahrten ging für andere Leute, die sie sendeten, und welcher sich dann auch andere anschlossen, die des Weges nicht kundig waren. Gar viel und oft kam das Mareili nach Mariastein und brachte dann von allen Seiten her Grüsse; so auch mir namentlich von Wolfwil, wo es immer im Kreuz bei s'Möschen zukehrte. Ich kannte dasselbe darum schon lange. Wenn ich mich nun diesem Mareili anschloss und mit ihm ging, so war noch etwas anderes, das mich dazu bewog. Das Mareili hatte nämlich noch zwei Begleiterinnen bei sich, von denen die eine ein junges, schönes und freundliches Luzernermeitschi war. Wer kann und will es nun einem Studenten, auch wenn er geistlich werden will, verargen, wenn ihm die Gesellschaft nicht unangenehm war. Mit gutem Gewissen kann ich sagen, dass auf dem ganzen Wege bis Mümliswil keinerlei Mücken mich quälten. [Anspielung auf eine frühere Stelle, wo Keust störende Gedanken und Begierden mit Mücken vergleicht.] Dort musste, weil es Abend wurde, übernachtet werden. Nach dem Abendessen, welches gemeinschaftlich eingenommen wurde, verabschiedete ich mich von der Gesellschaft, weil sie früher auf den Weg sich begeben wollte, als ich. Vorher musste ich aber der hübschen Jungfrau versprechen, wenn ich nach Luzern gehe, ihrem Hof in der Nähe von Rothenburg einen Besuch abzustatten. Sie gab mir sogar eine sorgfältig geschriebene Adresse, und das fromme Mareili munterte mich auf, das Versprechen zu halten, ich sei gewiss gut aufgenommen und aufgehoben. In der Wirthschaft zum Kreuz, wo ich logirte und die als eine recht gute und katholische bekannt war, befand sich auch ein Baumeister, der Portmann hiess, von Escholzmatt oder Marbach gebürtig war, aber schon als Knabe in Herbertswil wohnte. Dieser Herr musste mit mir das Schlafzimmer theilen. Unter anderm fragte er mich auch, was ich werden wolle, und aufrichtig offenbarte ich ihm meinen festen Entschluss, Capuciner zu werden, was höchst wahrscheinlich noch im Laufe des Herbstes geschehen dürfte. Da lachte er hellauf und mahnte mich, in diesem Falle der vorbenannten Jungfer keinen Besuch mehr zu machen, sonst könnte ich hangen bleiben. Er habe während dem Nachtessen nur zu deutlich bemerkt, dass ich derselben ungemein gut gefalle, ja noch mehr als nur gefalle, sie sei bis über die Ohren in mich verliebt, er verstehe sich auf solche Dinge. Ich merkte wahrhaftig nichts, dankte dem Mann für seine Warnung und liess auch wirklich den Besuch unterwegen, obschon auch in Wolfwil noch einmal die Einladung zurückgelassen wurde. Aus allem dem kann man entnehmen, dass ich mit allerlei Schwierigkeiten, sogar mit reitzenden, verlockenden und gefährlichen, zu kämpfen hatte, bevor ich den gefassten Entschluss ausführen konnte. Ich wollte auch nicht, dass ich dieses Alles nicht erfahren hätte; ich danke Gott dafür und für die Gnade, so gut davongekommen zu sein. Mein Verdienst ist es wahrlich nicht. Da ist schon manch Einer gestrauchelt und in seinen Vorsätzen wankend geworden – vielleicht zu seinem Schaden, vielleicht aber auch zu seinem Nutzen und zum Nutzen der Kirche und des ganzen Priesterstandes. Ein gefehlter Priester ist etwas trauriges.» (S. 209 ff.)

Auf zu den Kapuzinern

Einige Zeit später wurden die beiden zur Prüfung ins Kapuzinerkloster Olten bestellt. Diese bestand in einem deutschen und einem lateinischen Aufsatz. Nachher wurde gleich Mass genommen für die Kutte. Der Onkel sagte die achteinhalb Louis d'or zu, die Hans bei seinem Eintritt in den Orden zu hinterlegen hatte. Die Oberen konnten damals bei der Nachwuchsrekrutierung noch wählerisch sein. Im Herbst traten die beiden auf dem «Wesemlin» ein, dem Kloster zu Luzern. Die Reise machten sie zu Fuss, übernachteten in Sursee und wunderten sich in Neuenkirch über einen Herrn, der im Wirtshaus Most statt Wein trank. Die beiden wurden auf den Abend im Kloster erwartet. Hans aber mit seiner eigenwilligen und trotzigen Natur setzte es bei seinem Kameraden durch, dass sie über Nacht noch in der Stadt blieben, wo gerade Jahrmarkt war.

Die erste Nacht im Kloster war beschwerlich: «Der Strohsack hart, dass man Nüsse tütschen kann, das Kissen ungefähr ditto oder noch ärger. Ich konnte die ganze Nacht keinen Schlaf finden, der Körper that mir auf allen Seiten weh, die Ohren waren dem Bluten nahe und todmüde stund ich am Morgen auf. Ich wusste damals nicht, dass man zuerst vorher auf dem Sack herumstampfen und auch das Kopfkissen mit den Füssen bearbeiten muss, um Beides dienstfähig zu machen. Man gewöhnt sich aber an Alles, und so ging es auch da, nach und nach merkt man es nicht mehr und schläft wie in einem guten Bett.» (S. 237 f.) Nach zwei Tagen wurden die beiden

Männer tonsuriert, und sie erhielten die Kutte, auf die sie stolz waren. Sie bekamen auch einen andern Namen. Zudem mussten sie sich fortan mit Sie anreden. «Jetzt waren wir total andere Menschen sowohl dem Äussern als dem Namen nach, im Innern mochte es für einstweilen noch so sich verhalten, wie früher.» (S. 238) Bald fühlte sich Matthäus in der grossen Klostergemeinschaft wohl. Er schildert eingehend die Mitbrüder und die Fratres, also die Novizen, in trefflicher Charakteristik, die auch die Schwächen einschliesst. Da ist auch die Rede von den unterschiedlichen Aufgaben, welche die Novizen zu erfüllen hatten. Ein Vorfall beschäftigte die Jungen sehr: Der als liberal bekannte Pater Prediger wurde eines Morgens tot im Bett aufgefunden, worauf in der politisch zerstrittenen Stadt das Gerücht umging, er sei von den Radikalen vergiftet worden. Die Leiche wurde seziert, und die Verdächtigungen erwiesen sich als grundlos.[20]

«Eine kleine Abwechslung in unser Stilleben brachte der Mussegg-Umgang,[21] an dem auch die Kapuziner, so viel ihrer in Luzern sind, sich betheiligen. Es kam mir ganz eigenthümlich vor und übte einen merkwürdigen Einfluss auf mein Herz aus, als ich mich als Kapuziner wieder einmal unter so vielen Menschen sah, deren Augen ganz besonders auf die jungen stattlichen Männer im braunen Habit gerichtet waren. Gar oft konnten wir den leisen, im Flüstertone gesprochenen Ausruf hören: 'Es ist doch schade!' und von welcher Seite er kam, wem er galt und welche Bedeutung er hatte, habe ich nicht nöthig zu sagen. Es sei wirklich schon vorgekommen, dass nach dem Mussegg-Umgang Novizen, von der Welt angelockt, wieder in die Welt zurückgekehrt seien. Wer so von einem Umgang in seinem Entschlusse sich erschüttern lässt, der thut auf jeden Fall gut, wenn er geschwind geht, er würde die vielen nachfolgenden Stürme nicht aushalten können.» (S. 258)

Auch das Leben des Novizen Keust blieb nicht ohne Schwierigkeiten, ohne Versuchungen, ohne Auflehnungen auch gegen die vom Novizenmeister verhängten Demütigungen und Strafen. Eine schwere Krankheit, ein ansteckendes Nervenleiden, wie er es nennt, machte dem ein Ende. Lange schwebte Keust zwischen Leben und Tod: «Ich hatte eben das ansteckende Nervenfieber, aber es wurde verheimlicht, um Niemanden Furcht einzuflössen. Einmal besuchte mich auch P. Senior Eusebius,[22] betrachtete mich und auch das Wasser, das man wegen dem Arzt aufbewahrte, dann sagte er: 'Den putzts!' und ging wieder fort. Dieses that mir so weh, dass ich immer Furcht und Angst hatte, wenn ich sein Husten oder seine Tritte hörte.» (S. 267) Langsam kam die Genesung, aber die Schwäche hielt an, und schliesslich blieb die Gesundheit für das ganze restliche Leben erschüttert. «Nun kam der 9te October [1850], der Tag, an welchem wir Profession ablegten. Ich war noch immer so schwach, dass man mich fast halten musste, aber total ruhig, und laut sprach ich die Worte aus, die mich banden für's ganze Leben. Es ist wahr, schwere und harte Stunden sind später über mich gekommen, grosse und harte Versuchungen haben mich bestürmt, reitzende und gefährliche Gelegenheiten sich mir geboten, so dass zeitweilig etwas wie Reue über den einst gethanen Schritt sich hat ins Herz einschleichen wollen, aber es ging immer alles vorüber, und immer wieder war es mir Recht, dass ich ihn gethan hatte.» (S. 268 f.) Nach der Profess zogen die Fratres für ein Jahr nach Schwyz, um dort Philosophie zu studieren. Der Ort und das Kloster gefielen dem jungen Keust. «Ein eigenthümliches Gefühl beschlich mich, als ich zum ersten Mal nach dem Willen des hl. Vaters Franziskus als armer Bettler auf die Stör gehen musste. Es geschah in Steinen. Es ist schon wahr, die Leute nahmen mich gut auf und gaben bereitwillig ein Almosen, aber eine grosse Verdemüthigung war es doch für mich, und lieber würde es mir auch heute noch sein, wenn wir nicht vom Almosen leben müssten. Aber gerade diese Verdemüthigung ist der Zweck und das Wesen des Ordens des hl. V. Franziskus nach dem Beispiele des göttl. Erlösers Jesus Christus. Es ist schon wahr, die Kapuziner müssen ihr Almosen, welches sie vom Volke empfangen, hart verdienen. Es ist gewiss keine Kleinigkeit, fortwährend Sonn- und Feiertage bei Wind, Regen, Schnee, Kälte und Hitze stundenweit auf Mission gehen, dann 4, 6, 8 und noch mehr Stunden schon am Vorabend in den Beichtstuhl sitzen, am Morgen früh wieder von vornen anfangen und noch predigen, – ich weiss es nicht, aber ich habe immer gefunden, es sei ein verdientes Brod, das wir essen. Und über alles das müssen wir es noch mühsam, wie es in unserer Regel geboten ist, einsammeln und von Thüre zu Thüre betteln gehen.» (S. 279)

Nach einem Jahr übersiedelten die jungen Kapuziner nach Solothurn. Dabei durfte Keust seinen Vater und seine Familie besuchen. «Es kam mir ganz eigen vor, als ich zum ersten Mal als

Kapuziner heimkam. Mein jetziger Name war noch nicht populär, darum hiess es einfach fast von allen Häusern: 'Zillis Hannsli, Zillis Hannsli!' Und alles wollte mich begrüssen. Daheim kannte man mich fast nicht mehr, dem Vater musste es ganz eigen gewesen sein, in mir seinen Buben zu erblicken, den er wegen der Knopf- und Geldgeschichte einst hat ausklopfen müssen. Die kleinern Geschwister schauten mich scheu an, und die grössern getrauten sich nicht mehr, mir 'du' zu sagen. Das nunmehr 4jährige Brüderchen sprach kein Wort, weil es mich nicht kannte.» (S. 283 f.)

Das Leben im Kloster Solothurn hatte seine heiteren Seiten. Es wurde viel Schabernack, vor allem von den jungen Leuten, getrieben. Unter diesem Eindruck begann der junge Frater wieder zu zeichnen, es waren Karikaturen. Da aber die Gefahr bestand, dass sie in die Hände der Redaktion der satirischen Zeitschrift Postheiri gelangten,[23] verbot sie der Pater Lektor. Damit erlosch die Zeichenkunst des jungen Kapuziners für immer; wahrscheinlich bot das spätere Photographieren dafür einen Ersatz.

Es kam die Priesterweihe, noch bevor das Studium abgeschlossen war. Pater Keust wurde durch den Diözesanbischof von Basel, Joseph Anton Salzmann (Oberhirte von 1828–1854), zusammen mit dreissig andern Männern, geweiht. Primiz hielt er im Kapuzinerinnenkloster Nominis Jesu.[24] «Als geistl. Vater war P. Leo Stöcklin, als geistl. Braut Jungfer Marianna Mösch von Wolfwil, die Schwester jener Katharina, deren Tod einen so gewaltigen Eindruck auf mich übte, geistl. Mutter war meine Bäsi. Schwester Anna Katharina in Nominis Jesu war leider schon vor einigen Jahren gestorben und hatte somit die Freude, mir geistl. Braut zu sein, nicht mehr erlebt.» (S. 301 f.) [. . .] «Ich hatte eine solche Freude, Messe lesen zu können, dass ich alle Tage lieber drei als nur eine gelesen hätte. Als Priester kam ich mir in der ersten Zeit ganz eigenthümlich vor, ich hatte fast Respekt und eine gewisse Scheu vor mir selber. Diess währte aber nicht gar lange, ich hatte auch den Priester bald gewöhnt, und zwar mit all seinen Fehlern und Unvollkommenheiten.» (S. 302 f.) Weniger gern hörte Pater Matthäus Beicht: «Das ist aber auch das Einzige, so mir in meinem Kapuzinerleben bis auf den heutigen Tag schwer vorkam;[25] das Einzige, das ich als eigentliche Arbeit betrachtete und zwar als lästige Arbeit. Nie habe ich mich dem Beichtstuhl entzogen, ich wusste, dass es meine Pflicht sei, in denselben zu gehen, aber gerne ging ich nie, ungern immer. Wenn ich wieder jung würde und eine Standeswahl zu treffen hätte, ich glaube die Furcht vor dem Beichtstuhl würde mich anderes wählen lassen.» (S. 303 f.)

An den Sonntagen lasen die jungen Patres oft in den Nachbardörfern Messe. Gerne gingen sie in die Privatkapellen in Solothurn. «Auf diese Weise lernten wir die vornehmsten Geschlechter der Stadt kennen und ein wenig Umgangsformen uns aneignen, weil wir dann mit der Herrschaft frühstücken mussten. Graf Theodor Scherer,[26] nachmaliger Präsident des Piusvereins, nahm uns ungemein freundlich auf und diente demüthig zur hl. Messe. Bei Madame Vigier, der Mutter des nachmaligen Landammanns Wilhelm Vigier,[27] war man so recht eigentlich zu Hause. Wie eine liebende Mutter behandelte sie uns junge Kapuziner, denn ihr Gatte war viele Jahre lang sogenannter Kapuzinervater des Klosters Solothurn. Ich für meine Person ging am allerliebsten, die hl. Messe zu lesen, zum Herrn von Haller. Dieses ist der berühmte Gelehrte von Haller, der konvertirte und herrliche Werke geschrieben und hinterlassen hat.[28] Er war fast wie ein Kind im Umgange, so dass man sich vor ihm gar nicht zu fürchten hatte.» (S. 305 f.)

1854 war das Studium abgeschlossen. Pater Matthäus wurde mit einem andern Mitbruder nach Mels versetzt. Ihm graute vor der langen Reise. «Der Tag unserer Abreise war bestimmt, es war der 9te Sept. 1854. Am Morgen desselben schaute ich noch auf den Todtenkalender, und da hiess es: Pater Matthaeus Konrad argov. ex Bremgarten in magno naufragio interemptus est, Oltae. Es war im Jahr 1770 den 9. Sept., dass er mit dem sogenannten Zurzacherschiff, welches von Freiburg kam, die Aare hinabfuhr. Ob Olten ganz in der Nähe schlug das Schiff um, und alle Insassen fielen in das Wasser. Durch geschwinde Hülfe konnten einige gerettet werden. Auch den schweren 37jährigen P. Matthäus wollte man retten, aber er sprach: 'Ich bin bereit, rettet andere', und ertrank. Gerade an diesem Tage wollte auch ich, P. Matthäus, auf die Aare, um auf einem Flosse nach Wolfwil zu fahren. Der Gedanke an ein ähnliches Unglück wollte mich nicht verlassen.» (S. 309 f.) Die Fahrt verlief aber gut. Pater Keust blieb über Nacht in Härkingen, las am andern Morgen die Messe. «Nach der Messe fragte ich den kleinen Ministranten, wie er heisse und wem er angehöre, da bekam ich die für mich ganz eigen lautende Antwort: 'Ich bin Euer Bruder.' Ich konnte es fast nicht begreifen, wie der schon zum Ministranten hat herangewachsen sein können, und er konnte es wohl auch schwer fassen, dass ich seinen Bruder und Taufpathen [Patenkind] nicht kenne. Ich hatte ihn tags vorher nicht gesehen, weil ich, wie früher als Student, beim Onkel logirte. Meine Schwester Marianna, die unterdessen geheirathet hatte, besass ein Mädchen, das 2 Jahre jünger war als mein Brüderchen, aber beide Kinder, die miteinander aufwuchsen, hatten eine grosse Liebe und Anhänglichkeit zu mir, die mich ungemein freute.» (S. 310 f.) Diese Stelle zeigt, wie wenig die Vorstellung, die wir uns von früheren Grossfamilien machen, der damaligen Wirklichkeit entspricht und wie sich einzelne Geschwister oft nicht einmal vom Sehen kannten.

Nach langen Fussmärschen kamen die beiden Patres schliesslich in Mels an. Dabei erwähnt Keust besonders die Fahrt über den Walensee mit dem Dampfschiff 'Linth-Escher'. Das Klosterleben in Mels entsprach ihm aber nicht. Offenbar herrschten zwischen den ältern und den jüngern Patres Neid und Zwietracht. Der Erfolg, welchen die jungen bei der Bevölkerung hatten, machte den ältern Patres zu schaffen. Kurz darauf mussten die beiden Neuen sich zum Staatsexamen[29] nach St. Gallen begeben, was wiederum lange Fussmärsche erforderte. Die Route ging durch das Rheintal nach Appenzell und von dort anderntags nach St. Gallen. Die Aufnahme im ehemaligen Kloster bei Bischof Johann Peter Mirer (1778–1862, erster Bischof von St. Gallen) war herzlich. Das Examen bestand aus drei schriftlichen Arbeiten und einem mündlichen Teil, der unter dem Vorsitz des Bischofs stattfand. Pater Keust fürchtete Examen; er beschönigt denn auch seine Leistungen nicht. «Das war ein schwerer und harter Tag, und ich glaube, der schwerste in meinem ganzen Leben.» (S. 325) Das Examen bestand er allerdings. «Was für eine Note wir bekommen hatten, geht Niemand etwas an, darum wird es verschwiegen. Dann mussten wir nach St. Fiden zum Bezirksammann Furrer gehen und einen Eid ablegen, dass wir die Verfassung des Cantons St. Gallen respektiren wollen.» (S. 325) Auf dem Rückweg bestieg Keust in Haag, im St. Galler Rheintal, die Postkutsche. Im Gespräch mit den Mitreisenden kritisierte er den Sinn der soeben abgelegten Prüfung, ohne zu ahnen, dass Landamman Gallus Jakob Baumgartner (1797–1869) mitfuhr, der Vater des von den Radikalen eingebrachten Gesetzes, der aber damals bereits ins konservative Lager übergewechselt war.

Das leidige Predigen

Die Kapuziner in Mels hatten wochentags häufig in den weitverstreuten Kapellen der Gemeinde Messe zu lesen, was lange Wege bedeutete und das Studium der sonntäglichen Predigt erschwerte.[30] Seine erste Predigt hielt Pater Matthé in Vaduz, dem Hauptort des Fürstentums Liechtenstein. Er sah dem Ereignis mit grosser Besorgnis entgegen, deklamierte und memorierte Tage vorher. «Als ich am Vorabend in Trübbach über den Rhein fuhr und dann fast 2 Stunden weit demselben entlang auf dem einsamen Damm, von Weiden und Erlengebüschen umgeben, wandern musste, da schrie und gestikulirte ich meine Predigt wieder, dass ich den brausenden und tobenden Rhein übertönte und überall die Vögel aufschreckte, dass sie auf- und davonflogen. In Vaduz erwartete mich eine grosse Enttäuschung, – ich fand nur ein gewöhnliches Dorf, oberhalb welchem ein Schloss sich befindet und eine Kirche, die mehr eine recht armselige Kapelle genannt werden durfte.» (S. 337 f.) Trotzdem trat er am anderen Morgen beim Gottesdienst klopfenden Herzens auf die Kanzel. «Wenn die guten Leute gewusst haben würden, wie es mit mir stehe, sie hätten ganz bestimmt Erbarmen gehabt mit mir. Als ich einmal losgelassen hatte, haspelte sich freilich die ganze eingetrüllte Materie ab bis zum letzten Wörtlein. Ich wusste fast nicht, wo mir der Kopf stund, der aber kaum mehr in Betracht kommen konnte, weil es von selbst lief, wie ein sich abwickelnder Faden. Und geschrien habe ich, dass mir selber die Ohren weh thaten, von der armen Brust gar nicht zu reden.» (S. 338 f.) Pater Keust war mit seiner Leistung unzufrieden, obwohl ihn der Pfarrer tröstete und meinte, es werde schon besser werden. Matthé vermerkt, er sei Zeit seines Lebens als Prediger nie glücklich gewesen und er sei traurig nach Hause gewandert, weil er glaubte, das Predigen würde ihm immer eine solche Last sein. «Obschon ich jetzt über 2 000 Mal gepredigt habe, gehe ich auch heute nicht ohne schwere Furcht auf die Kanzel, und namentlich ist dieses der Fall, wenn ich an einem neuen Ort oder vor Personen, die mich noch nie gehört haben, auftreten muss. Darum predige ich dann auch regelmässig derart, dass ich mich schäme und beim Herabsteigen von der Kanzel den Kopf hängen lasse. Ich habe viel und oft den l. Gott gebeten, er möge mir doch auch diese quälende Furcht abnehmen, aber sie scheint mein Antheil bleiben zu wollen bis zum Tod oder so lang ich im Predigtamt noch etwas zu leisten im Stande sein werde. Wer sollte nun nach diesen Erörterungen noch glauben, dass ich dem P. Ferdinand[31] neidig wurde, wenn er in einem Monat eine Predigt mehr halten konnte, als ich selber? Und doch war ich so, ich konnte es fast nicht ertragen, wenn ich weniger belastet wurde als ein anderer.» (S. 341 f.)

Eine Zeitlang vertrat Keust die Vikariatsstelle in Walenstadt, später missionierte er in vielen Pfarreien der Umgebung, auch drüben im Fürstentum. Die Überquerung des Rheins habe manchmal grosse Sorge bereitet, da noch keine Brücke über den Strom führte. «Wer den Rhein nur gesehen hat, wenn er so still und ruhig, wenn auch etwas schäumend von Ragaz her in's Rheintal fliesst, der kann sich keinen Begriff bilden, was das für ein wilder, schrecklicher Gesell ist, wenn in den Bündtnerbergen der Föhn den Schnee schmilzt oder ein schweres Ungewitter über dieselben hinzieht. Ich selber habe eine Erfahrung gemacht, die mir zeitlebens in Erinnerung bleiben wird.» (S. 350)

Und Keust schildert das Abenteuer, das er 1855 mit Pater Ephrem[32] zu bestehen hatte. In Trübbach beabsichtigten sie, die Fähre zu benützen. «Der Föhn stürmte fürchterlich, und wir sahen, wie der Rhein fast von Minute zu Minute anschwoll und grösser wurde. Das ganze weite Bett des Stromes war ausgefüllt mit dem Wasser; pfeilschnell eilten und schnellten die wilden Wellen vorüber, es sauste, tobte, rauschte, krachte und knirschte, dass uns fast Sehen und Hören verging. Und in Trübbach sollten wir in einem Schiff über dieses empörte Element setzen! Aber ob es noch möglich sein wird? Ob der Hans Saxer, so hiess der beherzte und erfahrene Fährmann, uns noch abholen wird? Können wir nicht hinüber, so müssen wir über den Luziensteig drei volle Stunden weit nach der Zollbrücke im Cant. Graubündten und dann von dort wieder 3 Stunden nach Mels, also 6 oder eher mehr Stunden gehen, bis wir daheim sind. Als wir bei der Fähre in Trübbach ankamen, waren Saxer und sein baumstarker Sohn am diesseitigen Ufer gerade damit beschäftiget, die nöthigen Laden, um bequem ins Schiff steigen zu können, ans jenseitige Ufer in Sicherheit zu bringen. Es standen noch mehr Personen da, die auch noch hinüberbefördert werden wollten. Auf die Frage, ob wir noch mitgenommen werden könnten, meinte Saxer, er wolle auch noch hinüber, wenn wir mitkommen wollten, sei es ihm schon recht, aber heissen wolle er uns nicht. So wenig Vertrauen erweckend diese Einladung lautete, wollten wir uns doch von Frauenspersonen, die auch mit hinüber zu gehen sich getrauten, nicht beschämen lassen. Um nun, da die Laden, welche eine Brücke bildeten, weg waren, zum Schiff zu gelangen, mussten wir uns von den Männern auf den Schultern hintragen lassen, die Frauen wurden auf den Armen hinbefördert. Saxer, Vater, hielt mit den Händen das über den Rhein gespannte Seil, und Saxer Sohn stund mit einem scharfen Beil, das er immer in den Händen bereit hielt, am Seil, welches das Schiff mit dem gespannten in Verbindung brachte und festhielt, um auf das gegebene Zeichen des Vaters, wenn es nöthig sein sollte, dasselbe zu zerschneiden. 'Nun, in Gottes Namen vorwärts!' sprach der Vater, und das Schiff befand sich in den schrecklich brausenden und tobenden Wellen. Zur Vorsorge hielt ich mit beiden Armen einen Laden umschlungen, auf dem ich, wenn es fehlen sollte, die schreckliche Fahrt den Rhein hinab machen wollte, bis Erlösung käme, sei's durch Menschen oder durch den Tod. Kein Wort wurde gesprochen, und furchtbar lang währte es, bis wir nur in der Mitte der tobenden Fluthen waren, obschon es rasch ging. Doch endlich langten wir am Ufer an, aber jetzt sagte Saxer: 'Das ist, bis das Wasser wieder abgenommen hat, die letzte Fahrt! Danket Gott, dass es so gut ablief.'» (S. 350 ff.)

Der Wechsel nach Freiburg

Immer wieder findet sich im Tagebuch das Eingeständnis eigenen Versagens, eigener Schwächen. So hielt Keust einer Schwester im Kreuzspital zu Chur, die anderswohin versetzt wurde, eine Mahnrede, sie müsse sich eben disponibel halten, wie ein «Mehlsack», reagierte dann aber selbst wenig später bei der eigenen Versetzung von Mels nach Freiburg mit Niedergeschlagenheit. Darauf erteilte ihm die Schwester, die das beobachtet hatte, die gleiche Lektion. Keust ging zu Fuss nach Freiburg. Er nahm sich dabei Zeit, da er an keinem bestimmten Tag erwartet wurde. Die Wanderung dauerte schliesslich drei volle Wochen. Die Stadt beeindruckte ihn. Die pastorale Tätigkeit auf dem Land brachte aber mancherlei Überraschungen. «An Samstagen oder Vorabenden von Feiertagen kamen die Bauern mit Berner Wägelchen in die Stadt, und dann konnten wir mitfahren, wohin es ging. Im Winter geschah es mit Schlitten.» (S. 364) Einmal stürzte dabei die ganze Fuhre einen Hang hinunter, wobei der Schlitten zerbrach. An einigen Orten mussten die Kapuziner im Wirtshaus übernachten. «Die Wirthshäuser gehörten den Gemeinden, und im Pachtvertrag war dann immer eingeschlossen, dass der Pächter den Capucinern, wenn sie auf Mission kamen, gute Kost und ein gutes Zimmer zu geben hätte.» (S. 365) Dabei wurden die Patres oft durch den Lärm der Gäste gestört.

Keust charakterisiert die Freiburger Bevölkerung. Einmal sei er unerwarteterweise vom Pfarrer in Überstorf zur Predigt gedrängt worden. Dieser fragte den Widerstrebenden, worüber er denn letzthin gepredigt habe. «Über die 4 letzten Dinge. 'Haben Sie die Predigten noch im Gedächtniss?' 'Ich meine, ja.' 'Wollen Sie nicht Morgen über die Hölle predigen? Es dürfte meinen Pfarrkindern nur nützlich sein.' Ich sagte zu. Im hl. Evangelium, das ich gleich durchlas, kam der Text vor: 'Und die letzten Dinge werden ärger sein, als die ersten waren.' Ich war im Reinen, denn von diesem Text ging ich aus, und als wenn es so sein müsste, gab ich meine Höllenpredigt los, dass der Pfarrer nachher meinte, es wäre schade gewesen, wenn ich sie nicht gehalten hätte. Schon am Dienstag darauf bekam ich vom Herrn Pfarrer einen Brief, in welchem er nicht genug hervorheben konnte, wie seine Pfarrangehörigen überall, wohin er komme, über die gehaltene Predigt erbaut worden seien. Nun fügte er bei: 'Wenn Sie mit der Predigt über die Hölle so gut gefallen haben, wie wird es erst gehen, wenn Sie am nächsten Samstag wieder kommen und über den Himmel predigen?' Weil der P. Guardian es erlaubte, sagte ich zu. Am künftigen Sonntag predigte ich wirklich über den Himmel, aber kein Hahn krähte mehr danach, und so viel ich merken konnte, sagte auch kein Mensch ein Wort darüber. Das war wie kaltes Wasser über den Rücken herab. Der Grund liegt darin, weil ich besser erschüttern als rühren, besser schreckliche Sachen schildern kann als freundliche und angenehme. Hätte ich aber vielleicht gesagt, dass man im Himmel den allerbesten Wadtländer zu trinken bekomme, so oft und so viel man immer will und mag, ohne bezahlen zu müssen und ohne Gefahr, sturm zu werden, – wer weiss, vielleicht hätte ich doch noch entsprochen! Das ist eben der Fehler, den ich beim Freiburger Volk gefunden habe. Dem Trinken hatten sie es zu verdanken, dass so viele Berner eingewandert sind und sich in den Besitz der schönsten Güter im deutschen Bezirk gesetzt haben. Predigen konnte man, was man wollte, den Freiburgern war es recht, aber wenn man über das Trinken predigte, so stiess man ab. Gerade das war es, welches auch mich abstiess. So sehr mir sonst das Freiburgervolk gefallen hat, der Hang zum übermässigen Trunk konnte es mir nicht. Wie oft bin ich traurig und böse geworden, wenn ich mich auf Mission begab oder wieder ins Kloster zurückkehrte und mir Einer um den Andern begegnete, der mit einem Affen [betrunken] einherschritt und von demselben bald auf diese bald auf jene Seite der Strasse gedrängt wurde, als hätten sie dieselbe abzumessen!» (S. 373 ff.)

Das Kapuzinerkloster von Freiburg liegt am Rande der Sarineschlucht. Vom Garten, der sich zum Abgrund hin befand, stürzten manchmal ganze Stücke in die felsige Tiefe. Keust erzählt den Unglücksfall eines Mitbruders – den er selber nicht erlebt hat –, der Blumen zum Namenstag eines Konfraters holen wollte, nicht zurückkam und den man zerschmettert in der Schlucht fand, weil ein Stück des Blumenbeetes, unterhöhlt, abgestürzt war. Ganz wohl fühlte sich Pater Keust in Freiburg nicht. Einige welsche Mitbrüder sonderten sich von ihm ab und sprachen untereinander nur Patois, das er nicht verstand. Darum war er über die Versetzung nach Olten im Jahre 1858 froh.

Die erste Oltener Zeit

Er fuhr mit der Post bis Bern und von dort mit der neuerbauten Eisenbahn nach Olten. Hier fand nun Keust seine volle Befriedigung in der Pastoration. Der Menschenschlag war ihm vertraut, und er machte auch Fortschritte im Predigen. An bestimmten Tagen zogen die Kapuziner zu zweit über die Höfe des Solothurner Juras, um zu benedizieren. Das verlangte beträchtliche Marschleistungen. Der Magen wurde dabei nicht weniger strapaziert als die Füsse. «Am andern Tag und die übrigen Tage ist dasselbe der Fall, immer eher 3 Mittagessen als keins und zwischen hinein, so oft man in einen Hof kömmt, Kuchen, Wein, Schinken, Brod, Milch, Käs, Butter u.s.w., und die guten Leute würden es zürnen, wenn man nicht zugreifen wollte.» (S. 385) Gerne weilte Pater Keust auch hier im Klostergarten, besonders unter einer Linde an der Aare. Eines Tages spielte sich dort eine aufregende Szene ab: «Jenseits der Aare holte ein Knecht des Löwenwirths mit 2 Pferden Sand. Der Knecht sitzt auf dem leeren Wagen und will denselben kehren, der Wagen fällt um und in die Aare und der Knecht auch, die Pferde werden ebenfalls in das Wasser gerissen, und so wird das ganze Fuhrwerk von der reissenden Aare fortgeschwemmt. Der Knecht hält sich an einem Rad, aber das Rad sinkt unter das Wasser und der Knecht mit, sobald er wieder über Wasser kömmt, schreit er fürchterlich um Hilfe. Von allen Seiten eilen Menschen herbei, und schon sind 2 Männer in einem kleinen Nachen in der Nähe des Unglückes. Da habe ich aber die Klugheit eines Hundes beobachten können. Ein grosser schwarzer Hund hatte das Fuhrwerk begleitet. Er stund am Ufer, als dasselbe die Aare hinabtrieb, aber auf der Stelle springt er ins Wasser, schwimmt dem Fuhrwerk nach, schwimmt ihm vor und gegen das Land und schaut immer zurück auf die Pferde, als wollte er ihnen sagen, ihm nachzufolgen. Die Pferde verstehen den treuen Hund; er gelangt ans Ufer, springt hinauf, und so machen es auch die Pferde. Das halb zerstörte Fuhrwerk mit dem armen Knecht wird von ihnen ebenfalls aus dem Wasser gezogen, gerade in dem Augenblick, wo die Männer im kleinen Schiffchen zur Stelle kommen. Dem armen Knecht ging es aber auf den ausgestandenen Schrecken noch recht schlecht. Auch sein Meister war herbeigeeilt, und wie er zum Knecht kömmt, gibt er ihm wegen seiner ungeheuren Fahrlässigkeit eine tüchtige Ohrfeige und entlässt ihn auf der Stelle seines Dienstes.» (S. 386 ff.)

In die Oltner Zeit fällt der Beginn der Zeitungsbeiträge von Pater Keust, die unter einem Pseudonym in der «Schwyzer-Zeitung»[33] erschienen. Mit den Artikeln hatte er Erfolg. «Jedes Mal, wenn die Artikel erschienen, gewährte es mir ein grosses Stück Freude, zu hören, wie sie theils von meinen Mitbrüdern, theils von den Herren Geistlichen und andern kritisirt, gelobt und getadelt wurden. Ich selber meinte oft, das sei mir aus dem Herzen geschrieben, dann kritisirte ich wieder und tadelte, dass andere die Artikel in Schutz nahmen. Eine ausserordentliche Freude hatte ich, wenn ich hören konnte, wem die Artikel zugeschrieben wurden. Mitunter waren es recht gelehrte und geistreiche Männer, und da habe ich in meinem Innern herzlich gelacht und gedacht, wenn man wissen würde, welch ein einfältiger Tschoopen [Einfaltspinsel] der Einsender sei, kein Hahn würde darnach gekräht haben. Kein Mensch kann glauben, was für einen Reiz dieses für mich hatte.» (S. 390)

Eine Begegnung fürs Leben: die Photographie

Eine viel aufregendere Beschäftigung, ein eigentliches Hobby, setzte in Olten ein: das Photographieren. «Gar oft wurde ich dann auch in andern Zeitungen angefochten, sogar in der 'Neuen Zürich-Zeitung', von den kantonalen Blättern gar nichts zu sagen; einige druckten die Artikel theilweise ab, andere schimpften darüber. Ohne dass es ausser der Redaction Jemand wusste, führte ich lange einen wahren Krieg, bis es mir doch schliesslich verleidete und auf etwas anderes mich verlegte. Und etwas anderes hat es gegeben, welches wieder meine ganze übrige Zeit in Anspruch nahm, aber viel angenehmer und lohnender war, als die Zeitungsschreiberei – die Photographie.»

Die anschliessenden Textstellen in seinen Erinnerungen vermitteln ein anschauliches Bild der damaligen technischen Möglichkeiten, und sie lassen nachvollziehen, was das Photographieren für die Pioniere dieser Kunst in unserem Land bedeutete, welche Emotionen das geisterhaft sich abzeichnende Bild auf den Glasplatten auslöste.

«Bei meiner Liebhaberei zum Zeichnungsfach habe ich mir sehr oft und sehnlich gewünscht, photographiren zu können. Man hörte und las damals ungemein viel über die positife Photographie auf Glas und wie das eine so herrliche Erfindung sei. Man brauche jetzt kein Kupfertäfelchen mehr und Quegsilberdämpfe, man bekomme das Bild auf einem Glas, über das Collodium gegossen und versilbert worden sei u.s.w. Hie und da bekam ich ein solches Bild zu sehen, und obschon die meisten dieser Bilder schlecht waren, fand ich sie doch herrlich. Noch gab es sehr wenige, welche sich ernstlich mit der Photographie abgaben, in Aarau Herr Gisi,[34] in Zürich Herr Keller, in Luzern ein Grüter,[35] in Solothurn Herr Rust, in Basel ein Herzog, in Olten noch Niemand. Einige Schriftchen über die Photographie waren vorhanden, aber ich verstund das Zeug nicht. Es war für mich fast unmöglich, meinen Wunsch, photographiren zu können, zu befriedigen. Und doch kam mir unerwartet der Zufall zu Hilfe. Ein Freund und Schulkamerad von mir, Adrian Kümmerlin, sagte mir, dass er einen photographischen Apparat habe und nun positife Photographien mache. Auf die Frage, ob ich das zu meinem grössten Vergnügen nicht auch lernen könnte, meinte er, dass es nichts Leichteres gebe als das. Das gehe wie das Kaffémachen, und er wolle mir alles zeigen, auch einen kleinen Apparat wolle er mir verschaffen. Den Apparat müsse ich unbedingt haben, dann müsse ich ein Glas sauber putzen, dann in der Dunkelkammer Collodium darübergiessen, dann das Glas in ein Silberbad legen, dann dasselbe zur gehörigen Zeit herausnehmen, dann in eine Casette legen, dann diese Casette, wenn man den Apparat zur Aufnahme gehörig gestellt hat, an den Ort der Fixirscheibe schieben, dann die Aufnahme machen, die je nach der Stärke des Lichtes sich richten muss, 5 Sekunden, 10 Sekunden, nur 2 Sekunden oder 18–20 Sekunden. Dann schliessen, dann mit der Casette wieder in die Dunkelkammer gehen, dann die Platte herausnehmen und sie mit dem Entwikler begiessen, dann zur ganz bestimmten Zeit aufhören, dann abwaschen, dann Ciankaliumlösung darauf giessen, dann wieder abwaschen, dann trocknen lassen, dann entweder Collodiumseite oder die Rückseite mit Asphaltlak begiessen, dann etc. etc. Aber das Collodium müsse ungemein gut und frisch sein, das Silberbad ebenfalls und so auch der Entwikler und das Fixirmittel; wenn im Geringsten etwas fehle, so gebe es kein Bild, und das Ciankalium sei ein heilloses Gift, welches bei der leisesten Ritzung eine Blutvergiftung zur Folge habe. Man kann sich schon vorstellen, wie ungemein leicht und einleuchtend alle diese einfachen Manipulationen mir vorkamen. Ich wusste nach der Erzählung derselben ungefähr so viel wie vorher, aber der Freund erbat mich zu sich, um alles persönlich anzusehen. Ich folgte der Einladung so geschwind möglich, ich konnte vor Sehnsucht und Freud kaum mehr schlafen, die erste Aufnahme, die wir dann miteinander vornahmen, war ich selbst. Sie war leider nicht ganz gelungen; man merkte so heraus, dass es kein Heuwagen sei, aber was für ein Gegenstand auf dem Glas sich befand, war ein dunkles Geheimniss. 'Höchst wahrscheinlich ist das Glas nicht gut geputzt gewesen', hiess es, oder es fehlt sonst irgendwo, und ich glaube wirklich, dass etwas gefehlt hat. Item die Sache fängt noch einmal von Neuem an, und dieses Mal kömmt zu meiner unaussprechlichen Freude ein recht gelungenes Bild heraus. Ich konnte es nicht genug betrachten, ich schaute es immer und immer wieder an; es war mich selber, wie ich mich im Spiegel sah, es fehlte kein Härlein, kein Fädelein, die Krallen am Rosenkranz konnte man abzählen, die Knöpfe im Gürtel waren exakt und die Falten im Habit prächtig. Jetzt stund es fest, ich musste die Photographie erlernen. Ein Apparat wurde mit Erlaubniss des Guardians angeschafft, Chemikalien gekauft, Puncetten bereitet, eine Dunkelkammer hergerichtet, und ich durfte es keinem Menschen sagen, auch Schulden wurden gemacht. Jetzt ging's los! Ich hüpfte fast vor Freude, als ich das schwarze Gesicht des P. Mauritius,[36] welcher mir zuerst sass, auf dem Glas zu unterscheiden vermochte. Ich konnte fast unmöglich mehr studiren, ich musste nur an die Photographie denken, sie beschäftigte mich sogar beim Gebet, sie ging mit mir Abends auf den Sack, sie kam mir vor im Traum, sie stund Morgens mit mir auf, sie war meine Freude, sie war aber auch meine Qual. Einige Bilder gelangen mir, andere wieder nicht. Längere Zeit wurde mir auf der Glasplatte alles schwarz, ohne dass ich ausfindig machen konnte, wo es fehlt. Ich glaubte, es fehle am Silberbad; ich schaffte mir ein neues an, das Resultat war dasselbe. Ich erneuerte den Entwikler und probirte wieder, und es blieb sich gleich. Jetzt musste es fehlen am Collodium; ich kaufte mir ein anderes Fläschchen, und schwarz wurde die Platte bei jeder Aufnahme. Ich wusste mir nicht mehr zu helfen, und Niemand, auch Freund Kümmerlin nicht, konnte mir Aufschluss über dieses Misslingen geben. Endlich las ich in einem Schriftchen über die Photographie, dass die Temperatur von Wichtigkeit sei und grossen Einfluss übe. Die Dunkelkammer, wo die Chemikalien sich vorfinden, müsse einen gewissen Grad Wärme haben, und nun kannte ich den Fehler, ich hatte einfach zu kalt operirt. Ich vermied den Fehler und bekam wieder schöne Bilder. P. Mauritius gab mir für sein Bild 5 Fr., Pater Ambros[37] ebenfalls 5 Fr. So auch die übrigen Patres; dann kamen noch Pfarrherren, die ihr Bild auch haben wollten, und bereits Jeder zahlte 5 Fr. Ein Engländer, der in Olten war und hörte, dass ein Capuciner gelungene Photographien machen könne, liess mit Bitten nicht nach, bis ich ihm mit Erlaubniss des Guardians die seine auch machte, gab mir 20 Fr. Es ging nicht lang, so hatte ich die gemachten Schulden bezahlt und so viel erübrigt, dass ich noch allerhand zur Photographie Nöthiges anschaffen konnte. Auch war ich in Stand gesetzt, Schriften über die Photographie zu kaufen und ganze Tage lang zu pröbeln, welches mit grossen Auslagen verbunden war. Wenn ich nun irgendwo längere Zeit vikarisiren musste, wurde ich dringend gebeten, den Apparat mitzunehmen. So that ich es in Mümliswil und in Kienberg, aber dann musste ich aufhören. Ich hatte keine Ruhe mehr, da sollte ich ganze Familien und ganze Dorfschaften photographiren. Alles wollte von mir die Photographie, und Geld bekam ich zum Erbarmen. Wäre es mir daran gelegen gewesen wie nicht und hätte ich mir als Capuciner ein Vermögen machen dürfen oder wollen, so würde ich ganz bestimmt ein reicher Mann geworden sein.»

«Mit der Vervollkommnung der Photographie hielt ich nun fortan Schritt. Ich las alles, erkundigte mich über alles und probirte alles. Ich war auch einer der ersten Photographen, der vom Positif zum Negatif überging und vom Negatif positife Photographien auf gesilbertes Albumin- oder Salzpapier übertrug. Wer heut zu tage die herrlich schönen Bilder auf Papier sieht, kann sich keinen Begriff bilden, wie armselig und kraftlos im Anfange diese Bilder waren. Etwas hatte ich mir ersonnen, was gar viele Photographen nicht wussten. Damit die sensibilisirte Collodium Platte nicht trocknete, musste man ungemein geschwind die Aufnahme machen und dann entwikeln. Das ging dann so rasch und eilig, als handle es sich, eine siedende Milch zu retten oder wohl gar ein Menschenleben.[38] Ich brachte es so weit, dass ich meist (?) über eine halbe Stunde weit ging, um eine Aufnahme zu machen und die mir vollständig gelang. Ich legte einfach in Wasser getauchtes, mehrfach zusammengelegtes Fliesspapier auf die Rückseite der Platte, und so blieb die ganze Platte über eine Stunde in feuchtem Zustande. Am meisten interessirten mich bei allen Erfindungen und Vervollkommnungen die Trockenplatten. Obschon ich und auch andere Photographen von den nassen Platten schönere und feinere Resultate erzielten, waren die Trokkenplatten doch ungemein praktischer, um's 10fache empfindlicher und haltbar. Gegenwärtig stehen sie den nassen nicht nur nicht mehr nach, sondern sie gehen ihnen vor. Bis zum gegenwärtigen Augenblick hat die Photographie mir viel Freud und Vergnügen bereitet, und meine Sammlung, die viele grosse Bände ausfüllt und die ich allenthalben, wo ich hinkam, vermehrte, würde ich nicht gerne hingeben, es sind herrliche Erinnerungen meines Lebens. Auch andern habe ich mit der Photographie Freude bereitet, und ich glaube Niemanden Ärgerniss damit gegeben zu haben, aber im Ganzen genommen muss ich aufrichtig bekennen, dass ich zu viel Zeit dafür verwendete, gar oft meine Predigten vernachlässigte, im Studiren gehindert wurde und mir sogar Versuchungen bereitete, die mir schädlich waren. Meiner Phantasie wurden zu viele Bilder hingeworfen, als dass nicht hin und wieder die Seele hätte Schaden leiden müssen. Ich würde keinem Mitbruder rathen, die Photographie so zu betreiben, wie ich sie betrieben habe. Ich bereue es von Grunde meines Herzens. Aufstecken will und kann ich die Photographie nicht, aber so betreibe ich sie nun und schon längst, dass sie in keiner Beziehung mehr mir schädlich ist. Was mir als Priester gar oft wehe gethan und mich schmerzlich berührte, war die arme Wahrnehmung, dass mir gerade die Photographie mehr Freunde und Gönner zuzog, als mein Wirken als Priester. Ich finde es so ziemlich natürlich, aber gefallen wollte und konnte es mir nicht. Gott und Welt! Ewiges und Irdisches! Höheres und Sinnliches! Der Unterschied ist gross.»

«Eine ganz besondere Bekanntschaft und Freundschaft hat mir meine Photographirerei in Olten zugezogen in der Person des Herrn Stadtschreiber Feigel. Dieser alte Junggeselle war ein Original, wie Olten schwerlich mehr eines erleben wird. Seine ganze Erscheinung war immer die gleiche, dieselbe grosse Kappe, dieselben steifen Vatermörder, dieselbe Gravatte, dasselbe Gilet, derselbe lange Rock, dieselben Hosen, dieselben grossen Schuhe, derselbe Gang und dieselbe Haltung. War ein Kleidungsstück defekt, so wurde es durch ein ganz ähnliches ersetzt, auch gar nichts durfte fehlen, und ein ganz grosser Regenschirm bei regnerischer Witterung setzte dem Ganzen die Krone auf. Morgen punkt 8 Uhr zu jeder Jahreszeit, bei jeder Witterung, wie die Uhr auf dem Bahnhof schlug, stund er mit seiner Uhr in der Hand im Garten des Kapuzinerklosters und richtete sie nach der Bahnhofuhr. Und nach dieser Uhr ging es dann Sekunde für Sekunde den ganzen Tag hindurch. Immer zur gleichen Sekunde am gleichen Ort, wie Gestern und Vorgestern, und gab es für da oder dort eine Ausnahme, so geschah sie zur Zeit, welche für die Ausnahmen bestimmt war.» (S. 391 ff.)[39]

Pater Matthé rapportiert auch einige Torheiten, die er in seiner Oltener Zeit beging. Einmal segnete er an einem Markttag in Reiden aus Versehen zwei Jungfrauen anstelle von zwei älteren Frauen aus.[4] «Es steht den Kindbettern eben nicht an der Nase geschrieben, dass sie es sind, namentlich wenn sie das Alter der hl. Elisabeth, der Frau des Zacharias, erreicht zu haben scheinen.» (S. 408)

20/21 Photocollagen von Pater Keust aus seiner ersten Oltener Zeit 1858–62.

Fräulein Schumacher.
Jungfer Mösch.
Mösch †
Fam. Joh. Christen Olten 1858-62

21

1862 wird Pater Keust nach Schüpfheim versetzt. Er geht ungern von Olten weg. «Vom Land Entlibuch hatte ich von Jugend auf einen ganz eigenen Begriff, ich kann wohl sagen, ein grosses Vorurtheil. Fast immer hörte ich so geringschätzig über die Entlibucher reden, und gar viele ausgewanderte Entlibucher, die überall sich vorfinden, sind derart, dass man kaum einen guten Begriff von Entlibuch bekommen kann. Gar viele derselben waren bekannt als verschmizt und listig im Kauf und Verkauf, Handel und Erwerb und nicht immer ganz ehrlich und wählerisch in den Mitteln, die sie anwendeten. Die Entlibuchermädchen, die als Dienstboten angestellt waren, suchten auf alle mögliche Weise sich unter die Haube zu bringen. Mitunter gelang es ihnen und mitunter auch nicht, und dann mussten sie wieder ins Entlibuch zurückkehren unter Umständen, die ihnen und dem Entlibuch nicht zur Ehre gereichten. Wer aber dieses dem Land Entlibuch als Schuld anrechnet und dasselbe über die Achsel anschaut, der thut unrecht. Ich habe das Entlibuch und die Entlibucher kennen gelernt, und ich muss offen gestehen, dass die Bewohner dieses schönen Landes ein braves, wackeres, solides Völklein bilden. Die Seelsorger der Gemeinden sehen es ungern genug, dass so viele auswandern müssen, weil die Bevölkerung für das kleine Land zu gross ist, und darum hat Herr Pfarrer Elmiger[41] von Schüpfheim keine Mühe und keine Opfer gescheut, um auf irgend eine Weise Vielen Arbeit und somit auch Verdienst zu verschaffen, auf dass sie im Lande verbleiben können, wo sie sittlich, religiös und ökonomisch besser geborgen sind, als sich selbst überlassen, in der Fremde.» (S. 413 f.) So beleuchtet Keust einen interessanten Aspekt der damaligen Binnenwanderung in der Schweiz.

Die Klosterfamilie lebte in gutem Einvernehmen, und auch mit dem Weltklerus war das Verhältnis ausgezeichnet. «Recht fröhlich ging es alljährlich in unserm Kloster am sogenannten Hirsmontag zu, wo die meisten Geistlichen des Entlibuch zum Mittagessen kamen und wo dann der Hirsmontagbrief verlesen wurde.[42] In diesem Briefe kamen dann theils in Versen, theils in Prosa alle Dummheiten vor, die etwa diesem oder jenem Geistlichen im Laufe des Jahres begegnet sind. Keiner ist sicher, dass er nicht durchgehechelt wird und keiner weiss, was er über sich zu hören bekömmt [. . .] Diese Fasnachtsbriefe waren oft wahre Meisterstücke, namentlich als sie von Vikar Hunkeler, nachmaligem Pfarrer in Flühli, verfasst wurden. Witzigeres und Geistreicheres ist mir nicht bald unter die Augen gekommen.» (S. 422 f.)

Pater Keust beteiligte sich häufig an Volksmissionen, die ihn vom Entlebuch in die Ostschweiz und die Urkantone führten. Er pflegte weiterhin das Photographieren, zuweilen mit dem Schalk und der Schläue eines Hexenmeisters: «Trotz der vielen Arbeiten im Entlibuch setzte ich aber doch meine Photographie fort. Es reut mich nur eines, nämlich das, dass ich so wenig landschaftliche Aufnahmen machte. Die Trockenplatten waren eben noch nicht bekannt, und mit den nassen hatte es seine Schwierigkeiten. Unter anderm hatte ich auch den Herrn Pfarrer Elmiger photographirt. Nun kam einst eine alte Jungfer, man nannte sie nur das Säckelmeister Trini, und bat mich, ich möchte ihr doch auch den Herrn Pfarrer Kammerer geben. Ich hatte zufällig vor nicht langer Zeit vernommen, dass sie einen kleinen Span mit dem Pfarrer habe, und das wollte ich nun ausbeuten. Ich versprach ihr, das Bild zu geben, nur müsse ich es erst noch machen; sie solle am andern Tag wiederkommen, dann könne sie dasselbe in Empfang nehmen. Am andern Tag kömmt das Säckelmeister Trini, und ich gab ihr das Bild in einem niedlichen Rähmchen. Sie hatte eine grosse Freude daran, konnte es nicht genug sehen und loben, wie es so gut gleiche. Ich erklärte ihr nun aber, dass, im Falle der Herr Kammerer mit ihr nicht zufrieden sei, sondern etwas gegen sie habe, er nicht bei ihr bleibe, sondern verschwinde. 'Nein, nein, der Herr Pfarrer hat nichts gegen mich, er bleibt schon bei mir', sprach sie siegesgewiss. Es werde sich schon zeigen, meinte ich, nur solle sie jetzt Sorge tragen zum Bild und es nicht Jedermann zeigen, sonst kämen noch viele andere, und ich könne es ja nicht der ganzen Welt schenken. Unterdessen hatte ich dem Herrn Pfarrer angezeigt, dass das Säckelmeister Trini bald einmal zu ihm kommen und um Verzeihung bitten werde; er möge also alles mit ihm ausfechten. Und richtig, wie ich vorausgesehen hatte, blieb der Herr Pfarrer nicht bei der alten Jungfer, von Tag zu Tag ist das Bild matter und unscheinbarer geworden, und endlich sah man gar nichts mehr davon, nur ein ganz schwarzes Papier ist übrig geblieben im schönen Rähmchen. Mit tiefer Betrübtniss und grossem Schmerz hat das Trini dieses Unheil beobachtet, und jetzt blieb ihm nichts anderes übrig, als den schweren Gang zum Herrn Pfarrer zu thun und

22 Kapuzinerkloster Schüpfheim (Keust).

sich mit ihm zu versöhnen, denn offenbar musste er gegen ihn's haben, sonst würde das Bild geblieben sein. Das Trini ging wirklich eines Tages unter einem Vorwand zum Herrn Pfarrer, und nachdem es mit der Angelegenheit im Reinen war, fragte es den auf den Stockzähnen lächelnden Pfarrer, ob er etwas gegen ihns habe und ob es ihn etwa beleidigt habe, es wäre ihm doch grüsseli leid, denn es habe ihn doch sehr gerne. 'Ja, ja, ich habe etwas gegen dich und bin nicht zufrieden mit dir', sprach er ernst, 'du bist eine reiche alte Jungfer, und du könntest den Armen mehr Gutes thun, aber du bist so geitzig und das ist's, was mir nicht gefällt.' 'Wenn's nur das ist, Herr Pfarrer Kammerer, dann will ich mich bessern und mehr Gutes thun, wenn Ihr nur wieder zufrieden seid.' 'Wenn du das willst und das thust, dann bin ich zufrieden.' Das Trini dankte dem Herrn Pfarrer und kam auf der Stelle zu mir und sagte, dass der Pfarrer nun mit ihm zufrieden sei und dass ich ihm jetzt ein anderes Bild geben möge, das andere sei verschwunden. Es gab mir das Rähmchen mit dem verunglückten Bild, und auf der Stelle ersetzte ich es mit einem neuen, mit der Versicherung, dass es so lange bei ihm bleiben werde, als der Herr Pfarrer mit ihm zufrieden sei. Von jetzt an war es freigebiger und hütete sich, die Unzufriedenheit desselben zu verursachen, und das Bild blieb. Wer einen kleinen Begriff von der Photographie hat, der kennt die Ursache. Das erste Bild war nicht fixirt und musste deshalb am Licht verschwinden, das zweite aber war ein fixirtes, das blieb. Meinen Zweck aber hatte ich erreicht zur grössten Freude des Pfarrers.»[43] (S. 438 ff.)

Als Prediger in Luzern

1865 kommt Keust nach Luzern, befreundet sich dort mit Pater Bernhard Christen, dem Novizenmeister und späteren General des Kapuzinerordens. Beide werden sie Beichtiger im Zisterzienserinnenkloster Eschenbach. Die Fusswanderun-

23 Vatikanisches Museum in Rom, Saal mit Marmorstatuen (verm. Photo Alinari, Rom).

gen dorthin, die im Winter manchmal über den vereisten Rotsee führen, bieten den beiden Gelegenheit zu ausgedehnten Gesprächen. Pater Keust erweist sich dabei als guter, fantasiereicher Erzähler, der viel Unsinniges zusammenreimt.[44] Einen längeren Platz nimmt auch der Bericht von einer Pilatusbesteigung ein sowie über den Versuch eines reichen Engländers, ihm zu einer Frau zu verhelfen, da dieser der Meinung war, er könne sich nur aus finanziellen Gründen keine Frau leisten. Keust ging vorerst launisch auf das Anerbieten ein, bis er schliesslich dem Ausländer den wahren Sachverhalt erklärte.

Die Wunder Italiens

1868 bot sich ihm Gelegenheit, den Provinzial[45] nach Rom zu begleiten; vor Freude konnte Pater Keust den Tag der Abreise kaum erwarten. Die Reise führte per Bahn über Lyon nach Marseille, zu Schiff nach Civitavecchia und von dort nach Rom. Pater Keust erweist sich als sensibler, begeisterungsfähiger Reisender, der zum Ergötzen des Pater Provinzials oft in Entzücken verfällt vor all den Schönheiten der Natur und der Landschaft. Da er ein Tagebuch geführt habe, sei's ihm ein Leichtes, jedes Detail aufzuschreiben, bemerkt er, aber auch sonst wäre ihm alles deutlich in Erinnerung geblieben. Die Tage in Rom sind mit Besuchen von zahllosen Kirchen angefüllt, die Eindrücke sind gewaltig. Die Patres wohnen den Karwochengottesdiensten bei, werden von Papst Pius IX. in Audienz empfangen, besuchen die päpstlichen Museen, die über die Tage für das Publikum geöffnet sind. «Eine grosse Menge Menschen durchzog die vielen und endlosen Kunsthallen, in denen die verschiedenartigsten Statuen aus der alten Römerzeit aufgestellt waren. Es waren viele herrliche Gestalten aus Marmor, aber es war auch gut, dass sie eben nur Marmor waren, sonst hätten sich dieselben ganz bestimmt geschämt, so nackt und bloss von Jedermann sich begaffen zu lassen. P. Provincial lief durch alle diese Herrlichkeiten hindurch, als würde er von zahlreichen Feinden verfolgt, und mir blieb nichts anderes übrig, als ihm nachzueilen. So ein wenig mehr als er habe ich gleichwohl gesehen.» (S. 516 f.)

Pater Keust berichtet eingehend von den frommen Besuchen in den Kirchen Roms, von den Reliquien, die dort aufbewahrt werden, den vielen Erinnerungsstücken an die Apostel und Märtyrer. Dabei erweist er sich als unkritisch, nimmt offenbar Legenden für bare Münze. Und doch regt sich bei ihm auch wieder der Schalk oder der kritische Geist. So etwa bei der Fontana di Trevi: «In Bezug auf diesen Brunnen herrscht die Sage, dass derjenige, welcher hier Wasser trinkt, wieder nach Rom komme. Hätte ich auch nur einigermassen an diese Sage glauben können, ich würde mich ganz bestimmt noch nach dem Mittagessen bei den Kapuzinern dazu entschlossen haben, obschon ich des Wassers mehr als genug im Leibe gehabt hätte. Ich weiss nicht ganz bestimmt, wie Kapuziner auf Monte Pincio den Wein für den Tisch bereiten, aber ich glaube nicht irre zu gehen, wenn ich sage, dass sie ein Fass zu gut 2/3 mit Wasser anfüllen und dann mit 1/3 Wein abschliessen. Da ist gesorgt, dass der Wein nicht zum Kopfe steigt.» (S. 531 f.)

Beim Besuch der Kirche St. Agnes ausserhalb der Mauern notierte Keust ein Erlebnis, das im Text später durchgestrichen worden ist: «Bei diesem Anlass habe ich etwas gesehen und zwar in der nächsten Nähe, was ich sonst nie sah in meinem ganzen Leben. Ich weiss nicht, ob ich nicht besser thäte, darüber schweigend hinwegzugehen, ich will es aber doch anführen, damit man sich einen Begriff von Landesgebräuchen machen kann. Nicht weit von mir kniete auch eine Mutter, die ein kleines Kind vor sich stehen hatte. Auf einmal grübelt das Kind an der Brust der Mutter, und als es gefunden, was es suchte, stillte es, unbekümmert um die ganze Welt, seinen Hunger. Die Mutter betete fort, wie wenn es so sein müsste. Ländlich, sittlich!» (S. 540 f.)

Ungern verlässt Pater Keust die Stadt, trotz schlechter Kost und schlechtem Lager. Die Heimreise geht per Bahn über Assisi, wo er unter anderem im deutschen Nonnenkloster die Messe liest und sich über die Unterhaltung mit der Frau Mutter, die durch einen Vorhang hindurch zu geschehen hat, mokiert. Durch den heissen und zerklüfteten Appenin fahren die beiden weiter nach Ancona und Loreto.

Überall werden Erinnerungen an unweit zurückliegende Ereignisse wach: «Dann kam Castelfidardo, wo am 18. Sept. 1860 die päpstlichen Truppen unter Lamoricière und Schmid[46] von Altdorf gegen die Sartinischen unter Cialdini eine Niederlage erlitten, wodurch Umbrien und die Marken für den Kirchenstaat verloren gingen. Mit Wehmuth schaute ich auf die Gegend hin, denn dort wurde ein Freund von mir, Meinrad Burkhardt von Härkingen als Offizier so verwundet, dass er in Loretto starb. Unser P. Venantius,[47] der als Soldat das Gefecht mitmachte, ist nicht gut sprechen auf Lamoricière und General Schmid; er behauptet, dass die Feldherrn die Waffen zu geschwind gestreckt hätten, und wird böse, wenn er nur daran denkt. Was würde aber das unnütze Blutvergiessen für Nutzen gehabt haben?» (S. 578)

Auch in Loreto wird Pater Keust von der Heiligkeit des Ortes und der Kraft der Legende[48] ergriffen: «Man mag über das Wunder der Übertragung dieses Hauses nach Italien sagen und denken, was man will, es ist wunderbar, wie das gläubige Gemüth in demselben ergriffen wird und wie man kaum mehr zu einem Zweifel Raum hat. Ich könnte nicht sagen, dass ich so gläubig geschwind alles hinnehme, was aus der Sagenwelt der Wunder stammt, aber dort in Loretto, in diesem kleinen Häuschen hatten mich alle Zweifel verlassen; ich liess mich ganz vollständig beherrschen vom Gedanken: 'Hier ist das Wort Fleisch geworden und hat unter uns gewohnt'.» (S. 582 f.)

In Ancona stösst sich Pater Keust an den schlechten religiösen und sittlichen Verhältnissen; es gebe dort eine verbreitete Freimaurerei, und auch der Aberglaube grassiere. «Ich kann nicht mehr angeben, wie viele Mädchen und Frauen uns auf der Strasse bestürmt haben, ihnen Numero's für Lotterielose anzugeben, in der zuversichtlichen Beglaubigung, dass sie dann gewinnen würden. Sie baten so dringend und so zudringlich um Misericordia, dass wir sie fast nicht mehr loskamen. Mit Ernst und Entschiedenheit wiesen wir sie ab und gingen unsere Wege, unbekümmert um alles, was um uns vorging.» (S. 586)

Pater Keust nimmt unermüdlich neue Eindrücke auf; auch die natürlichen Schönheiten Italiens beeindrucken ihn. Noch in der Erinnerung ärgert es ihn, dass sie nachts von Ancona nach Mailand reisen mussten: «Ich konnte es damals nicht begreifen und kann es auch heute noch nicht begreifen, wie zwei Männer, die ein wenig auf

Bildung Anspruch machten, es zustande bringen konnten, einen so weiten herrlichen Theil des schönen Italiens in stockfinsterer Nacht zu durchreisen. In meinem Ärger darüber, den ich aber nicht offenbaren durfte, suchte ich zu schlafen und legte mich, da es ordentlich Platz war, zu diesem Zweck auf den weichen Polster, den Reisesack unter dem Kopfe.» (S. 587 f.)

Nach einem Aufenthalt in Mailand fährt man mit dem Zug nach Camerlata, von dort mit dem Postwagen über Chiasso nach Lugano und hinauf zum Gotthard. In Airolo wird übernachtet. Anderntags müht sich die Postkutsche die vielen Krümmungen der Passstrasse hinauf. «Nach einer guten Stunde kamen wir in den Schnee. Nun wurde der Postwagen, in dem sich mehrere Passagiere befanden, verlassen und Schlitten waren bereit, uns aufzunehmen. Jeder Schlitten hatte nur ein Pferd und höchstens 2 Passagire; ich selber war einzig mit einem kleinen Knaben, der das Pferd leitete. Das war aber eine sonderbare Leitung, das Pferd hatte nicht einmal ein Leitseil, sondern war total frei und sich selbst überlassen. Der Schnee blendete furchtbar, ich getraute mir kaum mehr die Augen zu öffnen. Als wir drei lange Stunden so hinaufgefahren, mehrere Meter hoch über den Wehrsteinen der Strasse auf dem Schnee, gelangten wir endlich auf die Höhe des Gotthard zum Hospitz. Dort wurden die Pferde gewechselt, und dann ging es bergab wie zu einem Rohr hinaus. Immer hoch über der Strasse in einem schmalen Streifen Schnee, wo kaum der Schlitten Platz hatte, sprangen die Pferde einander im Galoppe nach, dass mir beinahe Hören und Sehen verging. Hie und da setzte es zum Überfluss noch von den Hufen des dahineilenden Pferdes Schneeknollen ins Gesicht ab, die nichts weniger waren als angenehm. Es hatte mich eine so an die Nase getroffen, dass ich mehrere Stunden lang Schmerzen hatte, und auch der Knabe blieb nicht verschont, sondern noch übeler zugerichtet als ich. Seine Nase bekam eine Wunde, dass sie eigentlich blutete. Ich machte dann kurzen Prozess, zog die Kaputze über den Kopf, beugte denselben herab, und so war ich gegen das Bombartement gesichert. Aber von dort an weiss ich wahrhaftig nicht, wie wir den Berg hinab gekommen sind und wie der St. Gotthard aussieht; wir wurden im Schlitten hin- und hergeschleudert, als wären wir in keinen Schuh hinein gut, und mussten nur immer sorgen, dass wir nicht hinausgeschmissen wurden in den Schnee. Am Ende sind wir doch, dank dem l. Gott und den verständigen sichern Pferden, mit heiler Haut davon und nach Hospenthal hinabgekommen.» (S. 602 ff.)

Guardian in Appenzell

Dankbar über die glückliche Heimkehr setzte Pater Keust die Arbeit in Luzern fort. Wenig später wird er zum Guardian in Appenzell bestimmt (1869). Kritisch wertet er seine dortige Tätigkeit, auch dies ein Beweis seiner Redlichkeit. «Das Regiment, das ich führte, war im Anfang etwas schroff; ich glaubte, es müsse in Appenzell gehen wie in Luzern auf dem Wesemlin, und stiess mich desshalb so ziemlich ab bei einigen Mitbrüdern, die denn doch meinten, dass Appenzell kein Noviziatort sei. Das Sprichwort: 'Wem Gott gibt ein Amt, dem gibt er auch Verstand' hat sich bei mir nicht ganz bewährt, erst später bin ich dann darauf gekommen, dass zwischen Luzern und Appenzell ein Unterschied sei und der Guardian mit der Familie gut sein müsse.» (S. 608)

Auch hier charakterisiert Keust die Bevölkerung: «Trotz den hohen Bergen ringsum ist das Appenzellerländchen ein leichtes, und auch die Berge sind leicht, aber mir kam es vor, auch das Völklein sei ein etwas leichtes. Sobald aber ein Missgeschick einen Appenzeller trifft, ist er gleich schwermüthig. Noch Nirgends habe ich mit so vielen Schwermüthigen beiderlei Geschlechtes verkehren müssen, wie in Appenzell. Von den berühmten Appenzellerwitzen habe ich mit wenigen Ausnahmen nicht viel merken können. Die Appenzeller sind freundlich und gesprächig, aber die Fremden sind ihnen fremd, sie lieben die Ihrigen und genügen sich. In den Gottesdienst gehen sie gerne, können aber auch ohne grosse Gewissensskrupel fernbleiben. Ganz besonders gerne besuchen sie im Advent die 'Rorate-Ämter und Messen'; es ist dann am Morgen ein recht schönes Schauen, wenn von allen Seiten und von den Bergen herab die Lichter in den Laternen sich dem Flecken zu bewegen. Die grosse schöne Kirche ist dann alle Tage fast gedrängt voll. Aber wohl noch lieber als in die Kirche gehen die Appenzeller zum Tanz; die bei ihnen so geheissenen 'Resstage'[49] gehen ihnen über alles. Wenn schon ein halbes Dutzend Mädchen sich wegen der leichten Kleidung und Anstrengung den Tod holen, der Tanz wird von den Andern nicht aufgegeben. Ich selber wurde oft zu einem schönen, jungen, reichen, aber kranken Mädchen gerufen, das seine Krankheit auch beim Tanzen geholt hat. Es wusste, dass es sterben müsse, und ist wirklich gestorben, aber ich habe nie von ihm gehört, dass es sein Bedauern über das Tanzen ausgesprochen hätte und dass es nicht mehr tanzen wolle, wenn es wieder die Gesundheit erlangen würde.» (S. 612 ff.)

Die Tätigkeit der Kapuziner in Appenzell war anstrengend; es galt, für die Seelsorge bei jedem Wetter weite Wege zu machen. Pater Keust war ein beliebter Prediger. Unter anderem sprach er auch bei der Stossfahrt.[50] «Schon am Vorabend wurde durch öfteres aussergewöhnliches Sturmläuten das Volk aufmerksam gemacht. Am Morgen früh sammelten sich die Männer, Jünglinge und Knaben bei der Kirche, denn nur diese dürfen Antheil nehmen; die Weiber und Töchter müssen daheim bleiben und werden von 4 Männern, die mit Helebarden versehen sind, bewacht. Wahrscheinlich hat es früher, als das weibliche Geschlecht auch mitgehen durfte, Dummheiten abgesetzt, so dass dann für nöthig erachtet wurde, das fromme Frauenvolk, das auch noch anderes, als fromm sein, kann, wenn es sein muss, daheim zu lassen». (S. 624 f.)

Keust war auch Spiritual («Direktor») des Kapuzinerinnenklosters; er berichtet von der Profess einer Schwester Angelina, die er schon als Kind in Flums gekannt hatte. Er war bei der Feier geistlicher Vater. Kam Besuch nach Appenzell, liess er den «blinden Bueb», einen älteren Mann, kommen, der mit der Handharmonika ganz ausgezeichnet musizierte. Begeistert berichtet er von seinen Bergtouren, vor allem zum Wildkirchli und auf die Ebenalp, wo er eine Stelle kannte, die ihn zum langen Träumen einlud.

Keust beschreibt eingehend die Landsgemeinde, bei der sich die Souveränität des Volkes manifestiere, aber auch sein Wankelmut, was er vor allem am Beispiel der Wahl eines ehrenhaften Mannes der liberalen Richtung zum Landammann illustriert. Dieser war zwei Jahre zuvor mit «Trommen und Pfeiffen und Jubel weggemehret und gesprengt» (abgewählt) worden. Gewisse antiklerikale Beiträge, die in der «Appenzeller-Innerrhoder-Zeitung»[51] erschienen, veranlassten Keust zu einigen Entgegnungen, schliesslich zu weiteren Beiträgen. In der Folge wurde dann auch das Tagebuch seiner Romreise abgedruckt, was offenbar eine Zunahme der Abonnentenzahl bewirkte.

Die Auseinandersetzungen im Vorfeld der Totalrevision der Bundesverfassung von 1871/72 erschwerten auch die Arbeit der Kapuziner. Keust bezeichnet die Vorlage als böses Machwerk. Sie ging bei der Abstimmung wuchtig bachab. «Bei der Gemeinde in Appenzell, die in der Kirche abgehalten wurde, haben die Weiber eine lustige Rolle gespielt, und zwar ausserhalb der Kirche. Sie hatten vernommen, dass die Annehmenden auf der linken Seite zur Thüre sich hinausbegeben mussten und die Verwerfenden zur rechten Seite. Da begab sich eine grosse Zahl Frauen und Jungfrauen hinter die Kirche und postirten sich so, dass die Annehmenden recht eigentlich Spitzruthen zu laufen hatten. Es waren verhältnissmässig nur ganz wenige, und wenn dann wieder einer zur Thüre herauskam, wurde er verlacht und verspottet und mit witzigen Bemerkungen überschüttet, dass er krebsroth vor Zorn und Schaam sich so geschwind davon machte als möglich. Ist ihnen recht geschehen! Schande und Schmach allen diesen!» (S. 670) Bei solchem Ungestüm blieb wenig Gelegenheit für das Photographieren: «Zum Photographiren hatte ich während meines Aufenthaltes in Appenzell nicht gar viel Zeit, aber verschiedene Aufnahmen habe ich doch gemacht und zwar solche, die mich freuen.» (S. 671)

So kennzeichneten Erfreuliches und Belastendes den Aufenthalt in Appenzell. Doch so schwer fiel Keust noch kein Abschied nach den drei Jahren. «In meinem Tagebuch, welches ich damals führte, heisst es unter dem 18. August:

Auch bei den Schwestern in Sancta Maria der Engel in Appenzell,[52] bei denen ich nun drei Jahre lang Seelenführer gewesen, ist's vorüber! Ich habe Abschied genommen. Gott Lob und Dank, dass es vorüber ist! Es hat mir fast das Herz zersprengt, als ich Angelina weinen sah. Der l. Gott wird sie nicht verlassen, auf ihn muss sie ihr Vertrauen setzen; mit den Menschen ist's ja nichts. Lebet wohl, Ihr l. Schwestern, die Ihr drei Jahre lang mir viel Gutes gethan, für mich gebetet und Ehrfurcht, Liebe und Freundschaft mir entgegengebracht! Lebe wohl, theure Angelina! Deine l. Eltern und Geschwister hast du verlassen um Jesu willen, jetzt musst du dich auch trennen von mir, den du als zweiten Vater ehrtest und liebtest! Wir finden uns ja einst hoffentlich im Himmel wieder, wenn wir als brave rechtschaffene Ordenspersonen leben und als solche sterben. Schwer ist mir der Abschied auch geworden im Waisenhaus. Die Kinder weinten alle und die Schwestern mit, und auch ich brachte kein Wort mehr aus dem Mund, die mühsam zurückgehaltenen Thränen erstikten meine Stimme.» (S. 672 f.) Diese Zeilen bilden ein beredtes und offenes Zeugnis für die starke Emotionalität, wie sie auch fromme Ordensleute kennen. Etwas später beschreibt Pater Keust seine Gefühle, als er von der Höhe zum letzten Mal auf den Flecken Appenzell hinuntersah: «Das Herz war dort für mich noch eine wahre Landplage, und es ging noch lange, bis es ruhiger wurde, im Grunde genommen macht es jetzt in den alten Tagen noch seine einfältigen Sprünge.» (S. 674)

Mitten im Kulturkampf

Dieser Abschied schmerzt Pater Keust noch lange, die Welt kommt ihm schal vor, auch in seiner ersten Zeit als Guardian in Dornach (1872). Ohne es zu ahnen, geht er hier ohnehin einer schweren Zeit entgegen, dem Kulturkampf. Er beginnt nun, wörtliche Passagen aus seinem früheren Tagebuch in die Erinnerungen einzufügen. Am 18. Sept. notiert er z. B.: «Heute vor 44 Jahren habe ich das Licht der Welt erblikt. Schon 4 Jahre ist das Schwabenalter[53] vorbei und noch immer so unweise und unverständig! Wie bald werde ich nun ein Greis sein, wenn mich Gott am Leben lässt? Ich muss besser werden und eifriger nach Tugend und Vollkommenheit streben, sonst nützt mir das Leben nichts. Gott segne und stärke mich!» (S. 680 f.)

Gegen Ende des Jahres beginnen die Auseinandersetzungen zwischen dem Bischof von Solothurn, Eugène Lachat, und der Regierung. Der Bischof hatte den nonkonformen Pfarrer Paulin Gschwind von Starrkirch und Dullikon suspendiert, der sich gegen das Dogma der päpstlichen Unfehlbarkeit aufgelehnt und sich den bischöflichen Anordnungen nicht gefügt hatte. Die Regierung stellte sich aber schützend hinter Gschwind und beliess ihn im Amt. In der Folge kam es 1873 zur Absetzung und Vertreibung des Bischofs durch die Diözesankonferenz, unter dem Diktat der Solothurner Regierung.[54] Während dieser Zeit wirkte Pater Keust als Pfarrverweser in Arlesheim. Auch hier gab es Versuche, den Altkatholizismus einzuführen. Keust gelang es jedoch, eine Spaltung unter den Gläubigen zu verhindern. Schwer traf ihn der unerwartete Tod von Abt Leo Stöcklin in Mariastein (1873), seines geistlichen Vaters. Während des Kulturkampfes erscheint Keust als unerschrockener Parteigänger. Offenbar anerkannten ihn auch die Gegner als aufrechten Verfechter seiner Grundsätze. Durch den Kulturkampf, der ja wesentlich von Preussen ausging, wurde den Kapuzinern die seelsorgerliche Aushilfe im deutsch gewordenen Elsass verunmöglicht, die auf eine lange Tradition zurückblickte.[55] Ein Gang zum preussischen Kreisdirektor in Mülhausen erwies sich als vergeblich. Bei dieser Gelegenheit besuchte Keust auch das Trappistenkloster Ölenberg: «Ich war müde, als ich dort ankam und durstig und hungrig, aber es war gerade die Zeit der Komplet, und wollte ich das berühmte Salve Regina von den Trappisten singen hören, so musste ich auf der Stelle in die Kirche gehen, und ich ging. Es befanden sich auch noch andere geistliche Gäste dort und ein junger preussischer Offizier, der Exerzitien machte. Das Salve wurde ungemein langsam gesungen, es kam mir aber auch ungemein langweilig vor. Es hat mich eher gemartert als erfreut, obschon die andern Gäste nicht genug loben konnten. Ich war froh, als endlich das 'Amen', das 'Amen', das kein Ende nehmen wollte, verklungen war, und ich mit Bier meinen Durst löschen konnte.» (S. 707) Er verbrachte die Nacht im Kloster, war aber froh, Kapuziner und nicht Trappist zu sein. Die Kapuziner in Dornach bekamen mehr und mehr die feindselige Stimmung der Antiklerikalen zu spüren. «Bei der Anlegung der Jurabahn[56] wäre dieselbe mitten durch das Convent gekommen, wenn es nach dem Wunsche eines Magnaten in Dornach gegangen wäre. So aber begnügte man sich mit einem Stück vom Garten.» (S. 710) Selbst sein Bruder Bernard, den er sehr liebte und der Fürsprecher in Dornach geworden war, stand auf seiten der Regierung und pflegte, offenbar aus politischen Rücksichten, wenig Umgang mit ihm.

Eine ruhige Zeit in Solothurn

1875 wird Pater Keust als Vikar (Stellvertreter des Guardians) nach Solothurn mutiert; er geht gerne dorthin. «Sobald ein Kapuziner mutirt ist, fühlt er sich am alten Ort nicht mehr zu Hause, seine Gedanken sind schon am neuen Ort, und je eher desto lieber packt er auf und begibt sich an den neuen Bestimmungsort. Am neuen Ort wird er gleich als Familienglied angesehen, und am alten Ort ist er fremd geworden, wenn man ihn auch noch so gerne gehabt hat, es tritt ein anderer an seine Stelle, er ist überflüssig. So ging es auch mir in Dornach; ich packte meine Siebensachen wieder ein und ging still, wie ich vor drei Jahren gekommen, wieder fort. Die Kapuziner und die

Landjäger haben es fast gleich, da heisst es wandern von einem Ort zum andern.» (S. 732)

Keust verbrachte ein glückliches Jahr in Solothurn, vor allem weil Pater Bernhard Christen, sein alter Freund, dort Guardian war. Während das Kapuzinerkloster Olten von den Antiklerikalen stark angefeindet wurde, blieben die Verhältnisse in Solothurn ruhig. «Obschon ich schön Zeit gehabt hätte zum Photographiren, habe ich doch selten es gethan. Unter anderm machte ich da auch die Photographie des P. Bernard, die ich eigentlich von ihm erbetteln musste, weil er nie sitzen wollte. Und dieses war nun die Photographie, die einige Jahre später in der ganzen Welt herumgeboten wurde, in Europa, in Amerika, in Asien, in Afrika. Sie kam in den illustrirten Zeitschriften, in den Zeitungen und in den Kalendern und mitunter so schlecht und entstellt, dass ich fast böse wurde und P. Bernard von Rom aus selber mir schrieb, dass er mir wahrlich nicht danke für das Unheil, das ich gestiftet habe. Er habe die Photographie in einer italienischen Zeitung gesehen und er sei erschrocken über das entsetzliche Bild, das ihn, den General des Kapuzinerordens, vorstellen sollte. Das Atelier, in welchem ich diese berühmte Aufnahme machte, war der Holzschopf unsers Klosters, in welchem der bekannte Klosterknecht Jean oder Hans mit der Tabakspfeife im Munde Holz spaltete und sägte. Wenn ich damals auch nur hätte ahnen können, dass ich in diesem herrlichen Atelier, geziert und ausgestattet mit allerhand Holzspälten und Holzklötzen und dem Sagstuhl des Hans, den künftigen General des Ordens photographiren würde, so hätte ich ganz bestimmt nicht gewagt, unter Lachen, Spott und Hohn ihm Vorschriften zu machen, wie er sich setzen soll, wo er hinschauen soll, wie er seinen Kopf drehen soll, wie er seinen Hut halten soll, wie er jetzt auf's Kommando 1,2,3,4 sich stille halten soll. Für die ganze Komödi hatte er nur ein kleines Lächeln und war schliesslich zufrieden, dass es vorüber war. Item, ich hatte den künftigen General photographirt, und die Photographie freute mich, obschon ich das nicht gewusst hatte und er selber natürlich auch nicht. In diesem Jahr übte ich mich aber so zimlich im Geigen, freilich nie lange, höchstens 2 bis 3 Minuten, dann hatte ich mehr als genug. In Dornach kam mich nämlich die Laune an, geigen zu lernen, und ohne zu denken, erbat ich mir von meinem geistl. Vater, P. Leo, eine Geige, die Niemand mehr brauche. Ich bekam eine und zwar noch eine recht gute zum Geschenk. Ich war freilich im Alter schon vorgeschritten, ich glaube, ich ging im 48sten und kannte die Geige nur dem Namen und der Form nach, nicht einmal die Namen der Saiten waren mir bekannt. Von einem Bogenstrich, wie er etwa sein sollte, keine Spur von Kenntniss. Ich kam mir bei diesem Alter vor, wie ein Esel, der in seinen alten Tagen noch auf's Eis sich begibt, um tanzen zu lernen. Vielleicht traute ich aber meinem guten muskalischen Gehöre viel zu, denn das wurde in der Jugend bekanntermassen ungemein fein ausgebildet bei der Trompete und den Pauken. Zuerst musste ich natürlich die Töne suchen, und wie fein sie klangen, kann man sich denken. Meine Studien begann ich nicht ganz regelrecht, wie ich glaube, etwa mit der Tonleiter, sondern mit dem 'Luterbacher', und als ich diesen so leidlich los hatte, kam an die Reihe: 'O du lieber Augustin u.s.w.' Zwischen hinein machte ich mich an's Grütli-Lied, dann folgten Lieder aus den Marienrosen, und nach und nach probirte ich auch, nach den Noten zu geigen, was mir aber nur schwer von Statten ging, namentlich, wenn etwa ein Kreuzlein oder ein b im Wege stand. Ich hackte halt gleichwohl darauf los, theils zur Freude und Belustigung meiner Mitbrüder, theils auch zu ihrem Ärger und Verdruss. Einst wollt ich auch einer schönen grossen Angorakatze, die gerne Stunden lang in meiner Zelle still auf einem Stuhle lag, mit meinem Spiel eine Freude bereiten, und nahm desshalb die Geige hervor und spielte ihr den 'Lauterbacher' vor. Im Anfang hat sie den Kopf gedreht und mir einen wehmüthig bittenden Blick gegeben, ich möchte doch um Gottes Willen aufhören. Als ich nicht aufhören wollte, verliess sie die liegende Stellung und erhob sich, krümmte den Rücken und wedelte ganz langsam und verdächtig mit dem Schwanze, den sie auf ganz sonderbare Weise hängend hielt, schaute mich abermal ungemein vielsagend an, und als ich auch jetzt noch kein Mitleid mit ihr zeigte, nahm sie einen weiten Gump bis zur Thüre und fing marterlich an zu heulen und zu schreien. Ich glaube, das arme Thier wäre toll geworden, wenn ich fortgefahren und ihm die Thüre nicht geöffnet hätte. Sie ist davon gesprungen, als wenn sie Gift bekommen hätte, und von dort an hat sie sich nie mehr in die Nähe meiner Zelle gewagt. Anders verhielten sich die Vögelein, die ich vor dem Fenster fütterte und die schaarenweise sich einfanden. Diese liebten das Geigen und schauten mit ihren schwarzen Äugelein so freundlich durch das Fenster, als wollten sie mir danken für den

Unterhalt. Sie sind freilich bei mir in Verdacht gekommen, sie stehen mit ihrem muskalischen Gehör mit mir auf gleicher Linie, aber ich hatte es doch gerne, dass sie es mir nicht machten, wie die Katze.»

«In Solothurn also setzte ich mein Geigen fort und zwar, damit ich es gleich sage, zur grössten Freude des Guardians Bernard, der sich ob meinem muskalischen Talente höchlichst verwunderte, von welchem er bisher keine Ahnung gehabt hatte. Es nehme ihn nur Wunder, hat er gesagt, was ich noch beginne und für Talente an Tag bringen würde. Am meisten Freude hatte er, wenn ich recht falsch in die Saiten griff, er meinte nämlich, dass das nicht jeder Violinspieler zuwege bringen könne, so etwas verrathe den Meister; schön nach den Noten geigen, das könne Jeder, der auch nur etwas Weniges gelernt habe, aber so geigen, wie ich geige, das verstehe nicht ein Jeder, das bringe nur einer zu Stande, der ungefähr 50 Jahre lang sich vorbereite, um dann mit voller Geisteskraft der Geigerei sich hinzugeben.» (S. 739 ff.)

Eine weitere Stelle belegt diesen Sinn für Humor und Selbstironie: «In Solothurn fand unter anderm auch eine grosse Veränderung mit mir statt. In Appenzell stellte ich nämlich eine falsche Behauptung auf, die ich mit Genehmigung Roms[57] konsequent fortsetzte bis nach Solothurn, wo ich diese falsche Behauptung wieder aufgab trotz kirchlicher Genehmigung. Die falsche Behauptung besteht nämlich in einer Perüke, die ich in St. Gallen mir um theures Geld machen liess. In meiner Jugend und auch noch als Student hatte ich einen Haarwuchs wie ein Fuder Heu, so dass die l. Mutter mich gar oft bat, das Haar schneiden zu lassen, sie könne mich nicht ansehen in diesem Busch. Im Noviziat bin ich krank geworden, und von dort an fing das Haar mir zu lichten an. Trotzdem ich Kapuziner war und für die Welt verkauft und unbrauchbar, habe ich doch einen grossen Respekt gehabt vor meiner Glatze. Anfangs suchte ich mit den Haaren am Nebenkopf dieselbe zu decken; es ging so leidlich, dann aber fingen die Haare des Nebenkopfes ebenfalls an rarer zu werden. Darauf griff ich zum Hinterkopf und liess jene Haare länger wachsen, strich sie nach Vornen nach dem evangelischen Grundsatz: 'Die Letzten werden die ersten sein.' Da hatte ich freilich gar oft meine liebe Noth, namentlich wenn der Wind stark wehte und ich etwa auf den Friedhof hinaus musste oder an einer Prozession Antheil zu nehmen hatte.»

Nachdem sich Pater Keust zum Erwerb einer Perücke entschlossen hatte, beschreibt er deren Wirkung: «Eines Tages war mein Kopf mit Haaren bedeckt, und Niemand hat es bemerkt, nicht einmal meine Mitbrüder. Nur die Kinder im Waisenhaus meinten, der P. Guardian habe sich die Haare schneiden lassen; auch sie merkten die stattgefundene Veränderung nicht, so natürlich war die Perüke angefertigt und den übrigen Haaren an der Seite des Kopfes und dem Hinterkopfe angepasst. Mein Gott, wie schwer musste ich jahrelang diese Eitelkeit büssen! Kein Mensch kann glauben, in was für Verlegenheiten sie mich gebracht hat. So oft ich einen kurzen Augenblick mich auf's Ohr legen wollte, musste ich das Zeug ab dem Kopfe heben, dann klopfte Jemand und dann musste ich aufspringen und entweder die Kappe suchen oder in aller Eile die Perüke aufsetzen, die dann halb oder ganz verkehrt zu sitzen kam. Beim Wind musste ich immer darauf bedacht sein, dass sie mir nicht samt dem Käppchen davongetragen wurde; wenn ich schwitzte, löste sich das Harz auf und die Haare waren gefährdet; in der Sakristei beim Abnehmen des Messgewandes riss mir ein unbeholfener, nichts Arges ahnender Sigrist dieselbe einige Male ab, so dass sie vor seinem erschrockenen Auge und denen der lächelnden Ministrantenbuben zu Boden fiel, wo ich sie wieder aufheben konnte, weil Niemand das Ding anzurühren sich getraute. Einige Male begegnete es mir, namentlich einst in der Kirche zu Rorschach, dass sie während der Predigt sich von der Haut loslöste und bereits drunten im Nacken sich befand. Ich musste desshalb darauf sinnen, wie und auf welche Weise ich ihr wieder an den rechten Ort verhelfen könnte, denn geschehen musste es unter allen Umständen. Ich wagte desshalb gegen alle Regeln der Rhetorik eine ganz verzweifelte Aktion; bei einer etwas ernstern Stelle hielt ich mit beiden Händen den Kopf, suchte die nach Hinten gerutste Haarparthie geschwind nach Vornen zu ziehen und auf dem Kopfe fest zu drücken und dann fortredend zu den gehörigen Aktionen zurückzukehren. Dass das keine kleine Kunst war, vor einem so grossen Publikum einen solchen Saltum mortale zu thun, das kann nur der fassen und begreifen und würdigen, der wirklich in einer solchen fatalen Stellung gewesen ist. Wer aber nun glauben würde, dass dieses die grössten Verlegenheiten gewesen seien mit meiner verdrakten Perüke, der täuschte sich sehr; diese waren nur der Anfang, es kam noch viel, viel schlechter, es kam so schlecht, dass ich es nicht mehr aushalten konnte. Da hiess es einfach: Farbe bekennen, haue oder steche es! Im Laufe der Zeit gestaltete sich nämlich die Sache so: Die Haare der Perüke, die vielleicht von einem alten Weibe herstammten (ich wusste es ja natürlich nicht), waren schön schwarz, aber mit etwas grau melirt und passten ganz genau zu meinen noch übrig gebliebenen. Mit der Zeit aber färbten sie sich in's Kastanienbraun und sogar die weissen Haare, gerade sie, wie die schwarzen. Mit dem jedoch war es nicht genug, obschon ich geglaubt hätte, es thue es jetzt, das Zeug wurde noch röther und immer röther, bis es roth war, wie ein Fuchs. Und währenddem in meiner Perüke diese abscheuliche Wandlung sich vollzog und die schwarzen und die weissen Haare immer röther wurden, wurden meine natürlichen Haare immer weisser, und immer grösser und schreiender wurde deshalb auch das Farbenspiel auf meinem armen alten Haupte. Von Ehrwürdigkeit jedoch bei mir keine Spur, wohl aber von Lächerlichkeit, denn ich trug jetzt, und zwar auf dem Kopfe, die Landesfarbe des Standes Solothurn, roth und weiss, wie der älteste des Geschlechtes Roth dieselbe am Leibe trägt und der Standesweibel. Es weiss der liebe Gott, dass ich keine Freude hatte, wenn ich meine Armseligkeit im Spiegel oder in einem Fenster erblickte. So konnte es nicht mehr gehen, je länger, desto weniger! Dem Zeug musste gründlich abgeholfen werden. Mit kühner Hand ergriff ich auf einmal den rothen Pelz und warf ihn an jenen Ort, wohin man alles wirft, das den Augen des Menschen entrückt bleiben soll. Wie ich einst in Appenzell plötzlich einen schönen Haarwuchs hatte, so hatte ich jetzt in Solothurn plötzlich einen Kahlkopf. Meine l. Mitbrüder schauten mich beim ersten Anblick verdutzt an und lächelten dann, und dann trug ich meinen Kopf höher als vorher. Ich habe mein kahles Haupt und meine grauen Haare, insoweit man etwa menschliche Armseligkeit in Abzug bringen will, ehrlich erworben, nur nicht mit vielem und angestrengtem Denken, denn das muss ich gestehen, dass dieses die Ursache nicht sein konnte.» (S. 744 ff.)

Zweiter Aufenthalt in Olten

1876 wird Keust Guardian in Olten. Das Klima in der Stadt ist zerstritten: Der grösste Teil der Bevölkerung war christkatholisch geworden, die Pfarrkirche war an das neue Bekenntnis übergegangen, die Kapuziner sahen sich schweren Angriffen ausgesetzt. Die Aufhebung des Klosters wurde in einer öffentlichen Versammlung beschlossen, wegen des Protestes aus dem ganzen Kanton aber nicht durchgeführt.[58] Das «Wochenblatt»,[59] redigiert von Redaktor Dr. Christen, einer führenden Persönlichkeit der Altkatholiken, schrieb gehässige Artikel gegen die Kapuziner und ihr Kloster; diese wurden nachts durch schrilles Läuten an der Pforte aus der Ruhe geweckt. Ein Stück der Klostermauern wurde niedergelegt, damit man einen Weg der Aare entlang erstellen konnte. Die Kapuziner wurden für den Terrainverlust nicht entschädigt. Gegen all das Unrecht schrieb Pater Keust Artikel in die Zeitung, verfasste sogar einen Roman, den «Bucherfranz».[60] Wegen eines pastoralen Verhaltens entfachte sich eine Pressepolemik um seine Person: Er war abends zu einem Schwerkranken gerufen worden, hatte ihn auf seinen Wunsch hin mit seiner Frau in der Wohnung katholisch eingesegnet und mit den Sterbesakramenten versehen. Da der Mann vorher altkatholisch geheiratet hatte, wurde das Vorgehen als Störung des konfessionellen Friedens angeprangert. Keust erhielt von der Solothurner Regierung einen schweren Verweis.

Aus heutiger Sicht erscheint die Angelegenheit kaum der Rede wert, passt aber in das gespannte konfessionelle Klima jener Zeit.[61]

Wieder in Mels

Mit Erleichterung nahm Pater Keust deshalb die Mutation nach Mels entgegen. Mit grosser Freude zog er dorthin, wo er so glückliche Jahre verbracht hatte. Er erkannte aber, dass sich manches gewandelt hatte. Viele Bekannte waren unterdessen gestorben, fast überall wirkten andere Pfarrer. Die Verkehrsverhältnisse hatten sich zwar verbessert, aber an Gemütlichkeit eingebüsst. Interessant liest sich die Bemerkung über das religiöse Leben: «So ungern gar viele Bewohner von Mels die Errichtung einer Fabrik einst gesehen hatten, weil so eine Fabrik allerlei Gesindel und leichte Waare zuziehen könnte, wurde gerade durch diesen Umstand der Empfang der hl. Sakramente und überhaupt das religiöse Leben befördert. Es gab sehr viele ausgezeichnete religiöse und tugendhafte Fabrikmädchen, die durch ihren Eifer und ihr gutes Beispiel einen heilsamen Einfluss ausübten.» (S. 817)

Pater Keust betreute vor allem die Missionsstation Trübbach, wo er in einem überfüllten Saal

24 Kapuzinerkloster Mels (Keust).

25 Die Mitbrüder in Mels (Keust).

predigte und Messe las, eine Pastoration, die er gerne versah, weil er sich bei diesen Leuten wohlfühlte und «ich wieder von einer qualvollen Angst wegen dem Predigen in einer grossen mit Volk angefüllten Kirche fast nicht mehr auftreten durfte». (S. 820) Ein Ausflug mit den Kindern der Christenlehre hatte unvorhersehbare Folgen: «An einem Sonntag wollte ich den Kindern eine Freude machen und sagte ihnen, dass wir, wenn sie zu Mittag gegessen haben, gemeinsam einen Spaziergang ins Lichtensteinische hinüber nach einer etwa eine halbe Stunde entfernten Kapelle der Mutter Gottes, Maria Hilf in der Nachbargemeinde Balzers, machen wollen. Der Antrag wurde von den Kindern mit grossem Jubel begrüsst. Um 1 Uhr waren die Kinder schon wieder im Seidenbaum [Haus, in dem die Gottesdienste stattfanden], und nun ging es recht fröhlich über den Rhein der einsamen auf dem Felde stehenden Kapelle zu. In der Kapelle beteten wir, auch hielt ich eine kleine Anrede über die Verehrung der Mutter Gottes, dann wurde noch ein wenig gesungen, so gut es etwa gehen mochte, und dann kehrte ich mit der Schaar im nahen Klein-Mels bei unserm sogenannten Kapuzinervater, der eine Wirthschaft hatte, ein. Jedes Kind bekam ein Glas Wein, ein rechtes Stück Brod und ein wenig Käs. Ich sorgte so gut ich konnte, dass kein Kind zu viel trank, und glaubte auch wirklich, alle Vorkehrungen getroffen zu haben. Aber ich hatte die Rechnung ohne den Wirth gemacht, der aber auch so schuldlos war, wie ich selbst. Einige Kinder tranken zu schnell, und anderen war ein Glas zu viel und schoben es desshalb dem Nachbarn oder der Nachbarin zu. Die Kinder waren ungemein gut aufgelegt, lachten und scherzten und hatten grosse Freude, – das alles bewirkte, dass der wenige Wein ihnen in den Kopf stieg. Als ich bezahlt hatte und mit den Kindern wieder auf der Strasse mich befand, musste ich leider Gottes die Beobachtung machen, dass einige zu viel getrunken hatten und

26 Mels mit Blick auf Sargans und Gonzen (Keust).

desshalb nicht mehr recht auf den Beinen waren. Ich hatte im Sinn gehabt, mit ihnen noch die herrliche Schlossruine zu besuchen, aber aus dem gab es nichts mehr. Die Buben prügelten einander, warfen sich über das Strassenbord, einige kleinere Mädchen konnten kaum mehr recht stehen und lachten noch darüber. Ich musste zwei an den Händen führen, und die ganze kleine Schaar war ausser Rand und Band, dass ich mir nicht mehr zu helfen wusste. Ich hätte mich in die Erde verkriechen mögen vor Scham, und nun musste ich mit ihnen wieder durch das reformirte Trübbach, durch das wir etwa vor 2½ Stunden so wohlgeordnet und stolz gezogen waren. Gott sei Dank, dass die halbe Stunde Weges die Kleinen wieder ein bischen ernüchterte. Aber in Trübbach angekommen, verliess ich die Kinder so geschwind als möglich und ging zu Fuss heim mit dem festesten Vorsatz, keinen Spaziergang mehr mit den Kindern zu machen. Ich hatte genug an diesem Vergnügen.» (S. 822 ff.)

«Obschon ich unterdessen viel Arbeit hatte, gab ich mich doch recht viel, fast zu viel wieder mit der Photographie ab. Es gab in unserm Kloster so viele schöne Stellen zu prächtigen und malerischen Aufnahmen, dass ich eigentlich innerlich gedrängt wurde, dieselben zu machen. Auch ausser dem Kloster fand ich schöne Stellen, die ich fixiren musste. Weil damals aber die bequemen Trockenplatten noch nicht bekannt waren, war das Photographiren ausserhalb des Klosters mit grossen Schwierigkeiten verbunden.» (S. 825) Pater Keust beschreibt eine längere Bergtour, die er in Begleitung von Melsern unternahm und bei der er auch den Photoapparat mitschleppte. Leider wurden die Aufnahmen, nach seinem Urteil, wegen der technischen Schwierigkeiten nicht schön genug.

Und wieder mischen sich Schalk und Selbstkritik in seinen Text: «In Mels hatten wir, so lange ich dort war ein Original als Senior, nämlich den P. Thimotheus.[62] In seinen jüngeren Jahren war er ein wackerer Mann mit vieler Energie, der viel studirte und auf der Kanzel seinen ganzen Mann stellte. Seine grosse gebogene Habichtsnase zeigte an, dass der Mann einen festen Charakter habe und sich vor der ganzen Welt nicht fürchte. Er redete viel und gerne von sich selbst und seinen Erlebnissen, ich glaube sogar, dass ich selber von diesem seinem Fehler angesteckt worden bin. Er hatte sich auch verschiedene Redensarten angewöhnt, die er kaum mehr erkannte und bemerkte. So zum Beispiel: 'So hin, so her und allzusammen', ob es dann passte oder nicht passte. Auch das 'also' war ihm fortwährend im Munde, so dass er es in einer einzigen Predigt so 2–300 Mal sprechen konnte, ohne es nur zu merken. Einst machte ihn ein Mitbruder darauf aufmerksam und meinte, es sei schade, dass er so viel Mal 'also' sage in der Predigt. Der kam aber schön an. Der Pater Timothé konnte und wollte das nicht auf sich beruhen lassen, das sei eine wahre Verleumdung. Er begab sich desshalb zum Guardian und bat ihn, dass er das nächste Mal im Kloster predigen könne, um zu zeigen, dass das nicht wahr sei und dass er das 'also' nie spreche. Der Guardian übergab ihm wirklich die nächste Predigt im Kloster, und der P. Senior hatte Freude, sich gründlich rechtfertigen zu können. Also die nächste Predigt im Kloster hielt der Pater Thimothé, und als er selbstbewusst, das 'also' nie, auch nicht ein einziges Mal gebraucht zu haben, ging er zum P. Guardian und sagte zu ihm: ' 'Also' haben Sie jetzt selbst gehört, so hin, so her und allzusammen, dass ich das 'also' nie gesprochen habe, so hin, so her, und dass es eine Verleumdung war, so hin, so her, dass ich in der Predigt immer 'also' spreche, so hin, so her und all zusammen. 'Der gute Mann hatte in der gleichen Predigt, wie nachgezählt wurde, über 200 Mal das 'also' gebraucht, aber der Guardian lächelte und schwieg, er war vollständig überzeugt, dass der P. Senior es total nicht merkte, so war ihm das 'also' in Fleisch und Blut übergegangen und zur Gewohnheit geworden. Im Publikum wurde der Mann 'also' genannt und unter diesem 'also' gekannt. Er ist Jubilat geworden, aber jetzt todt. Er ist gegangen, so hin, so her, wo alle hingehen.» (S. 833 ff.)

Anstelle eines verstorbenen Paters wird Keust zum Aushilfsbeichtiger (Extraordinarius) bei den Prämonstratenserinnen auf Kloster Berg Sion[63] (im st. gallischen Seebezirk) bestimmt. Oft muss er dort für längere Zeit weilen. Es sind glückliche Tage für ihn, und gerne schaut er vom herrlich gelegenen Klostergarten ins Tal hinunter: «Seit dem Bestand des Klosters, der aber nur ins vorige Jahrhundert zurückreicht, soll noch keine 10 Sekunden das Gebet unterblieben sein. In den 40ziger Jahren schlug eines Abends der Blitz in die nahe Scheune und äscherte sie ein.[64] Auch das Kloster brannte und war ganz mit Rauch angefüllt, aber die zwei betenden Schwestern fuhren im Gebete fort. Da kam der P. Beichtiger und nahm das Allerheiligste aus dem Tabernakel, um dasselbe zu flüchten. Die zwei Schwestern eilten ihm, immer betend, bis in ein unten sich befindliches Bauernhaus nach und setzten dort das Gebet fort. Schnell herbeigeeilter Hilfe gelang es, das Kloster zu retten. Das hl. Sakrament wurde wieder geholt, die Schwestern gehen mit, und als ihre Stunde vorbei war, lösten sie zwei andere Schwestern ab, und so geht es Tag und Nacht fort, wie in einer Uhr.» (S. 837 f.)

Als der Pater Beichtiger (Benedikt Frey, 1807–1887, Beichtiger von 1845–1886) sein Jubelfest 1881 (oder 1882) feiern konnte, wurde im Kloster in Anwesenheit des Bischofs von St. Gallen und des Abtes von Mehrerau eine Feier veranstaltet. «Das Kloster war schön und sinnvoll geziert, besonders der grosse, schöne Speisesaal. Als sich die Gäste im Saale zum Essen gesammelt hatten, in welchem Tisch an Tisch sich reihten, und Jeder sorgen musste beim Gebet, dass er ein Plätzlein zum Stehen erhielt, erklärte die damalige Frau Mutter,[65] eine grosse, schöne und kräftige Gestalt, nach dem Tischgebet, dass der Jubilat, Herr P. Beichtiger, wünsche, es möchte kein einziger Toast ausgesprochen werden, die Herren Gäste seien eingeladen worden zum Essen und Trinken und nicht zum Reden, und sie wünsche nun Allen einen recht guten Appetit. Das ist der Grund, warum ich diesen Festanlass hier niederschreibe. Man denke sich im Canton St. Gallen einen solchen Anlass, man stelle sich eine so grosse Zahl St. Galler Geistliche und Weltliche vor, die alle ohne Ausnahme bei einem solchen Anlass eine Rede in Bereitschaft hielten oder wohl auch zwei oder drei und sich darauf vorbereiteten, – und nun dieses Verdikt, dieses unerbittliche, unbarmherzige, grausame Zurückhalten des gewaltigen Redestromes, der zum Hervorstürzen bereit gewesen war! Ich hatte eine unaussprechliche Freude an den langen Gesichtern, die ich bemerkte, und auch daran, dass wir jetzt ohne Störung durch allerlei Lobhudeleien, wie sie bei solchen Anlässen vorkommen und von Niemanden ernst genommen werden, unter freundlichem

27 Dorfpartie bei Wangs (Keust).

Geplauder das vorgesetzte Essen und Trinken geniessen konnten.» (S. 838 ff.)

Ein Jahr in Rapperswil

1883 wird Keust als Vikar nach Rapperswil versetzt. Die Lage des Klosters am See, das damals noch durch keinen Weg vom Ufer abgeschnitten war, gefiel ihm zuerst nicht. Das änderte sich aber mit der Zeit, nicht zuletzt wegen des Badens im See, das er als angenehm und gesund empfand. Hier unterbricht Pater Keust plötzlich den gewohnten Gang seiner Notizen mit der Bemerkung, dass in dem Augenblick, wo er dies niederschreibe, am 8. März 1892, ein lieber Mensch im Todeskampf liege und er dies habe notieren müssen, «um meinem so gepressten Herzen Luft zu verschaffen». (S. 853) Auch über die Klosterfamilie kommt grosses Leid, weil ihr ein Mitbruder zur Schande gereicht; dafür herrscht Freude, wie 1884 Pater Bernard Christen zum General des Ordens gewählt wird. «Obschon ich Gelegenheit gehabt hätte, in Rapperswil herrliche photographische Aufnahmen zu machen, liess ich es bei nur ganz wenigen bewenden. Ich hatte alle und jede Freude daran verloren, und so sah es auch aus mit dem Geigen.» (S. 863)

Erneut in Mels

Schon nach einem Jahr erfolgte die Versetzung als Guardian nach Mels, wo ihm der Vorgänger eine schlechte Presse hinterlassen hatte. Der Anfang war schwierig, und diese dritte Periode in Mels sollte Keust eher belasten. Er verfasste dort einen weitern Roman, «Am Ziele», der unter einem Pseudonym in der Zeitschrift «Rafael» erschien. Ausführlich beschreibt Keust verschiedene Pastorationsgänge nach Vättis, auch als Pfarrverweser nach Valens, u. a. an einem Jahresende, wo zu seinem Unwillen im Gasthaus kein geheiztes Zimmer zur Vorbereitung der Predigt bereitsteht. «Ich hätte so gern ein einsames Plätzlein gehabt, aber ich musste da bleiben und war wunderlich und unwirsch zum Erbarmen. Ich kann heute noch nicht begreifen, dass die Wirthsleute sich nicht furchtbar von mir abgestossen fühlten und auf einen solchen störischen Gast nicht gleich Verzicht geleistet haben. Der Wirth war ein lieber freundlicher Mann, seine Frau eine freundliche zuvorkommende Frau und Sohn und Tochter Marie herzensgut, aber still. Gleich nach dem Nachtessen verlangte ich nach dem Zimmer zum Schlafen. Es war ein recht schönes und freundliches, und ein gutes Bett nahm mich nach einem kurzen Gebet auf. Schon vorher hatte mir aber die Wirthin bemerkt, dass es ihr um mich leid thue, diese Nacht, weil ich wahrscheinlich nicht schlafen könne. Es sei halt schon lange in Valens Gebrauch, dass am Neujahrsabend die jungen Burschen ins Wirthshaus gehen und dann vor den Häusern ihrer Geliebten Schüsse abgeben, und zwar die ganze Nacht hindurch. So kam es auch wirklich. Unten in der Wirthsstube war Lärm, dann Getrampel beim Hinausgehen, dann Schüsse bald in der Nähe und bald in der Ferne, dann wieder Getrampel beim Kommen, dann, wann ich glaubte, einschlafen zu können, wieder die gleiche Geschichte wiederholt und so die ganze lange liebe Nacht hindurch bis Morgens 5 Uhr, und ich vermuthe, man sei dort noch nicht ganz fertig gewesen. Dann musste ich aufstehen und in den Beichtstuhl mich begeben, wenn auch nicht gar lang. Das war die erste Nacht in Valens, aber dann später war ich ganz unbehelligt und zwar im Pfarrhaus, wo ein Zimmer wohnlich hergerichtet wurde.»

«Nach dem Gottesdienste, der zur allgemeinen Zufriedenheit ausgefallen war, befand ich mich in einer freundlicheren Gemüthsstimmung. Auch fiel mir auf, dass in diesem abgelegenen Bergdorf so viele Herren und so viele Damen in vornehmer Haltung und Kleidung sich in der Kirche einfanden. Das war aber etwas ganz natürliches; in Valens wandert im Sommer alles aus, was dienstfähig ist oder entberlich, entweder als Kellner, Köche, Portiers, Schreiber, Führer, Badmeister, Kellnerinen, Köchinen, Badmeisterinen, Wascherinen, Zimmermädchen, Aufwärterinen oder als sonst etwas, so ich nicht einmal dem Namen nach kenne, ins nahe Bad Pfefers hinab oder nach Ragaz oder anderswohin. Im Winter ist dann die ganze Mannschaft, männlich und weiblich, daheim, und weil sie immer im Sommer sich schön kleiden muss, behaltet sie dieses auch im Winter bei. Die Leute bekommen im fortwährenden Umgang mit der grossen Welt einen eigentlichen Weltschliff.» (S. 882 ff.)

Auf Geheiss des Gemeindepräsidenten war Pater Keust in Ragaz mit dem Schlitten abgeholt worden, der ihn durch die Schlucht bis zum leerstehenden Bad führte. Die Rückfahrt hatte ihre Tücken: «Ich befand mich auf einem offenen Schlitten und sass hinter dem Fuhrmann seitwärts, ohne mich an etwas halten zu können. Es schneite fortwährend, und desshalb bemerkte das sonst so sichere Pferd einen von der Höhe gefallenen kleinern Eisklotz nicht, weil er überschneit war, stolperte an demselben, in Folge dessen der Schlitten einen gewaltigen Stoss erhielt, und ehe ich dessen nur bewusst war, lag ich weit unten am steilen Taminaufer im Schnee. Wäre kein Schnee gewesen, so würde ich ganz bestimmt in die Tamina hinabgefallen und ertrunken sein. Wäre aber kein Schnee gewesen, so würde ich das Unglück natürlich auch wieder nicht erlebt haben. Mehr erschrocken bei dem plötzlichen Unfall, als ich selber, war der Fuhrmann, denn ich hatte zum Erschrecken nicht einmal gehörig Zeit. Es waren noch nicht gar so viele Jahre verflossen, dass durch Scheuwerden eines Pferdes zwei Engländerinen und eine Frau Delfs aus Heidelberg in die Tamina hinabgeschleudert wurden und ertranken. Ganz wehmüthig bat mich der Fuhrmann, der ja ganz schuldlos war, doch ja nichts von diesem Unfalle zu sagen, es käme durch die ganze Welt und könnte dem Fremdenverkehr in Ragaz schaden.» (S. 884 ff.)

Verstimmungen blieben in Mels nicht aus, besonders als er im Auftrag des Bischofs der Gemeinde die Suspendierung eines jungen, beliebten Pfarrers mitteilen und begründen musste. So liess sich Keust gerne als Guardian nach Altdorf versetzen.

Im Kloster Altdorf

1887 begann also seine Altdorfer Zeit.[66] Schon der erste Augenschein in der Klosterkirche und vor allem im Klostergarten fesselte ihn: «Und dann erst im Garten oberhalb des Klosters, da ging mir das Herz auf. Die schönen Anlagen, die stillen Wege im Schatten junger Tännchen, die Grotten mit dem angenehm rauschenden kleinen Gewässer, der Springbrunnen, der Ölberg mit dem betenden Kapuziner, den man mit jedem Worte zu stören glaubt, die prächtige Aussicht auf die majestätischen Berge ringsum, die mir wie ein grossartiges Amphitheater vorkamen, Altdorf, der schöne Flecken zu Füssen, mitten in schönen grünen Matten; nach Süden die hoch gelegene Kirche in Schattdorf . . .» (S. 912 f.) Allein die drohenden Felsen des Bannwaldes im Rücken des Klosters ängstigten ihn. Die erste Nacht konnte er kaum schlafen. In der folgenden zündete er ein Petrollicht an: «In der zweiten Nacht wollte ich, um die grausige Furcht ferne zu halten, die Sache klüger anstellen; ich liess desshalb ein kleines Petroleumlicht in der Zelle brennen, damit es nicht so ganz schrecklich dunkel sei, wenn der Rummel losgeht und der Bergsturz erfolgt. Nach langem konnt ich endlich einschlafen, aber furchtbar erschreckt, fuhr ich auf, ich glaubte ersticken zu müssen. Die Zelle war mit Petroleumrauch und Petroleumgestank ganz angefüllt. Ich musste aufstehen und das Fenster öffnen. In diesem Augenblick drang der angenehme Ton des Klosterfrauenglöckleins durch die stille Nacht, die Schwestern zum Matutingebet rufend. Es war Mitternacht. Das Glöcklein wirkte beruhigend auf meine aufgeregten Nerven, der Petroleumdampf war verschwunden, das armselige Licht ausgelöscht, die Schwestern beteten, und ich selber fand, dass ich diese heilose Furcht ablegen und wieder verständig werden soll.» (S. 915 f.)

Pater Keust verstand sich als geistlicher Betreuer gut mit den Nonnen des Kapuzinerinnenklosters und wurde offensichtlich von ihnen geschätzt.[67] Die Liebe, das Gebet, die Fürsorge der Schwestern seien ihm während der spätern schweren Zeiten nötig gewesen. «Ich hatte eine unaussprechliche Freude, unser Kloster, unsere Kirche, unsern Garten, den Wald, Altdorf, das ganze Ländchen mit den majestätischen Bergen ringsum photographiren zu können, aber schon seit mehreren Monaten merkte ich etwas an mir, das mir schweren Kummer bereitete.» (S. 919) Eine Wunde an der Stirn wollte nicht heilen und erfüllte ihn mit dunklen Vorahnungen. Bei der Beerdigung eines Schwagers im Solothurnischen drängte ihn die Familie zur Operation. Der Eingriff war qualvoll; er wurde sitzend und bei verbundenen Augen ausgeführt, Keust beschreibt den Vorgang im Detail. Die Heilung dauerte wochenlang. Der ganze Prozess hatte ihn gealtert. «Die Narbe auf meiner Stirne bildet nun den Abendstern und mahnt mich daran, dass es dem Abend des Lebens zugeht, oder wohl schon da ist.»

«Das alles war aber nicht im Stande, mich im Photographiren zu hemmen. Ich konnte nicht genug Aufnahmen machen, überall sah ich die herrlichsten und geeignesten Plätzlein, und da wurde ich eigentlich gezwungen, die Sache zu fixiren und auf Papier zu bringen. Sobald ich aber eine Aufnahme hatte, sie mit Freude und Lust betrachtete, war sie mir nach kurzer Zeit total gleichgültig. So geschah es mir mit einem Kasten, der die Photographien zur Wirklichkeit vergrösserte und den P. Canisius[68] aussann und erstellte. Ich hatte eine so grosse Freude damit, dass ich ihn weiss der l. Gott um keinen Preis hergegeben hätte. Und kaum hatte ich ihn einige Wochen und erfreute mich eine kleine Zeit an den schönen, mit grosser Mühe hineingestellten, zahlreichen Bildern, mochte ich ihn nicht mehr ansehen. Er ist mir ganz gleichgültig geworden. So würde es mir wahrscheinlich mit Allem ergangen sein, was mir lieb und angenehm gewesen und dem Herzen erwünscht. Es ist eine arme Sache hienieden!» (S. 930 f.)

Die folgenden Jahre in Altdorf verlaufen ruhig, es sind ungetrübte Zeiten, ausser dass sich einige gesundheitliche Beschwerden einstellen. Damit, am 28. 3. 1892, endet die erste Niederschrift, einige spätere Einträge folgen. Es wurde stiller um Pater Keust. Eine Klassenzusammenkunft in Neuendorf war für ihn ein grosses Ereignis. Im Kloster weilten jetzt sieben Patres und vier Brüder. «Ein eigenartiges, frisches Leben herrscht gegenwärtig in unserm Kloster, wie nicht bald in einem andern Kapuzinerkloster, und zwar ein musikalisches. P. German,[69] der neue Prediger, spielt so ziemlich geläufig die Harfenzyther, P. Fulgens[70] Guitarre und ich die Violin. Wir haben eine grosse Menge schöner Stücke und musiziren, von Herrn Director Angele geleitet und unterstützt, dass es eine Freude ist. Ich habe es jetzt durch Übung und Unterricht des Herrn Angele so weit gebracht, dass keine Katze mehr davonspringen muss. Diese Musikstunden an Nachmittagen sind jetzt meine Freude und mein höchstes Vergnügen.» (S. 937 f.) Und doch plagt ihn ein geheimes seelisches Leiden, auf das er öfters anspielt, das ihn niederdrückt, ihm die Lust am Leben nimmt, bis eines Tages – an einem Neujahrstag – die Erlösung kommt. Die Gemütsschwankungen erschweren ihm aber weiterhin das Leben. So wenn am 1. Januar 1894 bei der Neujahrsfeier im Heiligkreuzkloster keine rechte Freude aufkommen will, weil er vom Liedvortrag der Nonnen zu sehr bewegt ist. «Es hatte ein Lied mich so ergriffen, dass ich fortwährend mich gegen die Thränen zu wehren hatte. Ein solch dummes Herz, wie ich eines in Besitz habe, ist ein Elend. Wenn es einem Weibe angehörte, so dürfte es mit Noth noch angehen, aber bei einem Mann ist es fast lächerlich und einfältig zum Erbarmen. Dann habe ich bei solchen Anlässen immer eine gewisse Furcht, die mich befangen macht. Mit wem soll man reden? Was soll man reden? Wie sich benehmen? Es sind so viele da, und alle sehen, hören, beobachten und urtheilen?» (S. 978 f.)

Das Leben hatte Keust misstrauischer gemacht. Als 66jähriger fühlt er sich alt, dem Sterben nahe. Seine Gedanken kreisen immer wieder um den Tod; Herzbeschwerden und Schwindelanfälle legen ihm dies nahe. Überhaupt zeugt der Text, der nun zum Tagebuch geworden ist, von dauernder Selbstanalyse. Die Gedanken drehen sich um das eigene Sein, um Fehler, die noch nicht überwunden, um Enttäuschungen, die einem beschert sind. Einmal notiert er, er werde nun daran gehen, sein eigenes Sterbeandenken (Totenbild) machen zu lassen. Das Datum könne man ja später leicht einfügen. Am 25. März hält er es in den Händen und findet es gut. Der letzte Eintrag vom 27. März 1895 enthält die Nachricht, dass seine Nichte Anna Marbet in Solothurn ins Kloster eingetreten sei. «Nun beobachte ich, dass der Band zu Ende geschrieben ist. Soll ich einen neuen beginnen? Soll ich jetzt das Schreiben unterlassen? Ich weiss nicht, welches ich thun soll. Da ich aber seit Jahren so zimlich einzig stehe, ist es fast ein Bedürftniss für mich, dem Tagebuch anzuvertrauen, was meine Seele bewegt. Es ist mir wöhler, wenn ich es gethan habe, und somit will ich in Gottes Namen fortfahren, so lange ich noch kann. Der l. Gott segne mich, und Maria, die hl. Gottesmutter, bitte für mich!» (S. 1032) Ob er den Entschluss, weiterhin ein Tagebuch zu führen, verwirklichte, wissen wir nicht. Es ist nichts erhalten.

Pater Keust starb 1898 im Amte als Guardian in Altdorf und wurde dort begraben. «Die Zeitungen jener Tage waren voll des Lobes über diesen selten volkstümlichen Prediger, Zeichner, Musiker und Fotografen.»[71]

So endet ein Lebensbericht, den einige nicht selbstverständliche Qualitäten auszeichnen: Ehrlichkeit gegenüber sich selber und den andern, Bescheidenheit und Demut. Wie oft weist Pater Keust auf sein eigenes Ungenügen hin, sein Versagen, charakterliche Schwächen wie geistige Trägheit, Eifersucht gegenüber andern usw. Dann zeugt der Bericht von einer hervorragenden Beobachtung der Umwelt, der Ereignisse und der Verhältnisse. Die geistige Neugierde ist trotz aller gegenteiliger Beteuerungen gross. Der Umstand, dass er nach Kapuzinergewohnheit immer wieder in andern Klöstern lebte und damit viele Regionen der Schweiz näher kennenlernte, ermöglicht es Keust, eine Fülle interessanter Beobachtungen niederzuschreiben. Die Angaben sind genau; denn er konnte sich bei der Niederschrift auf Tagebuchnotizen stützen, von denen ein Faszikel – das einzige, das übriggeblieben ist – einem der

Bände beigegeben ist. Schliesslich stellt das Manuskript auch eine exemplarische Biographie eines Schweizers im 19. Jahrhundert dar, der seine Jugend und die ersten Mannesjahre in einer Zeit erlebte, wo die technischen Hilfsmittel, vor allem die Möglichkeiten des Verkehrs, sehr bescheiden waren, der dann aber ganz selbstverständlich in die Veränderungen hineinwuchs, wie sie der Bau der Eisenbahnen oder die Einführung des Petrollichts brachten. Deutlich zeichnet sich auch die innere Entwicklung ab: die gegen das Alter hin immer stärkere Abkehr von den äussern Ereignissen zur Innenwelt, die Auseinandersetzung mit der Abnahme der eigenen Kräfte, die Vorbereitung auf einen Tod, den man als Ordensmann längst akzeptiert hat, gegen den aber der natürliche Lebenswille rebelliert.

ANMERKUNGEN:

1 «Pater P. Matthé Keust von Herkingen, CANT. Solothurn, CHP. in Altdorf, Kapuziner in Altdorf. 1899.» Die Interpunktion des Textes wurde dem heutigen Leseverständnis angepasst, ausserdem erscheint «u». einheitlich als «und». Sonst blieb die Orthographie von Pater Keust unverändert, ausser dort, wo eindeutig ein Verschreib vorliegt.

2 wahrscheinlich zu 'hotteren'= hurtig mit kleinen Schritten gehen, trippeln. Vgl. Id. 2, 1773.

3 Id. 2, 525: Titel der Patin am Tauftag.

4 Was hier als Strafe erscheint, gehörte zur Gebetstradition in der Alten Eidgenossenschaft. Vgl. dazu *Peter Ochsenbein*: Beten «mit zertanen Armen» – ein alteidgenössischer Brauch. – In: SAVk 75 (1979) 129–172. Das Haus der Familie Keust brannte 1873 tatsächlich nieder. (Frdl. Mitteilung von Jules Pfluger, Härkingen.)

5 Der Umgang findet heute noch jeweils am Sonntag nach dem 28. August, dem Fest des Hl. Augustin, statt. Er geht auf eine Stiftung vom 4. August 1708 zurück. Nach einer nachmittäglichen Andacht wird die Muttergottesstatue prozessionsweise durch das Dorf getragen. Auch die Lebkuchen, nach einem Originalrezept hergestellt, werden noch vor der Kirche feilgeboten.

6 Eingedickter Lakritzensaft, schwarzbraun, beliebte Schleckware, auch als Hustenmittel geschätzt. Id. 14. 756.

7 Es handelt sich offensichtlich um Josef Frei, der von 1833–76 Lehrer in Härkingen war. (Frdl. Mitteilung von Jules Pfluger, Härkingen.)

8 d. h. mit schmucken Initialen versah.

9 1873 war die Schule mit 31 Schülern aus neun Gemeinden eröffnet worden. Vgl.: 900 Jahre Härkingen. Unser Dorf in Geschichte und Sage. Im Auftrag der Bürgergemeinde verfasst von *Jules Pfluger*, *Elisabeth Pfluger*, *Karl Gschwind*. Härkingen 1980. 56. Zu Pater Keust vgl. S. 88.

10 Von 1873–1900 als Abt Karl II.

11 Solche «zerteilten Bäume», hauptsächlich Linden, wurden gerne als Spiel- und Tanzplätze genutzt. Vgl. dazu *Adolf Reinle*: Vergängliche und dauerhafte Festarchitektur vom Mittelalter bis ins 19. Jahrhundert, in: Stadt und Fest. Zu Geschichte und Gegenwart europäischer Festkultur (hg. von Paul Hugger). Unterägeri u. Stuttgart 1987. 132 ff.

12 Solche Abdankungsreden nach Brandfällen durch den Ortspfarrer waren weitherum üblich. Vgl. dazu etwa die entsprechende Stelle im Bauernspiegel von *Jeremias Gotthelf*.

13 Der Name der damals offiziellen Stadtschule von Olten rührt daher, dass sie seit dem beginnenden 17. Jahrhundert aus den Einkünften der Kaplanei finanziert wurde und dass die Schulmeister mit wenigen Ausnahmen geistlichen Standes waren. 1825 wurde Kaplan Konrad Lang als Lehrer der Oberschule gewählt, der als vorzüglicher Pädagoge galt und 1849 zum Chorherrn am St. Ursusstift in Solothurn ernannt wurde. Vgl. *Eduard Zingg*: Geschichtliches über das Schulwesen der Stadt Olten. Olten 1883. 76, 107.

14 Anspielung auf den Bergsturz von 1806, dem rund 500 Menschen zum Opfer fielen.

15 Leo Stöcklin, Abt von 1867–1873.

16 Jeweils am 2. August. Seit dem 17. Jh. hielt dabei regelmässig ein Pater aus Mariastein die Festpredigt. *Siegfried Wind:* Geschichte des Kapuzinerklosters Dornach. Ein Beitrag zur Geschichte der schweizerischen Kapuzinerprovinz. Stans 1909. 70.

17 Zur musikalischen Bedeutung Pater Leos vgl. auch: *Laurentius Eschle:* Unsere Liebe Frau im Stein in Wort u. Bild: Geschichte der Wallfahrt und des Klosters Mariastein. Solothurn 1896. 73. Zur Klostergeschichte generell: *Hieronymus Haas:* Wallfahrtsgeschichte von Mariastein. Mariastein 1973.

18 Zwischen März und Mai 1848 kannte das Elsass starke antisemitische Bewegungen. Im Sundgau zogen gabelbewehrte Banden herum und zündeten Häuser von Juden an (v. a. in Hegenheim, Hagenthal und Durmenach). Vgl. dazu *L. Kiechel*: Documents sur les israélites de Hegenheim vers le milieu du XIXe siècle. Société d'Histoire et du musée de Huningue et du canton de Huningue. 9. 1960. 40–46; *R. Girard*: Les juifs de France de 1789 à 1860. De l'émancipation à l'égalité. Paris 1976; *Alfred Wahl*: Confessions et comportements dans les campagnes d'Alsace et de Bade (1871–1939). Thèse. Vol. III. Metz 1980. 839.

19 Diese betrafen eine Beschränkung der Aufnahme von Novizen, was zu einem raschen Ausbluten des Konvents führte (um 1855 gab es noch 15 Capitularen und 3 Laienbrüder). *Eschle:* (wie Anm. 17) 67 ff.

20 Es handelte sich um P. Alois Diog von Andermatt (1811 1850). Vgl. dazu *Seraphin Arnold*: Urner Kapuziner. Kurzbiographien. Luzern 1984. 96.

21 Eine traditionelle Bittprozession am Fest des hl. Leodegar, am 24. März, dem Tag vor Maria Verkündigung, die der alten Stadtmauer, eben den Musegg-Türmen, entlang führte. Die Prozession, 1252 zum ersten Mal in einer Ratsverordnung erwähnt, soll zum Dank für Errettung von Feuersbrunst gelobt worden sein. Seit 1969 gehört der «Musegger Umzug» der Vergangenheit an, ein Opfer v. a. des modernen Strassenverkehrs. Vgl. dazu auch *X. Weber*: Die Musegg zu Luzern. Stans 1941.

22 Pater Eusebius von Arx aus Oensingen (1782–1851).

23 Das in Solothurn von 1845–1875 herausgegebene politisch-satirische Wochenblatt brachte es mit seiner Mischung von Zeichnungen und Text zu schweizerischer Popularität. *A. Lechner:* Entstehung und Entwicklung der solothurnischen Presse, in: Das Buch der schweizerischen Zeitungsverleger 1899–1924. Zürich 1925. 823 f.

24 1617 im Nordwesten der Stadt errichtet. *Fritz Wyss:* Die Stadt Solothurn. Geographisch und kulturhistorisch dargestellt. Solothurn 1943. 59. 1590 war der Grundstein des Kapuzinerklosters gelegt worden.

25 Vgl. allerdings auch oben S. 47.

26 Aus altem Ratsgeschlecht stammend, spielte der promovierte Jurist Theodor Scherer (1816–1885) zunächst eine gewisse politische Rolle in seinem Heimatkanton als Grossrat. Wichtiger aber war sein Einfluss im schweizerischen Katholizismus, wo er 1857 den Piusverein gründete, den er bis zu seinem Tod präsidierte. 1863 war er Mitbegründer der Inländischen Mission. Peter Stadler sieht in ihm die Verkörperung eines Ultramontanen mit einer früh fixierten Weltanschauung und von geringer Originalität in seinem publizistischen Schaffen. 1852 erhielt Scherer von Pius IX. den römischen Grafentitel. Vgl. dazu *Peter Stadler*: Der Kulturkampf in der Schweiz. Eidgenossenschaft und Katholische Kirche im europäischen Umkreis 1848–1888. Frauenfeld u. Stuttgart 1984. 141 ff.

27 Der Radikale Wilhelm Joseph Vigier (1823–1886) wurde 1856 Landammann des Standes Solothurn, vgl. dazu Stadler (wie Anm. 26) 530 ff., ein Amt, das er in der Folge elfmal bekleidete. Stadler schildert ihn als ausserordentlich wendig und anpassungsfähig, als dominante Persönlichkeit im Regierungsrat, letztlich als schillernde Figur. Er wurde später zum tatkräftigen Förderer des Christkatholizismus, in dem er eine Kraft der wirtschaftlichen Entwicklung (Industrialisierung) des Kantons sah.

28 Karl Ludwig von Haller (1786–1854), der «Restaurator», war nach einem bewegten Leben Ratsmitglied in Bern, Professor für allgemeines Staatsrecht und Geschichte an der dortigen Akademie, konvertierte später zum Katholizismus und verlor dadurch seine politischen Ämter in Bern. Von 1830 an lebte er in Solothurn als Gelehrter von europäischem Ruf. Vgl. dazu HBLS 4.

29 Dieses Staatsexamen ging auf die sogenannten Badener Artikel von 1834 zurück, welche weite Bereiche der seelsorgerlichen Tätigkeit der katholischen Kirche der staatlichen Aufsicht unterstellten (in den damals freisinnigen Kantonen Luzern, Solothurn, Bern, Basel-Land, Aargau, Thurgau und St. Gallen). Die Wahlfähigkeit des weltlichen Klerus wurde von einer staatlichen Prüfung abhängig gemacht. Auch der Regularklerus unterlag dieser Bestimmung, sofern er Seelsorge-Aushilfen zu übernehmen hatte. – Zu den Auswirkungen der Badener Artikel auf die Situation der Kapuziner im Kanton St. Gallen vgl. *Rufin Steimer*: Geschichte des Kapuziner-Klosters Rapperswil mit einlässlicher Berücksichtigung der Orts- und Zeit-Geschichte. Uster 1927. 254–291. Lange hatten sich die Kapuziner im Kanton St. Gallen geweigert, sich der Prüfung zu unterziehen, bis sie diese, statt vor staatlichen Instanzen, vor dem Bischof ablegen konnten.

30 Zur pastoralen Tätigkeit der Kapuziner vom Kloster Mels aus vgl. *Raphael Hogg*: Geschichte des Kapuzinerklosters Mels. Mels 1935. 53–57. Zu den Kapellmessen: 58.

31 Pater Ferdinand Pfister von Klingnau (1831–1881).

32 Pater Ephrem Zürcher von Menzingen (1826–1887).

33 Seit 1848 war die «Schwyzer-Zeitung» das zentrale konservative Presseorgan der deutschen Schweiz. Vgl. dazu: *E. F. J. Müller-Büchi*: Die alte «Schwyzer-Zeitung» 1848–1866. Ein Beitrag zur Geschichte des politischen Katholizismus und der konservativen Presse im Bundesstaat von 1848. Freiburg (Schweiz) 1962; *Heidi Borner*: Zwischen Sonderbund und Kulturkampf. Luzerner Historische Veröffentlichungen 11. Luzern/ Stuttgart 1981. 218–222.

34 Fabrikant von Reisszeugen und Zeichnungsinstrumenten, Optiker. Vgl. dazu die Erinnerungen seines Sohnes *J. Oscar Gysi*: Der Jüngste von Zwölfen. Jugend-Erinnerungen aus alter Zeit. Aarau 1905. 2.

35 Vgl. Anm. 1 bei Beitrag Uri.

36 Pater Mauritius Ineichen von Sempach (1831–1855).

37 Pater Ambros Renner von Andermatt (1832–1911).

38 Die Kollodiumplatten mussten unmittelbar nach der Belichtung entwickelt werden, da sonst der im Kollodium enthaltene Äther sich verflüchtigte. Die Gelatine-Trokkenplatte wurde 1871 durch den Engländer Richard L. Maddox erfunden. Sie ermöglichte erst eine relativ problemlose Landschaftsphotographie, weil keine Dunkelkammer mehr mitgeführt werden musste.

39 Keust porträtiert Feigel offensichtlich treffend. Die gleiche sprichwörtliche Pünktlichkeit des liebenswürdigen Originals, der am Schluss seines Lebens sein Vermögen dem Spital Olten vermachte, schildert Oberrichter *Bernhard Keust*, ein Bruder von P. Matthäus (1847–1915), in seinen «Erinnerungen aus meinem Leben». Solothurn 1914. 23 f.

40 Die Aussegnung der Wöchnerin durch den Ortsgeistlichen fand in katholischen Gegenden bei ihrem ersten Ausgang in der Kirche statt. Durch diesen Ritus, der sein Vorbild im biblischen Geschehen um Maria hat, wurde die Betreffende wieder voll in die Gemeinschaft integriert.

41 Melchior Elmiger, 1810–1889, Gründer und Förderer von gemeinnützigen Unternehmungen. HBLS 3.26.

42 Vgl. dazu die Schilderung dieses Fasnachtsbrauchs in *G. B. Depping*: La Suisse ou Tableau historique, pittoresque et moral des cantons helvétiques. T. IV. Paris 1822. 65–68.

43 Das Problem der Haltbarkeit der Photographie beschäftigte im übrigen die damaligen Photographen. Noch 1869 bezeichnete der Münchner Kunstschriftsteller Friedrich Pecht die mangelnde Haltbarkeit der Produkte als eines der Hauptgebrechen der Photographie und schrieb: «Der Ruin einer Photographie ist bis jetzt nur eine Frage der Zeit.» *Winfried Ranke:* Joseph Albert - Hofphotograph der bayerischen Könige. München 1977. 28 f.

Zur Geschichte des Kapuzinerklosters Schüpfheim liegt eine kleine Monographie vor, die aber die 2. Hälfte des 19. Jahrhunderts kaum beschlägt: *Timotheus Steimer*: Das Kapuzinerkloster Schüpfheim. Geschichtliche Notizen zu seinem 250jährigen Bestand (1655–1905). Einsiedeln – Waldshut – Köln 1905.

44 Vgl. dazu *Hilarin Felder*: General und Erzbischof P. Bernhard Christen von Andermatt 1837–1909 und die Erneuerung des Kapuzinerordens. Schwyz 1943. 41, 404, der ebenfalls von dieser Freundschaft spricht und auch die Erinnerungen von P. Keust öfters einbezieht. Keust blieb auch nach der Wahl P. Bernhards zum Ordensgeneral dessen Vertrauter in der Schweiz (49).

45 Pater Maximus Kamber von Hägendorf (1810–1880).

46 Anton Maria Schmid (1792–1880), General in päpstlichen Diensten, Gouverneur der Marken und von Umbrien, musste 1860 vor der piemontesischen Übermacht in Perugia kapitulieren.

47 P. Venanz Linck von Bussmannshausen, Württemberg (1830–1908).

48 Die Basilika des Wallfahrtsortes, auf einem Hügel 5 km vom Adriatischen Meer entfernt gelegen, umschliesst das angebliche Haus der Hl. Familie von Nazareth, das nach der Legende durch die Engel im 13. Jahrhundert hierher getragen wurde.

49 Allgemeiner Tanztag: Oster-, Pfingstmontag, Auffahrt. Nach Id. 12, 990, auch Risstag genannt, wobei Riss auf einen abgesteckten (gerissenen) Spiel- oder Tanzplatz verweist.

50 Alljährliche Prozession (am 14. Mai, heute an einem der naheliegenden Sonntage) auf das Schlachtfeld zur Erinnerung an den siegreichen Kampf der Appenzeller gegen ein habsburgisch-österreichisches Heer (1405).

51 Das liberal gefärbte Blatt wurde 1870 gegründet und ging nach rund zweijähriger Dauer wieder ein. *Oscar Alder*: Aus der Geschichte der appenzellischen Presse, in: Das Buch der schweizerischen Zeitungsverleger (wie Anm. 23) 882.

52 Kapuzinerinnenkloster (erbaut 1618–22).

53 «Alter von 40 Jahren, da vor dieser Zeit nach dem Sprichwort die Schwaben nicht zum Verstand kommen.» Id. 1. 207.

54 Vgl. dazu Stadler (wie Anm. 26) 284 ff.

55 Wind (wie Anm. 16) 102.

56 Linie Basel–Delémont.

57 Anm. v. Pater Keust: Künstliche Kopfbedeckung während der hl. Messe bedarf der kirchl. Genehmigung.

58 Felder (wie Anm. 44) 45–49.

59 Es handelt sich um das Oltner Wochenblatt (1853–1919), das seit 1858 zweimal wöchentlich erschien. Lechner (wie Anm. 23) S. 825.

60 «Der Bucherfranz.» Eine Erzählung für das Volk. Von einem Freunde des Volkes. Solothurn 1879. Ein Jahr vorher waren, ebenfalls in Solothurn, die «Erlebnisse einer Linde.» Erzählt von Pacificus Ehrlich, erschienen.

61 Häufig wurden solche Vorgänge am Sterbebett als geistliche Erpressung angesehen. *Alfred Wahl* bringt Beispiele aus dem Elsass und Baden, wo Geistliche Sterbenden aus gemischter Ehe die letzte Ölung verweigert hätten, wenn sie sich nicht bereit erklärten, die Kinder «umtaufen» zu lassen. Confessions et comportements dans les campagnes d'Alsace et de Bade (1871–1939). Catholiques, protestants et juifs: démographie, dynamique économique et sociale, vie de relations et attitudes politiques. Thèse. Metz 1980. 2. 754 f.

62 Jos. Leonz Steinmann von Waltenschwil (AG), 1811–1889. Hogg (wie Anm. 30) 81.

63 Das Kloster geht auf eine Stiftung von 1761 zurück. Gründer war Josef Helg, Pfarrer von Libingen, später Ricken. *Josef Reck*: 200 Jahre Kloster Berg Sion. Uznach 1966. 3.

64 Der Brandfall ereignete sich 1849.

65 Nach einer andern Textstelle Maria Aloisia.

66 Vgl. dazu *Seraphin Arnold*: Kapuzinerkloster Altdorf 1581–1981. Ältestes Kapuzinerkloster im deutschen Sprachraum. 2. Aufl. Luzern o. J., worin Pater Keust mehrmals erwähnt wird.

67 *Seraphin Arnold*: Kapuzinerinnenkloster Altdorf. Altdorf 1977.

68 Pater Canisius Jost von Schenkon (LU) (1849–1903).

69 Pater German Weissen von Unterbäch (1857–1923).

70 Pater Fulgens Schilter von Attinghausen (1837–1908).

71 Arnold (wie Anm. 66) 93 f.

Zum photographischen Nachlass

Die zahlreichen grossen Bände mit Photographien, von denen Pater Keust spricht und die er als herrliche Erinnerungen seines Lebens bezeichnet, sind leider verlorengegangen. Erhalten sind neben Aufnahmen, die einzelne Klöster mit den entsprechenden Klosterfamilien zeigen, vor allem 68 grossformatige Photos, die in einem mit prächtigen Messingknöpfen beschlagenen Leporello-Album angeordnet sind. Darauf steht, in goldenen Lettern geprägt, auf der einen Seite «1. Das erste Kloster der Schweizerischen Kapuziner-Provinz», auf der Rückseite «2. In Altdorf». Die Bilder lassen in etwa eine logische Folge erkennen: Aussenansichten des Klosters, zuerst von der Ferne, dann in der Nähe, Mädchen bei der Klostersuppe, das damalige Innere der Kirche, den Klostergarten, Brüder und Patres im Klostergarten, später auch Klosterknechte, die Lourdes-Grotte, die Einsiedelei. Dann zeigen die Photos den Blick vom Kloster auf das damalige Altdorf, nochmals Gruppenbilder, das Refektorium. Schliesslich steigen wir ins Dorf hinunter. Es folgen einige Gassenansichten, der Friedhof. Den Schluss machen die Aufnahmen der Kapuzinerinnen von St. Karl.

Der Kapuzinergarten hat heute viel von seiner einstigen Schönheit verloren. Er liegt hinter dem Kloster am Berghang, steigt terrassiert bis zum Waldrand hinauf. Einzelne Abschnitte sind zur Wildnis geworden. Noch steht die kleine Eremitage, eine Holzhütte, gegen einen überhängenden Felsblock gelehnt, in die sich, nach franziskanischer Sitte, ein Mitglied der Klosterfamilie zu Fasten und Meditation zurückziehen konnte, dann auf dem blossen Boden, vielleicht auf trokkenem Laub, ruhend. Verschwunden ist die Lourdes-Grotte, verschwunden sind auch die kugelförmig gestutzten Buchsbäume. Das Klima ist mild, vergleichbar dem von Locarno, es wachsen und reifen Feigen; auch Weinstöcke gedeihen.

28 Hauptplatz in Altdorf mit Bessler-Brunnen und Blick in die Tellsgasse (Keust).

29 Blick vom Klosterplatz hinunter auf Altdorf und die Reussebene (Keust).

30 Kapuzinerkloster Altdorf mit Bannwald (Keust).

31 Refektorium des Klosters. Die Suppe wird aufgetragen, ein Pater liest einen erbaulichen Text vor (Keust).

32 P. Keust photographiert Mitbrüder, links zwei Klosterknechte.

33 Der Klostergarten Altdorf galt als einer der schönsten Gärten der Zentralschweiz. Im Bild die tellerförmig geschnittenen Buchsbäume, die offenbar auf die besondere Pflege von P. Johannes Chrysostomus Amrein zurückgingen (Keust).

34 P. Keust mit Mitbrüdern vor dem Vergrösserungskasten des P. Kanisius, einer Art selbstgebauten Episkops.

35 P. Keust mit Musikdirektor Angele.

36 Die Familie des «Klostervaters» Dr. Franz Schmid von Altdorf, des späteren Bundesgerichtspräsidenten (1888). Vorne, sitzend, Katharina Schmid-Schillig mit dem Töchterchen Paula (Keust).

37 Die Klosterfrauen von Sankt Karl in Altdorf (um 1890), im Hintergrund die Klostergebäulichkeiten. Typisch die Haltung der Hände; es widerstrebte einem, sie müssig zu zeigen (Keust).

38 Suppenspeisung bedürftiger Kinder an der Klosterpforte (Keust).

PHOTOGRAPHEN IN EINEM GEBIRGSLAND MIT TOURISTISCHER TRADITION: DAS BEISPIEL URI

In einem sorgfältig recherchierten historischen Photoband über Uri[1] stellt *Karl Iten* die frühen Photographen im Passkanton vor. Der photogeschichtliche Anhang am Schluss des Werkes gibt eine Übersicht über Leben und Wirken dieser Pioniere einer neuen Kunst. Iten stützt sich auf Archivalien und Zeitdokumente, und es gelingt ihm, einiges Licht in die Tätigkeit der ersten Urner Photographen zu bringen, in ihr Schaffen, das zwar zeitlich gar nicht so weit zurückliegt, dessen Konturen sich aber oft nur unscharf abzeichnen. Die Photographen lassen sich in zwei Gruppen von unterschiedlicher Zielsetzung und einem demgemäss andersgearteten Publikum einteilen. Da waren die Photographen von bescheidenen Ambitionen, vor allem die Wanderphotographen, welche mit ihren Porträtbildern die örtliche Bevölkerung als Kunden ansprachen. Daneben gab es schon früh die auswärtigen «Starphotographen», die Photographen als Verleger, wie etwa Adolphe Braun (1812–1877) aus dem elsässischen Dornach[2] und Giorgio Sommer (1844–1914) aus Napoli. Sie suchten das Hochland Uri wegen seiner landschaftlichen Schönheit und der kühnen Strassenbauten auf, und sie hielten diese Sehenswürdigkeiten im Bild für eine internationale Kundschaft fest, die sich aus durchreisenden Touristen und Käufern in fernen Städten zusammensetzte.

Ein besonderer Anziehungspunkt für Photographen bildete die Axenstrasse mit ihren Galerien. Zahllos sind denn auch die Bilder, von Professionellen oder Amateuren aufgenommen, welche die Reisenden am Tunnelausgang hoch über den jähen Felsen des Urnersees zeigen. Die frühesten Photographen, welche die lokale Bevölkerung ansprachen, waren sogenannte Wanderphotographen. Iten schreibt: «Lange bevor es in Uri ansässige eigene Photographen gab, tauchten immer wieder Wanderphotographen auf, die sich jeweils eine Zeit lang niederliessen und ihr Erscheinen im Urner Amtsblatt ankündigten.»

«Der erste bekannte Wanderphotograph in Uri ist Cajetan Hallach, der vom 28. September 1859 während etwa drei Wochen im Gasthof zum Schwanen in Altdorf abgestiegen war und dort seine photographischen Porträts zum Preise von Fr. 3.– und höher anfertigte. Er garantierte dem verehrlichen Publikum 'genaue Ähnlichkeit'. Cajetan Hallachs Aufnahmen waren vermutlich Ferrotypien.»[3] Im August 1860 liess ein anderer Wanderphotograph, Joseph Schmidt, folgenden Text in der Zeitung erscheinen: «Das bis anhin geschenkte Zutrauen einem ehrenden Publikum bestens verdankend, erlaube mir, bevor ich Altdorf verlasse, meine photographischen Bilder, welche fast augenblicklich erzeugt werden können, nochmals in gefällige Erinnerung zu bringen. Die Temperatur im gegenwärtigen Monate ist zur Erzeugung für Portraite als die günstigste im ganzen Jahre anzusehen, daher Personen, welche sich portraitieren lassen wollen, nicht versäumen mögen, erwähnte Zeit zu benützen.» Joseph Schmidt nahm auch Schüler an; von ihm lernte der erste einheimische Photograph, der Altdorfer Bäcker Anton Gamma (1821–1881), in rund zehn Tagen die Grundbegriffe der Photographie. Seit 1860 empfiehlt sich dieser im Urner Amtsblatt als Photograph. Es folgen Vincenz Müller (1841–1884), Handelsmann, Geometer und Major, auch er im Amtsblatt seit 1870 fassbar, sein Nachfolger Robert Z'berg (1849–1878), der 1874 das Atelier von Müller übernahm. Nach seinem frühen Tod führte die Witwe das Geschäft mit einem angestellten Photographen weiter, bis es 1902 der Sohn Otto übernahm (1878–1944). Vermutlich seit 1905 war Joseph Karl Niedermayer (1870–1917?) an der Axenstrasse als Photograph tätig. Schliesslich gilt es, die ausgesprochene Photographendynastie der von Matt zu erwähnen, die später einen umfangreichen Ansichtskartenverlag führten: Jakob (1848–1918), Kaspar (1878–1901), Theodor (1880–1961), Eduard (1882–1960). In diesen Zusammenhang gehört auch unser Pater Mattheus Keust, der von 1887 in Altdorf photographierte.

Alle diese Photographen und Photographengeschlechter sind erloschen. Eine Photographenfamilie mit grosser Tradition wirkt aber in Uri weiter, die Aschwanden.

39 Richard Aschwanden mit Atelierkamera aus dem Besitz des Photographen Z'berg, Baujahr ca. 1865. Die Kamera wurde von Richard Aschwanden noch in den vierziger Jahren benützt (Corradi).

DIE ASCHWANDEN

Eine Photographendynastie in Altdorf

Bereits die dritte Generation der Aschwanden photographiert in Uri. Die Aschwanden sind in dieser Zeit zu den eigentlichen «Hausphotographen» des Kantons geworden. Mit wachem Geist hat jede Generation die Entwicklung des Bergtals mitverfolgt, von den bescheidenen Anfängen des gelernten Lithographen Michael bis zum geschäftstüchtigen Ideenreichtum der Enkelin Vreni. Immer waren die Aschwanden auf der Höhe der technischen Entwicklung. In ihrem Schaffen spiegelt sich ein gutes Stück der technischen, baulichen, wirtschaftlichen und gesellschaftlichen Entwicklung des Urnerlandes wider.

Die Aschwanden sind ein Urner Geschlecht. Der Begründer der Photographendynastie, *Michael*, wurde 1865 auf dem Seelisberg geboren, in einem Haus, das als das eigentliche Stammhaus der Familie gilt, dem «Fellmichel», am Hang oberhalb des Dorfes gelegen. Der Boden war karg, und als im Kloster Seedorf die Stelle des Meisterknechts zu vergeben war, bewarb sich Michaels Vater darum. So zog die Familie nach Seedorf hinunter.

In jungen Jahren verlor Michael seine Eltern. Ein Vormund wurde bestellt. Die Familie war aber nicht ganz unbemittelt. Man besass einige «Gülten» (Schuldbriefe) von ausgeliehenem Geld. Gewiss, die Erträge waren klein. Richard Aschwanden erinnert sich, dass an «Martini» (11. November, dem traditionellen Zinstermin) jeweils einzelne Bauern zu seinem Vater kamen, um zu zinsen. Man stellte ihnen ein Gläschen Wein auf, so verlangte es die Sitte. Ein Vorfall ist ihm in Erinnerung geblieben. Ein Seelisberger Bauer kam, nachdem er bereits bei Karl Leonhard Müller, dem «Stifelchümper» ('chümpen' = umkrempeln) in Altdorf gezinst hatte, um auch bei seinem Vater das Zinsgeld abzuliefern. Seltsamerweise nippte er aber nur an seinem Glas. Später stellte sich heraus, dass ihm der Vater versehentlich Essig eingeschenkt hatte.

In der Schule zu Seedorf fiel Michaels zeichnerische Begabung auf. Der Vormund liess ihn eine Lithographenlehre bei der bekannten Firma Benziger & Co. in Einsiedeln machen; die Lehrzeit dauerte sechs Jahre.[4] Der Bruder Dominik studierte Theologie in Chur, starb aber kurz vor der Weihe an der sog. Auszehrung (vermutlich Tuberkulose). Auch mit Michaels Gesundheit stand es nicht zum besten, er musste später oft auswärts kuren. Nach der Lehre – wann, lässt sich nicht genau ausmachen – zog der Vater als Lithograph nach München, dem damaligen Mekka vieler junger Schweizer Künstler, wo er neben seiner Berufsarbeit in der Akademie zeichnete. Es liegen einige Briefe Michaels aus der Münchner Zeit vor. Vor allem aber sind schöne Rötelzeichnungen erhalten, Porträtstudien, wie sie damals in den Malsälen der Akademie nach Modellen betrieben wurden. Auch bewahrt man in der Familie den Katalog einer Firma für Lederartikel auf, den offenbar Michel Aschwanden gezeichnet hatte.

Vier Jahre verbrachte er in der Hauptstadt Bayerns. Ungeklärt bleibt, ob Michael 1891 aufgrund einer gesicherten Arbeitsstelle nach Hause zurückkehrte oder einfach aufs Geratewohl. Jedenfalls führte er Verhandlungen mit der damaligen Lithographie-Anstalt Martin Gisler, Altdorf. Die Firma, Herausgeberin des «Urner Wochenblatts», war auf Trauerbildchen spezialisiert.

Über die damaligen Lebensverhältnisse Michaels ist wenig bekannt. Er zeichnete und lithographierte als freier Mitarbeiter für verschiedene Arbeitgeber. 1898 begann er zu photographieren. Örtliche Vorbilder gab es ja bereits. Aber der

40–43 Rötelzeichnungen aus der Münchner Zeit von Michael Aschwanden. Um 1888.

44 Michael Aschwanden mit seiner hölzernen Plattenkamera an der Axenstrasse. Ende der zwanziger Jahre (R. Aschwanden).

Anstoss soll von anderswoher gekommen sein: Bei einem Kuraufenthalt in Graubünden fand Michael einen jener knappen Lehrgänge der Photographie, wie sie damals im Buchhandel erhältlich waren, und da das Lithographieren ihn gesundheitlich belastete, beschloss er, sich der Photographie zuzuwenden.[5] In Zürich kaufte er sich eine 13/18-Kamera, und das Abenteuer konnte beginnen. Der Kauf ist im damaligen Haushaltbuch unter «Inventar» vermerkt: «Eine Reisecamera 1 'non plus ultra' 13/18 mit 3 aufklappbaren Doppelcasetten Fr. 145.–.»

Aschwanden betätigte sich zunächst als «Allerhandfotograf – tät me säge» (Richard). Das Hauptgewicht lag auf der Landschaftsphotographie. Von 1900 bis 1910 entstanden die eindrücklichen Aufnahmen von Uri. Dazu kamen Personen, einzeln und in Gruppen, zunächst im Freien aufgenommen. Später richtete sich Aschwanden ein «Wohnatelier» ein, eine Stube mit einem Fenster. Als Hintergrund diente eine grosse Rolle Papier, die er herunterlassen konnte. Gemalte Décors hat Michael Aschwanden nie besessen und nie verwendet. Aus dieser Arbeitsperiode sind etwa 2000 Glasplatten erhalten.

1911 suchte ein Deutscher namens W. Nehrkorn, der in Flüelen ansässig war, beim Kanton um die Erlaubnis nach, an der berühmten Axenstrasse photographieren zu dürfen.[6] Offensichtlich hatte Nehrkorn schon im Jahr vorher dort photographiert; jetzt wollte er wahrscheinlich einen festen Arbeitsplatz erhalten. Schon früher hatten Wanderphotographen den ergiebigen Standort entdeckt und die Touristen an der denkwürdigen Stelle, wo die Felsen senkrecht in die tiefen Wasser stürzen, porträtiert. Viele ältere Aufnahmen belegen dies. Seit 1905 wirkte zudem Josef Karl Niedermayer-Gisler als «Schnellphotograph» im sogenannten «Spinnenloch», wo er 1910 einen Kiosk in Form eines Chalets aufstellte.

Nehrkorn wählte als Standplatz den nördlichen Ausgang des Axentunnels. Offensichtlich liess sich das Geschäft gut an, und Aschwanden dachte sich, die Strasse könnte einen Dritten ernähren und etablierte sich seinerseits beim südlichen Tunnelausgang.

45 Die fünfspännige Postkutsche auf dem Urnerboden, rechts das Hotel Wilhelm Tell (M. Aschwanden).

Niedermayer hatte bei seinem Chalet einen auf Leinwand gemalten Hintergrund befestigt, der die Aussicht, die sich von der Axengalerie eröffnet, festhielt. Davor stellte er die Touristen, als Requisiten standen Wanderstöcke bereit. So konnte er von morgens früh bis abends spät, ohne Rücksicht auf die Lichtverhältnisse und eventuellen Dunst, photographieren. Aschwanden hatte da mehr Probleme. Morgens störte ihn das Gegenlicht, dann war der Hintergrund oft überbelichtet, und die Kunden waren nicht zufrieden, weil sie eben auch den Ausblick auf See und Berge mit im Bild haben wollten. Aschwanden fand eine Lösung: Er goss sich eine spezielle Gelbscheibe, die den Hintergrund in der Helligkeit zurückhielt. So verbrachte er den Sommer, ob bei schönem oder schlechtem Wetter, draussen in der Felsengalerie, von anfangs Mai bis zum Eidgenössischen Bettag. Dann stellte er gewöhnlich die Arbeit an der Strasse ein. Wenn allerdings das schöne Wetter andauerte, blieb er noch länger draussen.

Es kamen Wanderer, Velofahrer, Kutschen, später Autos und Cars. Meistens stiegen die Leute bei der Tellsplatte aus und wanderten durch die Galerien bis nach Flüelen. Beim Tunnelausgang machte sie ein Schild auf den Photographen aufmerksam. Aschwanden lud sie ein, sich porträtieren zu lassen. Auf einem Ständer waren Musterkarten angebracht. In 10 bis 15 Minuten, so hiess es, könne man drei, sechs oder zwölf Bilder mitnehmen. Drei Karten kosteten Fr. 3.60, sechs Fr. 4.80, zwölf Fr. 7.20, Preise, die jahrelang galten.

Michael Aschwanden verwendete bereits Trockenplatten.[7] Nach der Aufnahme wurde die Platte sofort in einer kleinen Cuvette entwickelt; das dauerte zwei Minuten. Dann wurde sorgfältig gespült, fixiert – auch dafür brauchte es zwei Minuten –, kurz nachgespült, mit dem Handbal-

46 Partie am Weg von Bauen nach Seelisberg. Im Hintergrund das Schlösschen Beroldingen (M. Aschwanden).

len das Wasser abgewischt. Man kopierte das nasse Negativ auf dem Vergrösserungswege. Eine spezielle Halterung gestattete es, alle sechs oder zwölf Karten in einem Arbeitsgang auf Bromsilberpapier abzuziehen. Die Kopien wurden nachher mehrmals gewässert. So wurde die Säure entfernt. Man schaltete als Zwischenbad ein Alaunbad ein, das die Schicht härtete und zugleich festigte und als Natronzerstörer wirkte. Den eiligen Kunden wurden die Aufnahmen meist noch feucht mitgegeben; zum Schutz legte man Fliesspapierstreifen dazwischen. Schien die Sonne, trocknete man sie auf einem Netz. Bei starkem Verkehr waren sie nachher mit Sand und Staub bedeckt. Sie wurden mit einem Tuch abgewischt und in ein Couvert verpackt. Viele Kunden waren unterdessen bereits weitergezogen. Michael engagierte deshalb einen bis zwei Laufburschen, welche die Kunden mit dem Fahrrad einholten; meist waren diese bis zur Tellskapelle oder nach Flüelen gelangt. Die Jungen hatten sich das Aussehen des Kunden eingeprägt und hielten zum Zeichen des Erkennens das gelbe Couvert in die Luft. Pro Tag konnten es zehn, aber auch dreissig bis vierzig Kunden sein. Der Vater beschäftigte zudem einen angelernten Gehilfen.

Auf Wunsch wurden die Karten den Kunden zugeschickt, nach Holland, England, Deutschland und nach Übersee. Iten zitiert einen Brief vom 17. April 1921, in dem Michael Aschwanden schreibt: «So war es immer noch möglich, manchmal mit etwas Glück, meine Familie ehrlich durchzubringen. Trotz schwächlicher Gesundheit habe ich bis heute die Photographie am Tunnel allein betrieben, oft mit Hilfe eines Knaben oder Kindes, welches mir Essen und Kommissionen besorgte. So ein Photograph an der Strasse, wenn er nichts zu tun hat, sieht aus wie ein Tagedieb, und die Sonntage mit schönem Wetter sind seine geschäftlichen Sonnentage.»[8] Der Sohn Richard

47 Deutsche Internierte bei der Herstellung von Bürsten in der alten Kirche von Flüelen (1916). Im Hotel Tellsplatte wurden deutsche Internierte mit der Herstellung von Körben beschäftigt (M. Aschwanden).

wirkte zunächst als Laufbub, dann löste er den Gehilfen ab. Als das Geschäft später zurückging, photographierte er allein draussen.

Nicht einfach war es, im Freien zu kopieren. Der Vater hatte sich deshalb eine mobile Dunkelkammer gebaut; sie stand auf Klappbeinen und wurde sitzend bedient. Das Tageslicht fiel von oben herein, und das schaffte mitunter Probleme, z.B. wenn der Himmel bewölkt war und man zwölf Karten von gleicher Helligkeit herstellen sollte. Da konnte die Beleuchtung rasch wechseln. Mit zwei beweglichen Papierschirmen, auch sie von Michael gebaut, wurde der Lichteinfall entsprechend gedämpft. Anfänglich zog Aschwanden täglich die Dunkelkammer auf einem Handwagen zum Strassentunnel hinaus. Die Photogeräte selbst schloss er in einen Kasten ein, der mit eisernen Schrauben an die Felswand befestigt war. Eine 1914 ausgehauene Felsenkammer, die mit Rolläden abschliessbar war, bot als «Wohnstube» auch Platz für die mobile Dunkelkammer. 1912 verlegte Aschwanden seinen Wohnsitz nach Flüelen, acht Jahre später kaufte er ein Haus nahe der Axenstrasse.

Das Mittagessen, zuerst in einer Kochkiste mitgenommen, wurde später draussen in der Felsenkammer auf einem Petrolherd gekocht. Unterwegs kam man an einem grossen Gemüsegarten vorbei, wo man sich Karotten oder Kohl erstand. Auf dem Speisezettel standen regelmässig eine Gemüsesuppe und eine Omelette.

Das reisende Publikum war interessant. Es gab Zeiten, da kamen vor allem Holländer; sie gehörten zu den besten Kunden. Dann überwogen wieder die Engländer und Amerikaner. Obwohl der Vater kein Englisch sprach, verstand er sich bestens mit ihnen. Von Flüelen oder Brunnen fuhren Lohnkutschen vorbei. Als die ersten Cars erschienen, stellte man sie für die Photoaufnahme quer zur Axenstrasse. 1927/28 kam das Ende. Die Strassenphotographie an der Axenstrasse rentierte nicht mehr. Der Autoverkehr war zu dicht geworden; zudem brachte fast jedermann den eigenen Apparat mit, die Zeit der Amateurphotographie war definitiv angebrochen. Naturgemäss war Aschwanden anfänglich schlecht auf die Amateure zu sprechen. Später entwickelte er doch ihre Filme.

48 Glätterinnen auf der Stör in einem Altdorfer Herrenhaus. Um 1910 (M. Aschwanden).

49 Kolonialwarenhandlung Josef Huber, Ecke Schützengasse/Rathausplatz, Altdorf. Hinter dem Ladenkorpus Josef Huber, der auch als Telldarsteller bekannt war. Der kugelige Behälter in der Ladenmitte diente zur Aufnahme der Schicke und anderer Tabakreste. Um 1915 (M. Aschwanden).

50 Frauenporträt: Die Altdorferin Anna Dittli als Bertha von Brunegg. Um 1936. Bromölumdruck (R. Aschwanden).

Der *Sohn Richard,* 1909 in Altdorf geboren, besuchte die Primarschule in Flüelen, dann während zweier Jahre die Realschule am Kollegium Altdorf. Die Mutter stammte aus Basel, arbeitete, als sie den Vater kennenlernte, auf dem Büro eines Juristen in Luzern. Richard, einziger Sohn, hatte fünf Schwestern. Man war zu Hause nicht auf Rosen gebettet; deshalb hiess es schon früh mithelfen. Am Kollegium konnte der Knabe aus wirtschaftlichen Gründen das zweite Jahr nicht abschliessen; ab Ostern galt es, beim Photographieren an der Axenstrasse mitzuhelfen. Mit fünfzehn Jahren begann Richard die Lehre beim Vater. Zuerst lernte man damals den Entwickler ansetzen. Das verlangte ein sorgfältiges Abwägen aller Substanzen, der entwickelnden und der erhaltenden, setzte also chemische Kenntnisse voraus. Der Entwickler wurde im warmen Wasser aufgelöst, das nicht über 55 Grad warm sein durfte, da sich sonst das Metol zersetzte. Angesetzt wurde die Flüssigkeit in einer grossen Flasche, dann füllte man sie in kleinere Flaschen ab, die man sorgfältig verschloss. In einer weiteren Phase lernte der Lehrling das Entwickeln selber, und zwar nach der Zwei-Schalen-Methode. Sie begann mit einem normalen Entwicklerbad. Wenn sich die ersten Bildspuren zeigten (nach etwa anderthalb Minuten), hiess es, beobachten und handeln. Da man noch keinen Belichtungsmesser hatte, musste, bei allfälliger Unterbelichtung, das Negativ sofort in einen Rapidentwickler gebracht werden. Die Lehrlinge wurden zu genauester Arbeit angehalten. Daneben begleitete der Junge schon bald den Photographen als Geräteträger; er war bei den Aufnahmen dabei und verfolgte den Vorgang. Später kamen die ersten Probeaufnahmen, die der Junge selber entwickelte. Dabei konnte er seine Fortschritte ermessen. Bald durfte er auch Passphotos machen. Diese wurden im Atelier beim Licht einer starken Glühbirne aufgenommen. Noch gab es keine Lehrlingsreglemente, die den thematischen Ablauf der Lehre festhielten. Die Lehrlinge traten ohne photographische Vorkenntnisse und eigene Praxis ein. Heute, wo sich jedermann einen Photoapparat leisten kann, ist das anders.

1927 bestand Richard Aschwanden die Lehrabschlussprüfung. Als Experten wirkten die Photographen Adolf Odermatt von Brunnen und Otto Z'berg von Altdorf, dessen Glasatelier Aschwanden später übernahm. Es lag im obersten Stock und bot eine ideale Beleuchtung.[9] Dieses Glasatelier wäre Richard bei der Prüfung fast zum Verhängnis geworden. Er sollte darin eine Porträtaufnahme machen, die ihm missriet. Von den väterlichen Verhältnissen her war er an das Arbeiten mit Kunstlicht gewohnt. Aufgrund dieses Missgeschicks fiel er bei der Prüfung durch. Dabei mochte auch der Umstand mitwirken, dass der Vater in den Augen der beiden gelernten Photographen Odermatt und Z'berg kein zünftiger Photograph war, sondern eher ein Strassenphotograph. Es hiess, Richard solle in sechs Monaten wiederkommen. Er erklärte unter Tränen, er werde den Beruf an den Nagel hängen. Darauf liessen ihn die beiden Photographen mit der Minimalnote 4 (bei 1 als bester Note) schlüpfen. Der Vorfall habe ihm nicht geschadet, meint Richard Aschwanden heute. Er habe sich gesagt: «Wartet nur, ich will euch zeigen, was in mir steckt!»

Nach der Lehre arbeitete Richard zuerst den Sommer über an der Axenstrasse; im Winter

51 Abendstimmung an der Donau. 1935. Bromöldruck (R. Aschwanden).

nahm er eine Stelle bei Photo Mangold in St. Gallen an, nachher im Labor von Magerstädt, Engelberg. Den folgenden Winter über wirkte er als Quaiphotograph in Zürich, wo bei der «Seegfrörni» (seltenes Ereignis einer tragfähigen Eisdecke auf dem Zürichsee) von 1929 viel Arbeit anfiel. In St. Gallen habe er als «Volontär» froh sein müssen, nichts für seine Mitarbeit zu zahlen. Später arbeitete er als Porträtist bei Martha Wichmann in Zürich, einer Vertreterin der Wiener Schule.[10] Sie besorgte auch die Modeaufnahmen für die Firma Seiden Grieder. Im ersten Monat bezahlte Aschwanden 100 Franken «Lehrgeld»; dann aber, als die Chefin seine Tüchtigkeit erkannte, erhielt er 100 Franken Monatslohn.

In den folgenden Jahren bildete sich Richard weiter. So besuchte er 1935 einen zweimonatigen Kurs an der Graphischen Lehr- und Versuchsanstalt, Westbahnstr. 25, in Wien, einen internationalen Photokurs also, bei dem berühmte Photographen mitwirkten. Aschwanden war von der Wiener Schule begeistert: weiche Zeichnung, mit Retouchen, etwas süsslich, wie er heute meint. In Wien führte man das Arbeiten mit speziellen Prozessen vor: Bromöldrucke, Gummidrucke, Lichtdrucke usw. Damit konnte und wollte der Vater nicht Schritt halten. Deswegen übernahm Richard 1935 das Geschäft des Vaters. Die Wiener Schule sei in der Folge in Uri gut angekommen, auch bei einfachen Leuten. Da solche Aufnahmen aber einen zusätzlichen Zeitaufwand bedingten und nicht jedermann den entsprechenden Preis bezahlen wollte, pflegte Richard auch weiterhin den herkömmlichen harten Stil in der Photographie.

Zuerst arbeitete Richard mit der Schwester Sophie zusammen, die später selber eine Photographenlehre absolvierte. 1938 bestand er als einer der ersten die neugeschaffene schweizerische Meisterprüfung. Sie wurde an der ETH in Zürich von Hans Finsler, Ernst Rüst, Johannes Meiner abgenommen. Zwei weitere Schwestern

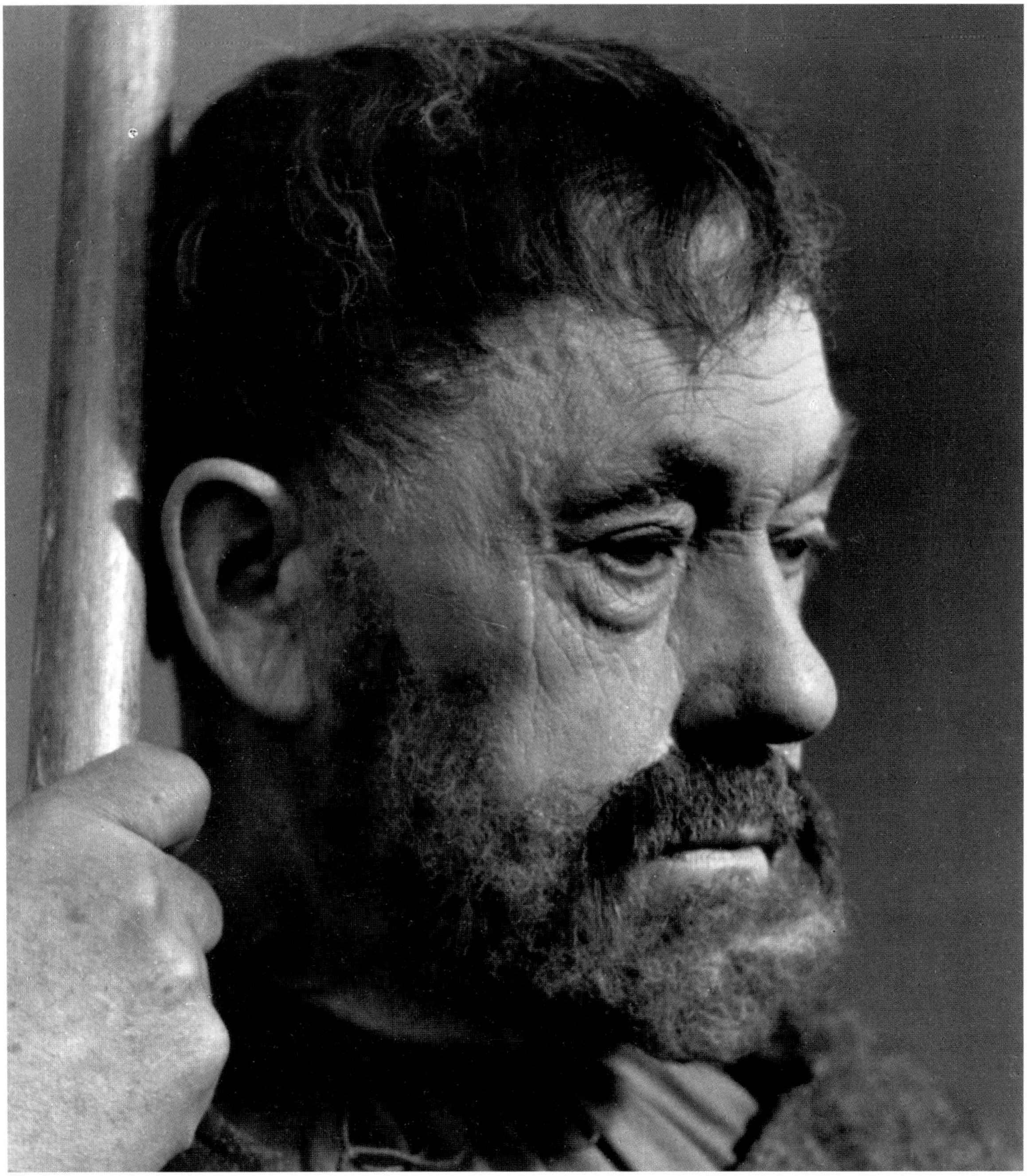

52 Tellspiele Altdorf 1938. Regie Otto Bosshard. Ein Urner Bauer aus der Rütliszene (R. Aschwanden).

besitzen heute ebenfalls das eidgenössische Photographendiplom. Eine davon, Margrit Aschwanden, lebt als freie Künstlerin in Zürich.

Später übernahm Richard das Geschäft allein. Da sich Altdorf als Standort besser eignete als Flüelen, eröffnete er 1940 dort zuerst einen kleinen Laden, schliesslich ein Atelier. Es befand sich am Lehnplatz und lag neben den Büros der Druckerei Gisler. Hier arbeitete Cilly (Caecilia) Muheim als Bürolistin. Im gleichen Jahr fand die Hochzeit statt. Cilly war das jüngste von 14 Kindern einer angesehenen Altdorfer Familie (ein 15. Kind war gestorben). Der Schwiegervater war Anwalt, Generalagent einer Mobiliarversicherung und Ständerat. Das stattliche Muheimhaus, ein breit hingelagerter Quader mit herrschaftlichem Stiegenhaus, bildet heute den Wohnsitz Aschwandens. Da der Vater kurz vorher gestor-

53 Stimmungsbild beim Schillerstein, Blick auf Urnersee und Bristenstock. Um 1945 (R. Aschwanden).

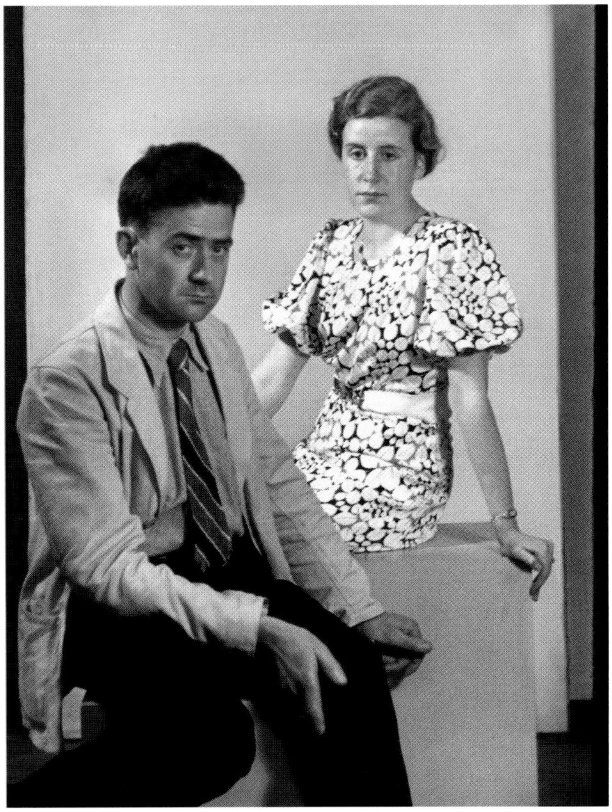

54 Neue Sachlichkeit: die Geschwister Hans und Sophie Brun, Altdorf. 1938 (R. Aschwanden).

ben war, fand die Hochzeit in bescheidenem Rahmen statt. Die Trauung erfolgte im Wallfahrtsort Madonna del Sasso oberhalb Locarno, einem beliebten Hochzeitsziel der Urner. In rascher Folge kamen fünf Kinder: Vreni, Madeleine, Pino (eigentlich Josef Richard), Hanstoni, Cécile. Madeleine starb 1977 an den Folgen eines Autounfalls in Holland. Pino arbeitet als Werbetexter, Hanstoni als Kameramann, Cécile als Psychologin und Informatikerin.

Vreni, 1941 geboren, führt seit 1976 das Geschäft als Inhaberin mit rund zwölf Angestellten. Nach der Matur in Ingenbohl zeigte sich ihr Interesse für Photographie; die Lehre absolvierte sie an der Photoschule in Vevey und in England, wo sie sie abschloss. Nach zwei Jahren Mitarbeit im Geschäft nahm sie das Studium als Sekundarlehrerin an der Universität Zürich auf. Während dreier Jahre unterrichtete sie an der Knabensekundarschule in Altdorf. Dann trat sie in des Vaters Fussstapfen. So könnte sich Aschwanden heute ganz zurückziehen. Aber der agile, quicklebendige Mann ist noch den ganzen Tag tätig, photographiert auch an schwierigen und abgelegenen Orten und springt überall dort ein, wo Not am Mann ist. Im Rückblick meint er: «Wissen Sie, man war hier in Uri doch etwas abseits von den grossen Zentren und den Zeitströmungen. Ich habe aber versucht, den Kontakt mit der Entwicklung trotzdem aufrecht zu erhalten». Diesem Zweck diente auch seine neunjährige Tätigkeit als Zentralkassier des Schweiz. Photographenverbandes.

Wie beurteilt Aschwanden rückblickend sein photographisches Tun? Eigentlich habe er damals keine andere Berufswahl gehabt. Aber wenn man soviel für den Beruf opfere, dann lerne man ihn auch lieben. Die Alternative wäre für ihn Konditor gewesen. Doch Aschwanden ist noch heute Photograph mit Leib und Seele. «Wenn ich gewisse Arbeiten mache, im Archiv, dann muss ich plötzlich wieder hinaus und photographieren. Jetzt sind es vor allem Landschaftsaufnahmen, schwarzweiss oder farbig, je nachdem, wie es einen anspringt. Es gibt Motive, die sieht man einfach, die kommen einem entgegen, die überrumpeln einen. Dann will man sie photographieren. – Ich bin kein Künstler, aber vielleicht ein guter Photograph. Zu dieser Ansicht komme ich, wenn ich mich mit dem messe, was heute so herum ist. Im Vergleich zu früher photographiert man heute vielleicht besser. Der Vater hatte weitaus schlechteres technisches Material, man hat heute besseres Negativmaterial, dafür ist das Positivmaterial viel schlechter.» Nach den photographischen Vorbildern befragt, nennt Aschwanden Hans Finsler (1891–1972) und Johannes Meiner (1867–1941) in Zürich, als Landschaftsphotographen Franz Schneider in Luzern; J. Gaberell war ihm zu sehr Postkarten-Photograph. Mit Feuerstein in Schuls assoziiert er vor allem Winterbilder. Dann aber fallen ihm auch der Belgier Léonard Misonne[11] und seine Gegenlichtaufnahmen ein, Otto Pfeifer in Luzern («auch er ein Könner»), Emil Meerkämper in Davos (1877–1948). Zur Weiterbildung abonnierte Aschwanden verschiedene Zeitschriften: Die Schweizerische Photorundschau, Der Photohändler (eine deutsche Zeitschrift), das «du» seit der Gründung u.a.m.

55 Goldene Hochzeit in Isenthal. Nach alter Tradition trägt das Paar filigranartigen Schmuck. Zur typischen Ausstattung gehören auch Rosenkranz und Gebetbuch. 1950 (R. Aschwanden).

Die Aschwanden als Familienphotographen

Richard Aschwanden kennzeichnet die Arbeiten seiner Firma als Familienphotographie. Damit ist gemeint: Der Familienphotograph begleitet die Familien seines Einzugsgebiets bei den wichtigsten Stationen des Lebens, oft über mehrere Generationen hinweg: Anfänglich war es in Uri v.a. die Hochzeit, später der Weisse Sonntag, noch etwas später die Konfirmation. Früher gehörten vielfach auch die Aufnahmen von Toten dazu, die zu Hause gemacht wurden. Der Verstorbene lag aufgebahrt im Zimmer, schön hergerichtet. Dabei wurde weniger die «Totenmaske», also das Gesicht, aufgenommen als der ganze Körper inmitten der Blumen und Kerzen. In den dreissiger Jahren wurden Taufphotos üblich, man verfügte jetzt über beweglichere Kameras. Grossen Aufwand trieb man bei den «goldenen Hochzeiten». Die ganze Familie, die Verwandtschaft wurde nach Möglichkeit ins Bild einbezogen. Noch heute kommen alte Leute zum Photographen, um sich porträtieren zu lassen, meist mit der nicht eingestandenen Nebenabsicht, dass später die Aufnahme für das Totenbild verwendet werden kann. Trauerbilder als Andenken sind in Uri noch üblich. Weniger häufig lassen sich heute Rekruten einzeln photographieren, wie das noch in den vierziger Jahren gang und gäbe war. Geblieben sind die Gruppenaufnahmen am Schluss der Rekrutenschule.

So sei man halt ein Allround-Photograph gewesen, meint Aschwanden im Rückblick auf seine Tätigkeit in den dreissiger und vierziger Jahren. Aber neben den Porträts begann damals Aschwanden, mit der Leica, später auch mit der Rolleiflex, «Reportage» zu machen, also Aufnahmen ausserhalb des Ateliers, von den Anlässen der Vereine, von den «Puurebäll» etwa, die im Herbst nach der Alpentladung stattfinden, von der Fasnacht auch. Metzger liessen sich vor Pfingsten mit ihren Gesellen und dem Pfingstochsen ablichten. Technische Reportagen gehörten dazu, in den Fabriken, den Spinnereien etwa, beim Kraftwerkbau. Natürlich haben sich die Aufnahmegewohnheiten seither geändert. Photographierte man früher z. B. bei Hochzeiten kaum in der Kirche – aus Rücksicht auf den heiligen Ort, aber vor allem auch wegen der Lichtverhältnisse –, so sind solche Bedenken seither weggefallen.

56 Urner Wirklichkeit heute: Beim Eingang des Autobahntunnels Göschenen. 1978 (R. Aschwanden).

Heute werden ganze Hochzeitsreportagen geliefert: Photographiert werden die Trauung in der Kirche, der Auszug, die Gesamtgruppe, die verschiedenen Teilgruppen, das Hochzeitspaar allein, mit Nebenbräutigam und Nebenbraut, mit den Eltern usw., nach genauer Reihenfolge und entsprechend den Erwartungen. Vielfach werden auch Aufnahmen beim Hochzeitsmahl verlangt, so dass der Photograph den ganzen Tag dokumentiert. Es bestehen allerdings schichtspezifische Unterschiede. Bauern und Arbeiter sind zurückhaltender. Sie verlangen hauptsächlich Standaufnahmen. Gewerbler und Beamte, Akademiker usw. leisten sich da mehr.

Auch in anderer Hinsicht hat sich ein Wandel in der Arbeitsweise der verschiedenen Generationen abgezeichnet. Michael Aschwanden verstand es, graphisches Können und Photographie zu verbinden, mit Zeichenstift und Pinsel z. B. jene grossen Tafeln zu entwerfen und zu dekorieren, auf welcher er die einzelnen Photos anbrachte.[12] Einige bemerkenswerte Stücke haben sich erhalten, so etwa das Diplom für die II. Ornithologische Verbands-Ausstellung der Waldstätte und Zug in Altdorf von 1930. Landauf, landab gestalteten damals die Photographen solche Erinnerungsblätter; ein Stück Volkskunst eröffnet sich da, mindestens vom Gebrauch und der Rezeption her, das bisher kaum registriert und erforscht, in seiner Motivik erfasst worden ist, geschweige denn eine Gesamtdarstellung erfahren hat. Sohn Richard wandte sich für solche Arbeiten an einen Graphiker. Ohnehin war damals ihre grosse Zeit vorbei.

Und wieder anders ist die Arbeitsweise der jetzigen Generation. Während Richard Aschwanden in späteren Jahren zur nüchternen, sachlichen, harten Photographie zurückfand (im Gegensatz etwa zu seiner Tellspiel-Serie), ist gegenwärtig wieder der weiche Geschmack gefragt. *Werner (Fany) Brühlmann* (*1942), seit einigen Jahren Mitarbeiter im Geschäft, verkörpert diese Stilrichtung. Der gelernte Buchdrucker, aus Malters stammend, absolvierte später eine Photographenlehre in Erstfeld und wurde von Vreni Aschwanden, der heutigen Geschäftsinhaberin, engagiert. Aufgrund von Kursen der Firma «Pro Cine» in Wädenswil holte Brühlmann die drei Hintergründe von Z'berg, die Aschwanden aufbewahrt hatte, aus der Versenkung hervor und

57 Originalentwürfe für Diplome, wie sie bei Schaustellungen verliehen wurden. Die Blätter verbinden photographische und zeichnerische Elemente und belegen die künstlerischen Fähigkeiten von Michael Aschwanden.

58/59 Neue Romantik: Porträts aus den späten achtziger Jahren (Fany Brühlmann, Altdorf).

begann, Hochzeitspaare davor zu photographieren. Ein anderes Merkmal der neuen Porträtphotographie, wie sie Werner Brühlmann pflegt, ist das sinnliche Décolleté. An sich nichts Neues, Aschwanden spricht von Wellen, die immer wiederkehren, zuletzt sei dies Ende der vierziger Jahre in Uri gewesen. Neu ist wohl, dass man ein solches Décolleté in Uri auch 13- bis 14jährigen Mädchen zubilligt, hierin einer grösseren Permissivität folgend.[13] Aschwanden selbst steht dieser Entwicklung kritisch gegenüber; es komme darin eine Haltung zum Ausdruck, die geistig nicht tief gründe. Er selber sei früher rasch davon weggekommen. Er habe strenger arbeiten wollen, weniger süsslich, mehr Kraft und Steigerung des Ausdrucks gesucht, den ganzen Menschen. Darum sei er von Kopfbildern weggekommen und habe Kniebilder angestrebt. Für den Augenblick aber finden die weichen Porträts mit träumerisch verlorenen Mädchenaugen in Uri guten Anklang.

Die Aschwanden als Familienphotographen –, so haben wir den Abschnitt überschrieben, der Formulierung Aschwandens folgend. Ist damit wirklich das Gesamtœuvre der Dynastie charakterisiert? Wohl kaum: Gerade die frühen Arbeiten von Grossvater Michael, die heute wieder sehr zu Ehren gezogen werden, zeigen, in welch packender und zugriffiger Weise die Aschwanden die Lebenswelt der Urner Bevölkerung festgehalten haben, in der sonderbaren und unverkennbaren Mischung von herbem Bergbauerntum, urwüchsigem Hirtendasein, Arbeit in Fabriksälen, Kleinhandwerk. Uri auch als Passantenland mit wachsenden Verkehrsströmen und wuchtigen Strassen- und Schienenbauten, als Ort der Elektrizitätsgewinnung, als eigenwilliger Kanton mit eigenwilliger Regierungsform, mit einer Geschlechterhierarchie, ein Volk, fähig zu ausdauernder Leistung, zu überschäumender Freude im wilden Fest, zu Zorn und Trauer und resignativer Hinnahme bei Katastrophen, nicht zuletzt von tiefer, oft archaisch anmutender Religiosität. Diese ganze verwirrende und oft widersprüchliche Wirklichkeit findet sich in der Bilderwelt der Aschwanden; vielmehr, sie geben davon ein bewegendes Zeugnis. Als Gesamtleistung ist das photographische Œuvre der Aschwanden unverwechselbar und in seiner Art einmalig.[14]

1 Uri damals. Photographien und Zeitdokumente 1855–1925. Altdorf 1984. Darstellungen zur lokalen Frühgeschichte der Photographie sind in der Schweiz eher selten. Zu erwähnen ist da etwa ein Aufsatz von *A. Müller*: Biedermeierisches Luzern. Die ersten Photographen. In: Heimatland. Illustrierte Monatsbeilage des «Vaterland». 8. 1948. 58–60. Danach stellt sich 1840 zum ersten Mal in einem Inserat ein Herr Kompass als Schüler Daguerres vor, und er kündigt im Gasthof zum «Weissen Rössle» zwei Sitzungen an, bei denen er nebst Vorführungen der neuen Kunst auch Familienporträts herstellen werde. In den nächsten Jahren folgten weitere Ankündigungen von andern Daguerrotypisten, die alle zugereist waren. Die ersten einheimischen Photographen nahmen ihre Arbeit nach 1852 auf: Karl Reinhart, Peyer-Kopp und Kaspar Grüter. Sie boten sowohl Daguerrotypien als auch Papierphotographien an, die ersten zu Fr. 5.– bis Fr. 12.–, die zweiten bis zu Fr. 25.–. Seit 1860 finden sich auch auf der Luzerner Landschaft einheimische Photographen.

2 1812 in Besançon als Sohn eines Textilfabrikanten geboren, wurde Braun zunächst Zeichner, entwarf Blumen und Früchte für die Textilfabriken des Elsasses. Nachdem die Erfindung der Photographie öffentlich bekanntgeworden war, trat er mit Daguerre in Verbindung und eröffnete 1853 im elsässischen Dornach ein Atelier. Um 1862 begann er, Handzeichnungen aus Museumsbesitz zu reproduzieren. Schliesslich entstand eine Kollektion von 500 000 Photographien von Kunstwerken aus den bedeutendsten Museen Europas. Gleichzeitig bereiste er mit einer Equipe die schönsten Landschaften der Schweiz und gab die dabei gemachten Photoaufnahmen als «Vues de la Suisse» heraus. Braun starb 1877. Während vier Generationen entwickelte sich die Firma Braun & Co. zu einem bedeutenden photographischen Unternehmen, das auch Millionen von Postkarten produzierte und 1920 z.B. 180 Arbeiter beschäftigte. Vgl. dazu *Freund* (wie Anm. 5, S. 43) 110 f.; Graubünden in historischen Photographien aus der Sammlung Adolphe Braun, mit einer Einführung von *Isabelle Rucki*. Basel 1988.

3 Wie Anm. 1.

4 Zur Familiengeschichte dieses bedeutenden Verlagsunternehmens vor allem der katholischen Sakralliteratur: *J. P. Zwicky von Gauen / R. Benziger-Müller* (Hg.): Ahnen und Nachkommen von Dr. Ralph Benziger und seiner Gemahlin Maria Donata Benziger geb. Müller. Privatdruck. Zürich 1975.

5 Die frühen Photographen kamen häufig aus dem Lithographenberuf, so etwa der berühmte Dresdener Hermann Krone.

6 Die Axenstrasse war 1865 eröffnet worden. Zu Nehrkorn vgl. Iten (wie Anm. 1) Anhang o. S.

7 Die Kollodiumplatten, das nasse Verfahren also, wurden gemäss Richard Aschwanden, dagegen noch lange in den graphischen Anstalten verwendet. Sie hatten den Vorteil einer grossen Schärfe, eines beträchtlichen Auflösungsvermögens. Sie boten harte Gradation, dafür wenige Zwischentöne. Auch die frühen Trockenplatten wiesen diese Eigenschaften auf. Die ersten orthochromatischen Platten waren nur blauempfindlich, später kamen grün- und gelbempfindliche dazu, die mehr Zwischentöne ergaben. Erst in den zwanziger Jahren kamen die panchromatischen Emulsionen dazu, die auch rotempfindlich waren.

8 Wie Anm. 1.

9 Die Kundschaft fand später das Treppensteigen zu anstrengend. Man musste zwei enge Stiegen erklimmen, eine letzte, dritte, fast wie eine Leiter angelegt, war besonders mühsam. Ältere Leute schafften das nicht mehr. Darum ist heute das Glasatelier ausser Gebrauch.

10 Vgl. dazu *Peter Weiermair*: Von der Kunstfotografie zur Neuen Sachlichkeit, in: Geschichte der Fotografie in Österreich. Bd. 1. Bad Ischl 1983. 187–203.

11 *Maria Schwabik/Maurice Misonne*: Léonard Misonne, ein Fotograf aus Belgien 1870–1943. Seebruck 1976.

12 Vgl. oben S. 21 ff.

13 Zur Geschichte des erotischen Mädchenporträts in der Photographie: *Susanne Regener*: Das verzeichnete Mädchen. Zur Darstellung des bürgerlichen Mädchens in Photographie, Puppe, Text im ausgehenden 19. Jahrhundert. Marburg 1988. 30–47. In der auch methodisch interessanten Arbeit werden «Mädchenbilder» unterschiedlicher Art (Photographien, Puppen, Texte) auf ihre gemeinsame idealisierende und ideologisierende Formungskraft angesprochen und untersucht.

14 Hier müssten auch die zahlreichen Bücher zu Geschichte und Volkstum Uris aufgelistet werden, zu denen Richard Aschwanden die hauptsächlichen Photos beigesteuert hat, etwa: 50 Jahre Urner Kantonalbank 1915–1965. Altdorf 1965; *Hans Muheim*: Altdorf. Schweizer Heimatbücher 184. Bern u. Stuttgart 1980.

60 Richard Würgler 1936 vor einer Repro-Kamera bei Orell-Füssli in Zürich.

DREI GENERATIONEN VON PHOTOGRAPHEN IM HASLITAL

Durch Zufall fand ich 1987 auf einem Flohmarkt in Mellingen (AG) schmuddelige Glasnegative, die nach eingehender Prüfung auf einen Photographen aus Meiringen hinwiesen. Es gelang, weitere Bestände aus dem betreffenden Nachlass, den offenbar ein Photoantiquar erworben und dann als zu wenig wertvoll abgestossen hatte, in Zürich sicherzustellen und auch den Namen der Photographen zu ermitteln: *Kaspar* und *Werner Metzener*. Ein weiterer Glücksfall kam dazu: Der Nachfolger dieser Photographen in Meiringen lebt noch und zeigte sich bereit, bei der Deutung und Interpretation der Bilder seines Vorgängers mitzuwirken. In der Folge übernahm er auch das mühevolle Kopieren der Hunderte von Glasnegativen, die im Schweiz. Archiv für Bauernhausforschung, Basel, aufbewahrt werden.[1]

Das Haslital bietet viele Parallelen zum Lande Uri: Es ist wie dieses ein tief eingekerbtes Bergtal vor bedeutenden Passübergängen nach dem Süden, es ist uraltes Transitland, Hort weit zurückreichender bäuerlicher Freiheiten. Es bildet das Quelland eines wichtigen Flusses der Schweiz, der Aare, es wirkt mit seinen steilen, himmelstrebenden Berghängen und Felswänden eng, stellenweise bedrohlich. Auch die Haslitaler kennen den Föhn, sie sind ebenfalls sturmerprobt und vor Feuersbrünsten auf der Hut. Meiringen wie Altdorf sind Opfer von föhnbedingten Feuersbrünsten geworden. Es bestehen aber auch Unterschiede: Das Haslital ist weniger industrialisiert als das Reusstal, weil ihm die internationale Bahnverbindung Nord–Süd fehlt; es liegt heute verkehrsgeographisch abseits, im Winter sind die südlichen Passübergänge geschlossen. Dafür weist das Tal eine stärkere touristische Infrastruktur auf; der Ferien-Tourismus spielt hier seit dem Ende des letzten Jahrhunderts eine wichtigere Rolle als in Uri. Beiden Tälern schliesslich ist wieder die starke militärische Präsenz gemeinsam, sie sind Teile der «Festung Schweiz», und ebenso kennzeichnet sie die frühe Nutzung der reichen Wasserkräfte durch Kraftwerkbauten.

Auch hier war die Frage zu stellen: Welche gemeinsamen alltagskulturellen Inhalte und Strukturen manifestieren sich in den Photographien, welche Unterschiede zeichnen sich ab? Was ist hier der einzelnen Persönlichkeit des Photographen zuzuschreiben, was liegt in den unterschiedlichen objektiven Gegebenheiten begründet?

Erzählen wir von diesen Photographen:

«*Kaspar Metzener* (1864–1938) besass als erster Photograph in Meiringen ein eigentliches Atelier. Vorher war nach Auskunft von Robert Würgler einer da, der mit einem Photoapparat hie und da Leute photographiert habe, sein Name sei aber verschollen.[2] Metzener kam 1898 von Interlaken, wo er bei Photograph Schmocker die Lehre absolviert hatte, nach Meiringen, ein kleiner, magerer Mann mit schwungvollem, nach oben gezwirntem Schnurrbart. Er soll kompliziert und umständlich gewesen sein, von eher schwächlicher Gesundheit, so dass er sich vor allem auf Atelieraufnahmen konzentrierte. Wahrscheinlich aufgrund einer Erbschaft konnte er sich an der Schulhausgasse ein Haus mit einem grosszügigen Glasatelier bauen, das ein gewölbtes Glasdach, einen Grundriss von 8 × 12 Metern und eine Höhe von rund 3,5 Metern aufwies. Unter dem Glasdach waren Drähte für Rideaux gespannt, womit der Lichteinfall geregelt werden konnte. Metzener besass viele Requisiten, die auf seinen Photos erscheinen, dazu drei bis vier Hintergründe, war so gut eingerichtet. Trotzdem brachte er es auf keinen grünen Zweig. Würgler: 'Wissen Sie, es gibt zwei Arten von Geschäftsleuten: Die einen wissen, wie und wo man zu Geld kommt, und

61 Meiringen als Föhngegend wurde zu verschiedenen Malen von Brandkatastrophen heimgesucht. Als Vorläufer des Photoreporters versuchten die darstellenden Künstler, ein Bild solcher Ereignisse wiederzugeben. Eugène Burnand, der Waadtländer Maler (1850–1921), zeichnete eine Vision der Ereignisse, die nachher als Holzstich im «Véritable messager boiteux de Berne et Vevey» von 1880 erschien. Der Brand erfolgte am 10. Februar 1879 und machte mehr als 600 Personen obdachlos. Zur Zeichnung heisst es unter anderem: «Notre dessin représente l'arrivée des secours envoyés par les villages voisins. Pompeurs et sauveteurs accourent au galop. Et tandis qu'une partie de la population forme la chaîne, l'autre est occupée à sauver le bétail, gros et petit, qu'elle poursuit et chasse non sans peine vers les coteaux.»

daneben gibt es die Idealisten. Früher war das vielfach eine arme Sache, die haben viel photographiert, und dann bekamen sie kein Geld dafür. Man lebte von der Hand in den Mund.' Bei Metzener scheint das Photographiertwerden eine sprichwörtliche Qual gewesen zu sein. Brautpaare seien in Ohnmacht gefallen, wird wohl mit einer gewissen Übertreibung behauptet, weil Metzener immer noch etwas zu verbessern fand und sich dabei als sehr umständlich erwies. Ein Porträt dauerte eine gute halbe Stunde, Metzener habe sich 'wichtig gemacht'. Allerdings hätten die Leute auch geglaubt, der Photograph verdiene sein Geld zu leicht, wenn die Prozedur zu schnell vor sich gegangen wäre. Ganze Vormittage seien für ein Familienbild vergangen, bis endlich einmal alle die richtige Kopfstellung eingenommen hatten und das Licht gestimmt habe.»

«Warum nach dem guten Anfang in Meiringen die Geschäfte immer schlechter gegangen sind, das lässt sich nachträglich nicht mehr genau feststellen. Die ungünstige Lage an der Schulgasse, abseits der Hauptstrasse, hat wohl eine Rolle gespielt, das Geschäft war für Touristen nicht leicht zu finden. Zudem bot der Photograph nicht eine unverzichtbare Dienstleistung an, das Photographiertwerden war eher ein Luxus, der eine gewisse Wohlhabenheit voraussetzte. Auch waren vor allem die Jahre nach dem Ersten Weltkrieg eine wirtschaftlich magere Zeit, und die Umständlichkeit Metzeners mag mitgespielt haben. Zudem war er in keinem Verein, so dass er von dieser Seite her keine Aufträge erwarten konnte, diese Aufträge fielen der Kunstanstalt Brügger zu.» (Waltraut Bellwald)

Die Frau Metzeners, Helga (*1877), soll eine tüchtige Frau gewesen sein. Die ganze Familie half im Betrieb mit, die fünf Töchter und der Sohn Werner. Mit einer Papeterie, einem Spielwarengeschäft, einer Annahmestelle für eine Kleiderfärberei und Chemische Waschanstalt in Basel versuchte die Familie zu überleben. Es soll im Hause Metzener lebhaft zu- und hergegangen sein, es sei wie auf einem Markt gewesen. Man habe dort gerne und gut gesungen, vor allem die Schwestern hatten gute Stimmen.

62/63 Ein unbekannter Photograph hat das trostlose Bild nach der Katastrophe von 1879 festgehalten. Bereits sind die verkohlten Trümmerbalken weggeräumt. Ein Grossteil der Siedlung, ausser der Partie um die alte Dorfkirche herum, ist dem Feuer zum Opfer gefallen. Im Vordergrund die Ruine der Englischen Kirche.

64 Die Familie des Drechslers Hermann Würgler, Meiringen. Im Hintergrund rechts der zukünftige Photograph Robert Würgler. «Nach zwei Stunden Posieren und nach endlosem Herumkorrigieren war Vater ziemlich wütend auf Onkel Kaspar, deshalb schaut er auch so böse.» (Robert Würgler, Aufnahme K. Metzener).

Der einzige Sohn, *Werner*, 1896 geboren, erwies sich später als höchst intelligenter und sensibler Mann, blieb aber Zeit seines Lebens offenbar unselbständig. Der Vater habe ihn bis zuletzt herumdirigiert. Werner war ein guter Photograph, der gerne im Freien arbeitete; es ging ihm aber der Geschäftssinn ab. Er verfasste auch gute Texte, war musikalisch, spielte Geige. Im Turnverein galt er als geschickter, kräftiger Aktiver. Die Lehre absolvierte er beim Vater und war lange Zeit in Genf tätig, zum Teil als Retoucheur. Er musste dann, auf Geheiss des Vaters, wieder heimkommen. In den zwanziger Jahren übernahm er das Geschäft. Aber auch er hatte wirtschaftlich Mühe. Vor allem gelang ihm die Umstellung auf neue Gegebenheiten schlecht; er konnte sich nicht mit den Laborarbeiten für Amateurphotographen abfinden. Ein Postkartenverlag, den er aufgezogen hatte, brachte ihn auch auf keinen grünen Zweig. Zudem bestand die ernsthafte Konkurrenz der Kunstanstalt A. Brügger, die am Ort selbst viele Photoaufträge übernahm. 1938 gab er das Geschäft nach dem finanziellen Ruin auf. Er zog fort, und mit ihm kam auch das ganze Photobildmaterial des Vaters weg. 1984 starb Werner Metzener in Interlaken.

1939, ein Jahr, nachdem Werner Metzener das Photoatelier aufgegeben hatte, eröffnete der Cousin *Robert Würgler* sein Geschäft in Meiringen. 1912 geboren, wuchs er an der Schulhausgasse auf, im Nachbarhause von Photograph Metzener. Seine Mutter Berta (*1872) und Frau Metzener waren Schwestern. Vater Hermann (1870–1961) betrieb eine Drechslerwerkstätte, wo er, wie es der Grossvater schon getan hatte, vor allem Stöcke für die Touristen herstellte. Seine Spezialität waren Tabakspfeifen, die er auf den Märkten von Interlaken und Grindelwald feilbot, und Gemshornstöcke, ein damals gängiger Fremdenartikel. Dazu verwendete er echte Gemshörner, aber auch Büffelhörner, welche die Firma Danzas, Basel, aus Südamerika importierte.

In den handschriftlichen Jugenderinnerungen, die Robert Würgler für seine Kinder verfasst hat, heisst es dazu: «Ja, diese Drechslerwerkstatt war ein Paradies für uns Kinder. Schon früh hat Ätti [Vater] mich an die Drehbank gestellt, wozu er noch eine Kiste benötigte, meiner fehlenden Grösse wegen. Mit starker Hand führte er meine Hände mit dem Meissel, um zuerst die gröbsten Kanten vom Holzstück abzudrehn. Bis ich es einigermassen los hatte, vergingen Jahre und manch widerholziges 'Ditschi' [Holzstück] ist in weitem Bogen durch die Werkstatt geflogen. Mit der Zeit lernte ich es aber doch und drechselte mir allerhand Spielzeug. Redli [Rundscheiben], für allerlei Zwecke, waren verhältnismässig leicht zu machen. Doch folgten später Dosen, Gschirrli und eben all das, was ein Bubenherz gerne macht.»

Die Eltern Würgler hatten eine zahlreiche Kinderschar zu ernähren: fünf Buben und zwei Mädchen. Bruder Friedrich starb 1919 an der Grippe, als er in der Maschinenfabrik Oerlikon eine Lehre absolvierte. Mit dem Krieg kamen schwierige Zeiten. Die Fremden blieben aus, der Tourismus, einst für Meiringen eine wichtige Einnahmenquelle, ging schlagartig zurück. Er sollte für das Dorf nie mehr die alte Bedeutung erlangen. Das belegt die Alpbachschlucht hinter dem Flecken, die man früher über Felswege und Stege besichtigen konnte. Heute ist die ganze Anlage zerfallen.

Dafür kamen vorübergehend andere Gäste, französische und belgische Internierte, die sich auch reichlich im photographischen Œuvre von Kaspar Metzener niederschlagen sollten. In Würglers Erinnerungen heisst es dazu: «Gegenüber unserem Haus ist das Hotel Adler, im Anbau eine Kegelbahn und ein Konzertsaal und im Dachstock Fremdenzimmer. Es muss um 1917 gewesen sein, ein warmer Sommertag, da gab es plötzlich Betrieb im 'Süssen Wichel'. So um die zwanzig Mann waren es, internierte Franzosen, die im Adler einquartiert wurden. Mit Singen und Johlen bezogen sie ihre Zimmer, schauten zum Fenster hinaus, winkten uns Kindern und warfen uns Biscuits zu, steinharte wie unsere 'Bundesziegel' [Militärknäckebrot]. Mit der Zeit kam es mit den Nachbarn und Einheimischen zu richtigen Freundschaften und anderem. Oft arbeitete ein Belgier namens Pierre in unserer Werkstatt. Er machte aus grossen Dachrafennägeln Brieföffner. Beim Schmied formte er den Nagel flach, bei uns formte er den Kopf schön rund, und nachher wurde die Oberfläche des Messers mit Verzierungen versehen. Ziselieren sagt man dem, glaub ich. Ein Photo mit Pierre und mir, das Bruder Hermann gemacht hat, erinnert uns noch heute an diese Zeit. Auf Tageslicht-Papier wurde noch kopiert, ganz schön braun, aber für eine einfache Boxkamera von Kodak recht gut.»

Zu Hause herrschte Schmalhans. Die Mutter arbeitete als Hebamme und half so, die Familie durchzubringen. Robert besuchte die Primar- und die Sekundarschule am Ort. Die Berufswahl sei für ihn kein Problem gewesen. Er habe durchaus gewusst, was er nicht lernen wollte: eine Bürolehre hätte ihm nicht behagt. Aber Schreiner, Schmied, Drechsler, alle handwerklichen Berufe wären ihm gelegen. Er kannte sie seit seiner Jugend: Man wuchs in den Werkstätten auf, schaute den verschiedenen Handwerkern zu, half da und dort auch bei der Arbeit. «Ja, die schöne Zeit! Wo findet man heute noch einen Ort, wo rings herum die verschiedenen Handwerker und Werkstätten sind? Pferdeställe mit Postrossen, die Schmiede, wo sie beschlagen wurden, den Sattler, der das Lederzeug flickte oder neues Saumzeug machte, das Hotel mit Kegelbahn, wo man ab und zu einen Rappen verdienen konnte mit Kegelstellen, dazu viele liebe Nachbarn, z. B. Moor Hans, der Schmied. Wenn's die Arbeit erlaubte, durften wir an der Esse Nägel oder Eisenstücke glühend machen und auf dem Amboss irgend etwas schmieden. Solche Sachen durften wir natürlich erst in späteren Jahren machen. Doch durften wir immer in jede Werkstatt gehen und den Arbeiten zuschauen. Neben unserem Nachbarn Moor war die Postscheune. Dort waren die Pferde für die Grimselpost. Fünfspännig fuhr man über die Grimsel. Ab und zu warteten wir bei der Post auf die Rückkehr der Grimselpost und durften dann mit den Pferden zum Stall reiten. Nicht nur wenn's schön ging, waren wir dabei. Oft mussten wir zuschauen, wie ein Pferd, das den Kreuzschlag [Kreuzlähmung] bekam oder überfordert war, getötet werden musste. Über dem Stall war ein grosser Raum für das Stroh, Hafersäcke, Johannisbrot etc., ein Eldorado für uns Kinder, um Versteckis zu spielen. Einer der letzten Postillione war ein Zenger an der Kapellenstrasse. Mit seinem grossen Schnurrbart à la Kaiser Franz-Josef machte er einen mächtigen Eindruck auf uns, nicht etwa Angst. Er war ein ruhiger, lieber Typ.»

65–68 Von 1914–18 weilten zahlreiche internierte französische, belgische und englische Soldaten zur Erholung in Meiringen. Das Verhältnis zur Bevölkerung war offenbar gut. Die Internierten scheinen eifrige Kunden des Photoateliers Metzener gewesen zu sein, wie die zahlreichen Porträts belegen. Gerne liessen sich Offiziere und Soldaten mit ihren Frauen oder Freundinnen ablichten, wobei jeweils nicht auszumachen ist, ob es Einheimische oder Französinnen sind (K. Metzener).

Im übrigen war die Auswahl der in Frage kommenden Berufe gering. Ein Schulfreund Roberts, dessen Vater die Kunstanstalt A. Brügger in Meiringen betrieb, die v. a. Hotelprospekte herstellte, schlug ihm vor, eine Lehre als Offsetdrucker anzutreten. Robert sagte zu, aber Freund Walter überlegte es sich anders und begann selber die Lehre. Dafür bot sich Robert die Gelegenheit, in der Firma den Photographenberuf zu erlernen (1928–1931). Brügger beschäftigte einen eigenen Photographen, der v. a. Hotelbauten für Prospekte aufnahm. Robert musste die Aufnahmen entwickeln, vergrössern, die Photomontagen für die Prospekte herstellen. Photographieren gelernt habe er dabei nicht, das habe er selber nachgeholt. Der Bruder besass eine 10 × 15 Klappkamera. Die lieh er ihm, und damit zog Robert in die Berge. Die Abschlussprüfung fand in Thun statt.

Nach der Lehre – es waren die schwierigen dreissiger Jahre – fand Würgler nur zeitweise Arbeit. Sonst half er dem Bruder bei der Fabrikation von Skistöcken. Oder er verbrachte die Wintersaison in den photographischen Ateliers von Max Amstutz in Mürren und von Bertschinger in Klosters; er entwickelte dort Filme, kopierte, vergrösserte; es waren vor allem Kundenarbeiten. Ab und zu gab es auch Standaufnahmen im Freien zu machen, hauptsächlich Photos von Skischulen usw. Die Saison dauerte von Weihnachten bis März, man logierte beim Meister. Robert absolvierte auch eine Ausbildung als Repro-Photograph bei Orell Füssli & Co. in Zürich, ein halbes Jahr lang. Weil er nicht gewerkschaftlich organisiert war, zahlte man ihm nur einen kleinen Lohn. Aber er habe dabei viel gelernt. Ein halbes Jahr – zur Zeit der Weltausstellung von 1937 – verbrachte er in Paris, besuchte dort eine kaufmännische Schule, um sein Französisch zu verbessern. Nach der Rückkehr lernte er in Meiringen seine spätere Frau Martha Teuscher kennen. Als dann der Cousin Werner sein Atelier aufgab, musste Robert sich entscheiden. Sein Vater hatte 1933 neben dem Hotel Sauvage ein zweistöckiges Chalet gekauft, damit der ältere Bruder, Hermann, dort ein Sportartikelgeschäft betreiben konnte. Hier richtete Robert Würgler auch sein Photographenatelier ein, in einem Anbau, der 1939 fertiggestellt war. Im gleichen Jahr wurde geheiratet. Mit viel Optimismus und wenig Geld nahm Würgler seine Geschäftstätigkeit auf. Die Einnahmen waren klein, der Aktivdienst unterbrach die berufliche Arbeit für längere Zeit. Robert war als Artilleriebeobachter bei einem Photozug eingeteilt, das sei ein interessanter Dienst gewesen. Es galt z. B. photographische Panoramen für die Artillerie herzustellen. Dazwischen betätigte er sich wieder als selbständiger Photograph. Mit der Zeit engagierte er eine Angestellte zur Mithilfe im Labor oder im Haushalt. Später kamen Lehrlinge dazu: insgesamt vier Mädchen und zwei Buben, die inzwischen alle ihren Beruf aufgegeben haben.

Zur täglichen Beschäftigung des Photographen Robert Würgler gehörten Passaufnahmen, Kinderbilder, Familienporträts, Konfirmationsandenken, die allerdings mit der Zeit aus der Mode kamen. Aufnahmen von Toten waren in der Gegend nicht üblich, hie und da musste ein Unfallopfer im Spital photographiert werden. Mehr und mehr bildete sich ein neuer Schwerpunkt heraus, den schon Werner Metzener gepflegt hatte: ein kleiner Kartenverlag mit Schwarzweiss-Bildern. Würgler beschränkte sich auch bei seinen Ansichtskarten auf die eigene Region, von der Grimsel bis nach Meiringen und dem Hasliberg. Eine Zeitlang druckte er die Karten selber; er hatte eine Maschine konstruiert, deren Prototyp die Firma Phobag (Photogerätebau AG) in Zürich baute. Würgler belieferte die einschlägigen Geschäfte in der Gegend; es entwickelten sich dabei persönliche Beziehungen, es seien liebe Kunden gewesen. Der Verlag R. Würgler, Meiringen, bot schliesslich rund 300 Sujets an; man musste damals minimal 300 Stück aufs mal drucken, damit die Sache rentierte. So unterhielt Würgler ein grosses Lager. Ende der fünfziger Jahre entschloss er sich, auch farbige Postkarten herauszugeben. Die ersten Karten druckte die Firma Vontobel in Feldmeilen. Er dachte, mit einem Dutzend Farbsujets sei es getan. Schliesslich wurde aus den bescheidenen Anfängen ein Sortiment von 250 Farbkarten. Wenn man bedenkt, dass jeweils mindestens 3 000 Stück hergestellt werden mussten, kann man den Umfang des Vertriebs ermessen. 1971 gab Würgler den Laden auf, behielt aber das Aufnahmeatelier, die Dunkelkammer und den Verlag noch bei. Schliesslich reduzierte sich alles auf den Verlag. Das sei die beste Zeit für ihn gewesen. Ungebundener, habe er sich dem eigenen Photographieren widmen können. 1981 übergab Würgler den Verlag mit den Restbeständen der Schwiegertochter in Bern. Nach Bedarf wird noch nachgedruckt, aber man gibt keine neuen Sujets mehr heraus. Die Konkurrenz sei zu gross geworden.

69 Kranzschwinger Walter Abplanalp, später eidgenössischer Kampfrichter (vermutlich W. Metzener).

70 Schwingfest auf der Grossen Scheidegg (vermutlich W. Metzener).

71 Zur Zeit der Photographen Metzener war Meiringen noch kein Wintersportort. 1929 beschloss der Skiklub Hasli den Bau einer Sprungschanze. Alljährlich wurde sie mit grossem Aufwand hergerichtet. Das Interesse blieb jedoch bescheiden, so dass man in den fünfziger Jahren das Springen einstellte (W. Metzener).

72 Der Tourismus als Verdienstquelle des Tales: Bergführer vor der Kamera, mit den damals üblichen Schneeschuhen (vermutlich K. Metzener).

73 Oberländischer Bezirksturntag in Meiringen 1933, Mannschaftsübungen (W. Metzener).

74 Viele ehemalige Hotels in Meiringen wurden abgebrochen oder zweckentfremdet. Hier das Hotel Terminus-Brünig (Postkartenaufnahme Metzener).

75 Hotelportier. In der Blütezeit des Tourismus warteten bis zu zwanzig Portiers beim Bahnhofareal auf Feriengäste (K. Metzener).

76 Meiringen im Winter, typisches Beispiel einer Postkartenaufnahme (vermutlich K. Metzener).

77 Das Atelier des Photographen Kaspar Metzener an der Schulhausgasse (K. Metzener).

78 Knabe im Sennenkostüm (K. Metzener).

79 Metzener besass verschiedene Hintergründe und reichlich Requisiten: Hier eine Haslitalerin als sitzende Helvetia vor der Bergkulisse der Rosenlaui (K. Metzener).

Seit den siebziger Jahren gab es so in Meiringen keinen Berufsphotographen mehr. Kundenaufträge wurden in der Drogerie, der Migros und im Coop entgegengenommen. An dieser Sachlage änderte auch das kurze Zwischenspiel nichts, das der Photograph *Herbert Steiner* aus Interlaken in Meiringen gab (1983–89). Eine photographische Kultur ist im Tal zu Ende gegangen, die Zeit, wo der Photograph unabdinglicher Zeuge des Lebens einer Bevölkerung war, ihrer schönen Stunden und auch der dunklen. Würgler selbst aber kann sich seinen Freizeitbeschäftigungen widmen: dem Aquarellieren nach der Natur, einer Liebhaberei, der er schon als Knabe oblag, die er aber später aus beruflichen Gründen aufgab. Würgler photographiert zuerst die betreffenden Sujets und malt sie nach der Vorlage, wie es auch im 19. Jahrhundert bekannte Kunstmaler taten. Er musiziert auf vielfältigen Instrumenten: Cello, Flöte, Handorgel, Keyboard. Lange Jahre war er Mitglied des Turnvereins. Seit rund drei Jahren setzt er sich energisch gegen eine weitere Verbetonierung der heimatlichen Landschaft durch die Elektrizitätswirtschaft zur Wehr. Zusammen mit vier älteren Gesinnungsgenossen sucht er das öffentliche Bewusstsein aufzurütteln und die profitorientierten Mammutprojekte der Bernischen Kraftwerke zu bekämpfen. Ein gerechter Zorn überkommt ihn, wenn er von den Plänen der Wasserwirtschaft spricht. Danach sollen z. B. an einem Ort ein Arvenwald, anderswo eine ganze Alp unter Wasser gesetzt werden, damit man mit Billigstrom Wasser dorthin pumpen und die Energie während Zeiten der Konsumspitze gewinnträchtiger nutzen kann.

Im Gegensatz zu Metzener besass Würgler nur eine bescheidene Atelierausrüstung. Der Raum war relativ klein, als Hintergründe verwendete er Vorhänge und eine weissgestrichene Pavatex-Wand. Die grosse Zeit der Atelierphotographie war ohnehin vorbei. In den letzten Jahren seiner Photographen-Tätigkeit überlegte sich Würgler, ob er sich nicht eine Anlage für Hintergrund-Projektionen einbauen sollte, v. a. für Photoaufnahmen für Fremde. Das wäre seiner Meinung nach ein gutes Geschäft geworden. Man

80 Rev. J. W. Horsley, ein anglikanischer Geistlicher aus Southwark, brachte seit den neunziger Jahren alljährlich englische Touristen nach Meiringen. Zuerst waren es nur einige Mitglieder seiner Kirchgemeinde, später bis zu hundert Personen. Bildung und Vergnügen waren das Motto ihrer Reise zur «Perle des Oberhasli». Gewöhnlich logierten die Engländer im Hotel «Bären». Rev. Horsley in der Mitte mit Schlapphut, langem Bart und einheimischer Trachtenbluse (vermutlich K. Metzener).

81 Partie an der Sustenstrasse mit Wendenstöcke (Würgler).

hätte dann, ähnlich wie bei Reklameaufnahmen, mit Dias Berglandschaften auf die Rückwand projizieren können.

1949 bauten sich die Eheleute droben in Stein ein behagliches Chalet. Am alten Standort im Dorf drunten war es für die Familie zu eng geworden. Vier Kinder wuchsen heran: Robert (geb. 1940), der sich später auf Reproduktions-Photographie spezialisierte, in einem englischen Versuchslabor arbeitete und heute bei der Tetrapack in Romont leitend tätig ist; Andreas (geb. 1942), der als gelernter Offset-Drucker ebenfalls nach England zog, drei Jahre in Pittsburg (USA) bei der Printing Press arbeitete, nach der Hochzeit in die Schweiz zurückkehrte und heute Rayonvertreter der Papierbranche ist; Theres (geb. 1944), die als gelernte Fusspflegerin eine eigene Praxis in Meiringen führt. Christine (geb. 1953) schliesslich arbeitet als Verkäuferin mit Meisterprüfung beim Globus in Bern.

Das photographische Schaffen Würglers wirkt in Bildwahl und Technik traditionell; es sind naturgemäss v.a. Motive, wie sie sich für einen Postkartenverleger eignen: Dorfbilder, Berglandschaften, Wasserfälle. Sie sind mit einer ausgesprochenen Liebe zum Detail aufgenommen, das feingezeichnet erscheint. Die Bemerkung Würglers, als er die Glasplatten Metzeners durchsah, trifft die Sache: «Ich habe genau dieses Bild, am gleichen Standort, aufgenommen, ohne etwas von diesem Photo Metzeners zu wissen.» Die Motive drängen sich dem Photographen auf, wenn er mit den Augen des interessierten Fremden, seines potentiellen Kunden, die heimatliche Landschaft schaut. Es ist mir beim Betrachten des photographischen Schaffens Würglers bewusst geworden, in welchem Mass die heutige professionelle Kundenphotographie von der Alltagswirklichkeit abgerückt ist. War früher der Photograph Dokumentarist des familialen und individuellen Lebenslaufes, dessen hervorragende Momente er festhielt, so wird dieser Bereich heute weitgehend von der Amateurphotographie abgedeckt. Eine Ausnahme bildet der Reportagepho-

82 Winterlandschaft Hasliberg (Würgler).

tograph, der ja in vielseitiger Weise versucht, die soziale und politische Wirklichkeit einzufangen. Neben den Routine-Aufträgen, wie sie im Atelier und Labor anfielen, blieb Würgler Zeit, sich gleichsam als «Hobby»-Photograph zu betätigen. Hier kam die künstlerische Seite des Photographierens zu ihrem Recht. Bei Würgler ist es die Farbphotographie mit behutsamen, fast andachtsvollen Bildern der Natur: die schäumenden Wasserfälle seines Tales, die über scharfe Felsen im Wechsel von Licht und tiefen Schatten stürzen, die heimatlichen Blumen, die Seerose etwa auf dem eigenen kleinen Teich. Es sind Aufnahmen von Kristallen darunter und von mit Flechten überzogenen Felswänden. Ausgeblendet erscheint eine andere Realität des Tales: die gigantischen technischen Eingriffe, die sich in den monumentalen Kraftwerkbauten manifestierten. Das verletzt Würglers tiefen Respekt vor der Natur, seine Liebe zur Heimat.

Ein konventionelles, deswegen aber volkskundlich nicht weniger interessantes Œuvre

Im Vergleich etwa zu den Bildern Ernst Hiltbrunners[3] wirken die Photographien der beiden Metzener flacher, zwar technisch gekonnter, aber viel weniger expressiv. Es ist professionelle Durchschnittsarbeit, mit dem Charakter des Routinehaften. Der Vergleich zwischen Holzschnitt und Lithographie drängt sich auf. Hiltbrunner ist auf seine Weise eine anachronistische Erscheinung. Zu einer Zeit, als bereits überall professionelle Photographen am Werk waren, fristete er abseits im Winkel des bäuerlichen Emmentals als amateurhaft arbeitender Berufsmann sein Leben. Da waren die Ansprüche an die Meiringer Photographen grösser; sie mussten dem Standard einer touristischen Kundschaft genügen, die städtische Massstäbe anlegte. In den Photographien der Metzener sind denn auch stärker als bei Hiltbrunner ein internationales Vokabular, die Formensprache der allgemeinen Photographie jener Zeit

83 Rosenlaui–Kaltbrunnenalp (Würgler).

wiederzufinden. Für den Volkskundler ist das Œuvre der Haslitaler Photographen dennoch interessant, oder gerade deswegen, weil es den Durchschnitt des photographischen Schaffens wiedergibt, wie es an vielen Orten damals üblich war.

Auch zu den Aschwanden ergeben sich bezeichnende Unterschiede. Sie liegen in einer anders gelagerten Bilderwelt: Bei den Urner Photographen haben wir Aufnahmen der technischen Entwicklung, die sich im Tale vollzog, etwa beim Verkehr, von der Kutsche an der Axenstrasse bis hin zur Schnellzugslokomotive der Gotthardbahn. Industrielle Anlagen, Fabrikhallen sind wiedergegeben, Photos vom katholischen Kult und seiner reichen Ausgestaltung im Kirchenjahr. Besonders prägnant sind die dominanten Persönlichkeiten einer lokalen Hierarchie, einer Geschlechtertradition, vertreten. Bei den Metzener dominieren dagegen die vielen Familien- und Gruppenaufnahmen, wobei Touristen und Einheimische in der Aufmachung oft fast nicht zu unterscheiden sind, weil sich – so lautete die anfängliche Vermutung – die Touristen offenbar gerne in Einheimische verwandelten, eine naive Form des «going natif». Die tatsächlichen Verhältnisse scheinen aber den gegenteiligen Vorgang zu belegen: Die Einheimischen ahmten in ihrer Kleidung die Freunden nach. Dann dominieren bei den Meiringern die Aufnahmen von Vereinen, den Turn- oder Schwingfesten zum Beispiel, frühen Skirennen, Photos von Hütten und Hotelbauten. Die Landschaft des Haslitals ist stark vertreten, tief verschneite Alpen etwa, Wege durch Waldlandschaften, Wasserfälle, aber auch das Dorfbild, von allen Seiten aufgenommen, wie es eben für einen Kartenverleger typisch ist. So wirkt das Œuvre der Metzener ländlich-intim, der Zug der grossen Welt ist weniger spürbar als bei den Aschwanden, die mit wachen Augen den Wandel verfolgten, da ist mehr Beschaulichkeit, weniger Wirbel. Eine Besonderheit stellen die Aufnahmen von internierten französischen und belgischen Soldaten

84 Die Verbetonierung der Berglandschaft: Bau der Oberaar-Staumauer. Fünfziger Jahre (Würgler).

85 Kirche von Meiringen, Restaurationsarbeiten im Innern 1973 (Würgler).

86/87 Rückzug in die Idylle: Bergkristall (Würgler), Seerose (Würgler).

aus dem Ersten Weltkrieg dar, Bilder, für die Angehörigen zu Hause bestimmt und als Erinnerung gedacht. Sie erstaunen uns heute, weil die internierten Soldaten sich mit den eigenen Frauen ablichten konnten. Oft stellten sie sich auch inmitten der Gastgeberfamilien der Kamera. Es kommt darin ein Fraternisieren zum Ausdruck, wie es im Zweiten Weltkrieg wohl kaum mehr denkbar war.

Typisch ist auch, was fehlt. Wir haben kaum Aufnahmen von Kraftwerkbauten, die doch einen gewaltigen Einschnitt in der Entwicklung des Tales darstellen. In den offiziellen Büchern über die Hasliwerke, an denen es nicht fehlt, finden sich keine Aufnahmen von Werner Metzener. Die Firma brachte offenbar die eigenen Photographen mit oder betraute damit Auswärtige, liess die örtlichen Berufsleute unberücksichtigt, auch dies ein Zeichen, wie unbekümmert man damals über die Interessen der Einheimischen hinwegging. Heute würde man von einem Binnenkolonialismus sprechen.

ANMERKUNGEN

1 1988 bildete sich eine Arbeitsgruppe von Studenten der Volkskunde an der Universität Zürich, die eine Ausstellung mit dem Titel «Drei Photographen und ihr Tal» (eröffnet im Juni 1989) vorbereitete: Peter Bretscher (Projektleiter), Silvia Bärtschi, Waltraut Bellwald, Roland Gysin, Dora Mugwyler. Die Bildlegenden sind teilweise den Ausstellungstexten entnommen. Zudem verdanke ich verschiedene biographische Ergänzungen zu den frühen Talphotographen Waltraut Bellwald.

2 Aufgrund von Inseraten in der Talzeitung liess sich noch folgendes feststellen: Im Juni 1896 empfiehlt sich ein Adolf Schmocker beim Hotel Brünig für Aufnahmen im Atelier bei jeder Witterung, und im gleichen Jahr hält ein C. Lichtenberger sein Atelier am «nächsten Sonntag, 22. Mai für Aufnahmen offen». Auch das Haslital wurde im 19. Jahrhundert von den grossen Photoverlegern erfasst, wie etwa Albuminabzüge von Giorgio Sommer, Napoli, belegen. Später kamen die Aufnahmen von Schroeder & Co, Zürich, und der allgegenwärtigen Firma Gebrüder Wehrli, Kilchberg, dazu (Panorama der Schweiz. Ein Bilder-Cyclus der schönsten und merkwürdigsten Stellen helvetischen Landes. III. Durchs Berner Oberland. Mit beschreibendem Text. Weggis am Vierwaldstättersee 1890.) Zu Giorgio Sommer (Frankfurt 1834 – Napoli 1914) vgl. *Michèle Auer, Michel Auer*: Encyclopédie internationale des Photographies de 1839 à nos jours, Bd. II. Hermance 1985. o. Paginierung, und generell: *Piero Becchetti*: Fotografi e Fotografie in Italia 1839 – 1880. Roma 1978. Für diese frühen Photographen bildeten vor allem die Aareschlucht, der Handeckfall und gewisse Felspartien an der Brünigstrasse beliebte Motive.

3 Unten S. 132 ff.

88 Einer der wenigen Wasserfälle, die noch nicht zwecks Stromerzeugung trockengelegt sind (Würgler).

89 Ernst Hiltbrunner mit seiner Polaroid-Kamera im Atelier (Corradi).

ERNST HILTBRUNNER

Ein Emmentaler Dorfphotograph

Hiltbrunner wohnt mit seiner um vierzig Jahre jüngeren zweiten Frau in einem kleinen Haus unten an der Stützmauer des Kirchhofs von Rohrbach.[1] Im Haus befand sich früher eine Bäckerei; am Dachhimmel zeugen gemalte Handwerkssymbole davon. Im Keller steht noch der Backofen. Über eine schmale Aussentreppe gelangt man in das kleine Ladenlokal, das Hiltbrunner als Atelier dient. Eng ist hier alles, nur das Nötigste findet sich: an der rückseitigen Wand ein weisses Leinen, vor dem Fenster eine Lichtwanne, deren Neonleuchten die Helligkeit für Porträtaufnahmen liefern, davor ein beweglicher Diffuser. Auf einem hölzernen Podest thront in der Raummitte eine kleine Polaroidkamera, der letzte Apparat, mit dem bei Bedarf noch Porträtaufnahmen gemacht werden.

Die beiden Eheleute empfangen leutselig, freundlich, bitten, einzutreten. Hiltbrunner selbst, mit schlohweissem Haar und knochigem Gesicht, erzählt gerne und gut, auch wenn sein Gedächtnis, altersbedingt, starke Lücken aufweist. Ein trockener Humor ist ihm eigen, seine Sprache wirkt anschaulich, er verwendet kernige, alte Redewendungen.

1900 in Wyssachen geboren, hat er sein ganzes Leben im Umkreis von Huttwil verbracht. Der Vater war Zimmermann. Als er aus gesundheitlichen Gründen nicht mehr in seinem Beruf arbeiten konnte, begann er zu weben. In einem kleinen Saal des elterlichen Hauses standen schliesslich sieben Handwebstühle; doch waren in seiner Jugend bereits nicht mehr alle in Betrieb.[2] Auf solchen Heimwebstühlen wurden damals nur noch verzierte Artikel hergestellt, etwa mit Blumenmotiven: weisse Tischtücher und Servietten, die den Namen des betreffenden Hotels trugen, mit den «Tulipan»-Mustern (Tulpen) und auch Rosen mit Blättlein und Knospen (Bildweberei genannt). Die Arbeit vergab eine Leinenweberei Imobersteg in Huttwil, die seit rund 25 Jahren nicht mehr besteht. Sie lieferte Webstuhl, Muster und Materialien. Beim Weben stand man; mit einem Bein bediente man das Trittbrett und zog mit der Hand die entsprechenden Schnüre. Die Stühle verlangten hohe Räume, damit man die Lochkarten befestigen konnte.

Zu Hause waren sie neun Geschwister, sieben Buben und zwei Mädchen. Ernst war der Zweitälteste. Die Mutter besorgte die Haushaltung und schaute zu den Kindern. Daneben strickte sie in Heimarbeit, vor allem Kinderartikel für eine Firma in Huttwil.[3] Ernst trug die fertige Ware oft barfuss nach Huttwil hinunter.

Zwei Jahre lang besuchte er die Primarschule in Wyssachen. Als Drittklässler wurde er zu einem Bauern an die Kost gegeben, nicht eigentlich verdingt, wie er meinte. Aber sie seien zu Hause zuviele Esser gewesen. Zunächst kam er nach Walterswil, das einige Kilometer weit entfernt liegt. Da habe er liebe, gütige Leute gefunden, ein älteres Ehepaar. Auch in der Schule habe eine gute Lehrerin gewirkt. Dann aber brannte dem Tochtermann (Schwiegersohn) das Haus ab, und Ernst musste ausziehen, weil die Brandgeschädigten ins Haus seiner Pflegeeltern übersiedelten. Er fand bei einem Bauern in den «Gassen», ebenfalls in Walterswil, einen neuen Platz. Da hatte er kein gutes Leben; ein um ein Jahr älterer Bursche, der ebenfalls dort untergebracht war, quälte ihn. Der Bauer sei soweit recht gewesen; aber Ernst wagte nie, bei ihm über die Misshandlungen zu klagen. Noch jetzt trägt er am linken Arm die Narbe einer Wunde, die ihm sein Peiniger mit einer Säge beigebracht hatte. Die beiden schliefen im gleichen Zimmer auf dem «Gaden» (Dachboden); da habe ihn der Ältere manchmal des Nachts mit einer Rute gezüchtigt,

90 Wyssachen im Emmental, der Geburtsort Hiltbrunners (Hiltbrunner).

wobei er ihm den Kopf unter die Decke presste. In diesem Haus blieb Ernst bis zum Ende der 9. Klasse, die ganze restliche Schulzeit also, und weiter als Knecht bis Neujahr. Einige Zeit vorher war der ältere Kamerad ausgezogen.

Hiltbrunner kreidet den Bauersleuten ihren Geiz an: Bis zur Konfirmation habe er keine Jacke gehabt, sondern nur Pullover, und vielfach habe er die Kleider anderer austragen müssen. Zur Konfirmation liess ihm der Bauer, wie es üblich war,[4] ein Kleid machen. Das Tuch kaufte er von einem Hausierer. Ernst brachte es dem Schneider, der meinte, der Stoff sei nicht den Macherlohn wert. «U das isch dä so s einzige gsii, wo si mir einisch lo hai mache. Süsch dernäbe han i, was han i so für Chleider gha? Da isch dä eine vo däne, wo puuret het, Finggeholzschue het dä gkaa – do han i im Winter die Finggeholzschue müesse trääge, die si dä scho alt gsii für deheime u für i d Schuel ou. Jojo.» Das waren Holzschuhe, die mit Filz («Finkenstoff») gefüttert waren. «U de für furt han i de müesse von ere Tochter, wo de furtzüglet isch, äs Paar Schue vo däre han i de müesse anne haa.» Die Arbeiten waren vielfältig: «Ich musste den Knecht ersetzen. Am Morgen früh auf, in die Käserei gehen, grasen (Gras als Futter schneiden), 'Gülle soode' (Jauche ausbringen), Heu hinaufreichen, Vieh hüten hauptsächlich, bei allem Sauwetter, man hatte nicht einmal einen richtigen Regenschirm. Man schützte sich mit einem Sack über dem Kopf. Das Essen war recht, so wie es bei den Bauern damals war.» Künstliches Licht gab es im Gaden, wo die Jungen schliefen, noch nicht. Sie mussten sich im Dunkeln an- und ausziehen. Ein Strohsack, ein Leinentuch und die Decke bildeten das Bettzeug, man schlief im Hemd. Unterhosen waren noch nicht üblich. Als Ernst den Bauern verliess, durfte er das, was er auf dem Leib trug, mitnehmen. Das übrige musste er zurückgeben; in einem Säckchen konnte er zusätzlich ein bisschen Wäsche mitnehmen. Der Bauer meinte beim Abschied, Ernst sei lange bei ihm gewesen, so wolle er ihm doch noch etwas Geld geben. «Wis-

91 Dürrenroth, wo Hiltbrunner eine Zeitlang als Knecht arbeitete. Im Hintergrund die waldreichen Ausläufer des Napfs (Hiltbrunner).

sen Sie, was er mir gegeben hat? Raten Sie! – Ein Fränklein.»

Ein Vorfall beim Mäusefang illustriert in den Augen Hiltbrunners den Geiz des Bauern. Der Meister hatte versprochen, ihm für jede erlegte Maus einen Batzen (10 Rappen) zu geben. Ernst besorgte sich Fallen und fing fleissig Mäuse. Schliesslich fragte er den Bauern nach dem Geld. Dieser wies ihn barsch ab. «Unverschämter Hund du, wenn du Essen und Kleider hast, dann brauchst du nicht noch mehr.»

Ernst kehrte nach Hause zurück. Für die Folgezeit wirken die Erinnerungen chronologisch unsicher. Unter Anleitung seines Vaters lernte Hiltbrunner weben und arbeitete zu Hause. Dazwischen nahm er Gelegenheitsarbeiten an. Einmal fuhr er per Eisenbahn mit zwei andern Burschen zur Kirschenernte auf einen Hof bei Arisdorf (BL). Einer aus der Gruppe war schon mehrere Jahre dorthin gegangen. Auf dem Hof wohnten gemäss Hiltbrunner «liebe Leute». Es war kein «Mannevolch» dort, eine Frau bewirtschaftete den Hof mit mehreren erwachsenen Töchtern.

Nach der Rückkehr half er auf «Gassen» beim Heuen. Dann vernahm er, dass bei einem Spengler in Dürrenroth eine Stelle frei sei, der Knecht sei weggelaufen. Dieser Umstand hätte ihn eigentlich misstrauisch machen müssen. Zunächst dachte er, er könne dort vielleicht eine Lehre machen. Der Spengler betrieb nebenbei auch eine kleine Landwirtschaft, die Ernst zu besorgen hatte. Der Meister wollte nicht, dass er spenglern lerne. Wenn Ernst mit dem Gesellen auf Stör ging, musste er die Grobarbeit machen, z. B. Löcher in die Mauern spitzen. Es war dem Gesellen untersagt, ihm etwas von der eigentlichen Berufsarbeit beizubringen. «I ha müesse wärche dört wie ne aarme Sünder.» Es kam bald zu Spannungen. Hiltbrunner erzählt von einem Vorfall, als sie im Wald «Miesch»[5] holten. Der Spengler wetterte immer hinter ihnen her, bis man fast handgreiflich wurde. Als der Vater merkte, dass Ernst nichts lernte, sagte er ihm: «Du verlässt die

Stelle – für einen Franken Taglohn zu arbeiten lohnt die Mühe nicht.» Ernst sagte dem Meister, in sechs Wochen (das war die Kündigungsfrist) gehe er weg. Dieser begehrte auf. Als der Vater und ein Bekannter kamen, um ihn wegzuholen, weigerte sich der Meister, den restlichen Lohn auszuzahlen. Der Junge habe, so argumentierte er, nicht einmal das «Fressen» verdient. Schliesslich rückte er das Geld heraus, unter Abzug der sechs Wochen Kündigungsfrist. Ernst konnte eben keinen Beleg vorweisen, dass er fristgerecht gekündigt hatte. Im Urteil der Nachkommen des Spenglers tönt das anders. Für sie war Hiltbrunner ein schwieriger Fall, ein «Querschläger».

Eine Zeitlang arbeitete Hiltbrunner dann in Zell, Kanton Luzern, in einer Braunkohlengrube, die von einem gemischten Konsortium 1917–21 im Tagbau betrieben wurde. Die kriegsbedingte Mangelsituation und die hohen Preise für Steinkohle machten den Abbau rentabel. Man arbeitete zehn Stunden, mit einem kurzen Unterbruch am Mittag (Arbeitsbeginn 7 Uhr morgens). Der Abbau geschah von Hand, der Abtransport mit Karrette und Rollwagen. Es waren damals 15 bis 20 Leute in der Grube beschäftigt, zur Zeit der grössten Ausbeute sogar mehrere hundert.[6] Eine Zeitlang stach Hiltbrunner auf dem Zugerberg Torf für die Firma Landis & Gyr in Zug. Schliesslich arbeitete er als Handlanger beim Bau des Mühlekraftwerks (an der Aare), v. a. als «Pflasterbub» bei den Italienern.[7]

In die Zeit seiner Tätigkeit in der Kohlengrube – noch gab es in der Schweiz viele landwirtschaftliche Wanderarbeiter[8] – fällt eine Fahrt zum Heuet in den Kanton Thurgau. Ein Bekannter sagte ihm, er fahre nach Märstetten, dort sei gut heuen. Er schrieb ihm später, er solle nachkommen. Ernst fuhr in der Frühe mit dem Velo los, gelangte über Luzern gegen Abend ins Sihltal, wo er ein Bier trank. Da fragten ihn die Leute, wo er hin wolle. Nach Märstetten, lautete die Antwort. Er solle doch über Nacht bleiben, er werde nicht mehr rechtzeitig dort anlangen. Trotzdem fuhr Ernst weiter. Da ihm aber die Karbidlampe gestohlen worden war, musste er ohne Licht durch die stockfinstere Nacht fahren. Um ein Uhr kam er in Märstetten an, fragte auf der Bahnstation nach dem Bauernhof, fand schliesslich das Gebäude, einen Schuppen aus Backstein, wo sich mehrere Schlafstellen befanden. Er legte sich auf ein leeres Lager. Als der Bauer in der Frühe kam, stellte er fest, dass einer mehr da war. Nach einer Woche setzte der Regen ein, Grund zur Heimkehr. Diese vollzog sich in Etappen; Ernst fand unterwegs weitere Arbeit als Heuer. An einem Ort hätte er auch als Knecht bleiben können. Nach der Rückkehr nahm er die Arbeit in der Kohlengrube wieder auf. So schlug er sich mit Gelegenheitsarbeiten durch, wob auch wieder zu Hause, wenn es keinen anderen Verdienst gab.

Immer mehr wurde das Weben zu seiner Hauptbeschäftigung. Eine Zeitlang fertigte er für einen Händler in Eriswil Servietten an. Aber der konnte den Lohn nicht bezahlen. Hiltbrunner erfuhr dann, dass in der Fabrik der Leinenweberei Langenthal, die sich auf der Allmend in Eriswil befand, ein Tuchkontrolleur gesucht werde.[9] Er erhielt die Stelle. Seine Aufgabe bestand darin, in der sog. «Tuchputzi» die Kontrollarbeit der Frauen zu überwachen. In der Fabrik liefen 48 mechanische Webstühle. Die Tuchputzerinnen suchten die Tücher nach Fehlern, Schäden usw. ab. Die Tücher liefen dabei vor besonderen Lampen durch, die man von der Decke herunterziehen konnte. Flüchtigkeitsfehler wurden dem betreffenden Weber angelastet, d. h. Hiltbrunner machte ihm einen Abzug am Lohn. Wenn ein Stück kontrolliert war, wurden Länge, Dessin und Nummer des Webstuhls usw. in einem Buch vermerkt.

Diese Arbeit machte Hiltbrunner drei Jahre lang, bis sie ihm verleidete. Das kam so: Eine der Putzerinnen hatte ihm verschwiegen, dass ein Stück einen Ölfleck aufwies. Auch der Weber hatte die Mitteilung unterlassen. Offenbar glaubten beide, der Fleck würde in der Bleicherei ohnehin verschwinden. Der Direktor, ein Deutscher namens Bürkli, fuhr jeweils am Samstag – man arbeitete noch den ganzen Tag – zum Firmensitz nach Langenthal. Er kam zornig zurück. «Er het uustüüflet!» (wütend geschrieen). Hiltbrunner habe ihm die Sache nicht gemeldet. «Wenn Sie so etwas nicht sehen, dann sind Sie für nix da, dann sind Sie für nix da.» Diesen Satz habe er immer wiederholt. Darauf habe Ernst sich gesagt, das wolle er sich merken. Er sei seinen Lohn holen gegangen und auf Nimmerwiedersehen verschwunden. Das habe den Direktor, wie er nachher erfuhr, in arge Verlegenheit gebracht.

All die Jahre hindurch hatte Hiltbrunner bereits *photographiert*. Wie war er dazu gekommen? «Ja, i weiss das sälber nid rächt. I ha da Büechli gchaa, wo mer het chönne leere drinne, u s'isch da beschribe gsii, wie mer het chönne sälber en Apparat mache,[10] u da hei miir en Apparat

92 Offensichtlich ein Jubiläum der Ahnfrau; der Ernst der Gesichter passt allerdings kaum zum freudigen Ereignis (Hiltbrunner).

gmacht, dr Brueder un i, dr Fritz, er läbt zwaar scho lang nümme. Mr hei daa en Apparat gmacht u hei am en Ort chönne eso ne Linse chauffe – statt es guets Objektiv.» Da sich der Vater als gelernter Zimmermann auf Schreinerarbeiten verstand, half er den Jungen beim Bau des Gehäuses. «Mer hei üüs so sälber gwüsst zhälffe.» Es gab allerdings in der Gegend, im «Huebbach», einen Schmied Hermann, der – abgesehen von Bernhard in Huttwil – der erste Photograph in der Gegend gewesen sei. Hermann brachte den Jungen die ersten Grundregeln des Photographierens bei. Er machte auch die früheste Aufnahme von Ernst, die erhalten ist, und worauf die selbstbewussten Worte zu lesen sind: «Ernst Hiltbrunner, Photograph». Nach dem Tode des Schmieds erhielt er dessen 13/18-Kamera. Photoplatten waren in der Drogerie Huttwil erhältlich.

1923 heiratete Ernst die zwei Jahre jüngere Hanni (Johanna) Zaugg, die mit ihrer verwitweten Mutter und einem Bruder auf dem «Hübeli» in Eriswil wohnte und sich vom Häkeln ernährte. Daneben betrieb die Familie eine kleine Landwirtschaft. Die Schwiegermutter erhielt zusätzlich eine Rente, denn ihr Mann war Briefträger gewesen. Es handelte sich um eine Bluterfamilie. Der Sohn starb später an inneren Blutungen, verursacht durch einen Sturz von einem Baum. Ernst zog als Tochtermann auf das «Hübeli», wo die Schwiegermutter das Regiment führte. Dem Paar wurden zwei Mädchen geboren. Aus ihm unerklärlichen Gründen wurde Ernst im Laufe der Jahre zum Ziel häuslicher Geringschätzung und Verfolgung. Dieser Stimmungswandel sei während des Zweiten Weltkriegs eingetreten. Ernst führt sie auf die lange dienstliche Abwesenheit zurück. Man habe ihm die Wäsche nicht mehr ausgebessert, das Bett nicht mehr gemacht, ihn wie einen Hund behandelt. Beide Frauen hatten sich dem Alkohol, dem Branntwein (Birnenschnaps), ergeben. Manchmal, wenn er unverhofft eingetreten sei, hätten die Frauen schnell

93 Rohrbach, der eigentliche Arbeitsplatz und heutige Wohnsitz Hiltbrunners (Ansichtskarte Handabzug Hiltbrunner).

eine «Wäntele» (Flasche) Schnaps unter dem Tisch versteckt. Die Verhältnisse wurden immer ungemütlicher, Ernst fürchtete sogar um sein Leben. Auch seine ältere Tochter sei von den Frauen geplagt worden. Schliesslich kam es zur Trennung. Ernst zog nach Rohrbach. Nach dem Tode ihrer Mutter lebte seine Frau allein, starb dann offenbar an einer Überdosis des Schmerzmittels «Sanalepsis».

In all den Jahren des kummervollen Lebens hatte er das Photographieren nicht aufgegeben. Im Gegenteil, es wurde mit der Zeit zu seinem Hauptberuf. Ein kleines Lokal im Haus auf dem «Hübeli», eigentlich ein Keller, den er ausgebuddelt hatte, diente ihm als Atelier. Hier suchten ihn die Leute für Porträtaufnahmen auf. Die meisten Aufnahmen wurden aber im Freien gemacht. Hiltbrunner stellte die Personen etwa vor ein Scheunentor oder spannte als Hintergrund eine Wolldecke oder ein Leintuch auf, wie das häufig bei ländlichen Photographen der Fall war. Später, als das Geschäft etwas besser lief, liess er sich von einem Flachmaler namens Heiniger in Eriswil einen Hintergrund auf Leinen malen, eine Waldlandschaft mit Schneebergen am Horizont, ähnlich wie sie etwa bei dörflichen Theateraufführungen als Kulisse gedient haben mag. Dieser Hintergrund erscheint auf vielen Porträtaufnahmen. Er ist, wenn auch defekt, erhalten geblieben. Bereits brachten ihm auch Amateure Filme zum Entwickeln. Zudem übernahm Hiltbrunner Laborarbeiten für den Photographen Werner Lerch in Walterswil, weil dieser sich offenbar wenig darauf verstand. Jahrelang half Hiltbrunner auch einem Photographen Eggimann in Grünen bei Summiswald. Er arbeitete dort in der Dunkelkammer und durfte als Entlöhnung Photomaterial mitnehmen, was ihm gestattete, die eigenen Aufträge kostengünstiger auszuführen. Die meiste Zeit über jedoch suchte Hiltbrunner in der Gegend selbst nach Aufträgen; er war mit dem Motorvelo unterwegs, von denen er im Laufe der Jahre eine ganze Reihe besass und die er in seinem Schopf hortete, unermüdlich, als echter Wanderphotograph, wie so viele seiner Kollegen auch, in der Schweiz und in Deutschland.[11] Es galt, sich nicht rar zu machen und allfälligen Konkurrenten zuvorzukommen. Oft bestellte

94 Ernst Hiltbrunner, aufgenommen vor der Schmiede Wyssachen. Das Werbebild des jungen «Photographen».

95 Hiltbrunner unter der Tür seines Wohnhauses (Corradi).

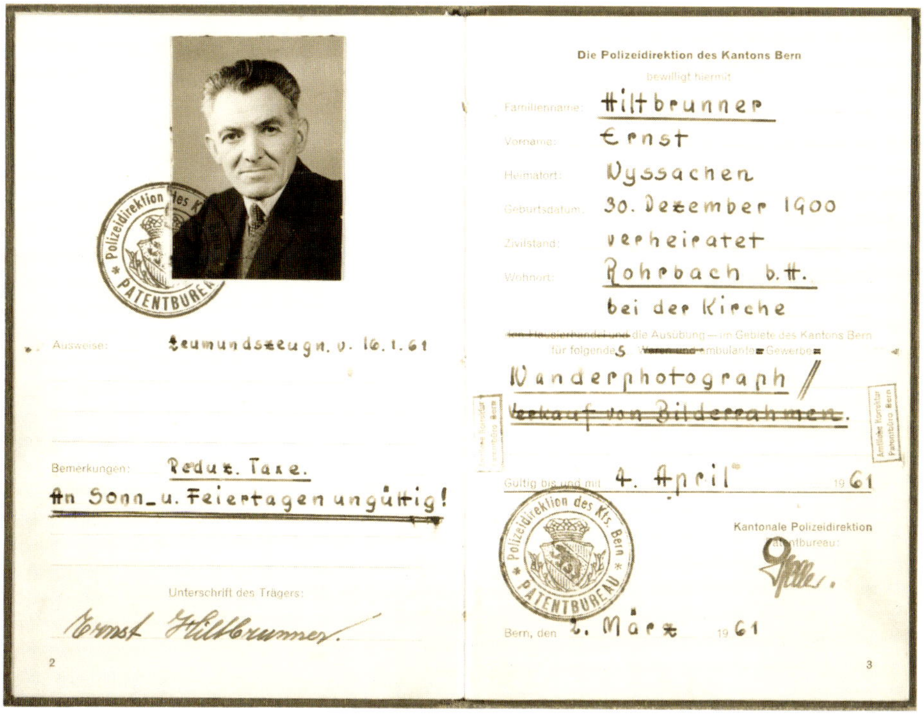

Ausweise: Leumundszeugn. v. 16.1.61

Bemerkungen: Redux. Taxe.
An Sonn_u. Feiertagen ungültig!

Unterschrift des Trägers:
Ernst Hiltbrunner

2

Die Polizeidirektion des Kantons Bern
bewilligt hiermit

Familienname: Hiltbrunner
Vorname: Ernst
Heimatort: Wyssachen
Geburtsdatum: 30. Dezember 1900
Zivilstand: verheiratet
Wohnort: Rohrbach b.H.
bei der Kirche

~~den Hausierhandel~~ / die Ausübung — im Gebiete des Kantons Bern für folgende**s** ~~Waren und~~ ambulante**s** Gewerbe:
Wanderphotograph /
~~Verkauf von Bilderrahmen.~~

Gültig bis und mit 4. April 1961

Polizeidirektion des Kts. Bern
Patentbureau

Kantonale Polizeidirektion
Patentbureau:

Bern, den 2. März 1961

3

96 Der Ausweis des Wanderphotographen: Hausierer- und Gewerbe-Patent Nr. 916 für den Kanton Bern.

97/98 Im labyrinthischen Untergrund. Hiltbrunner in den Räumen der ehemaligen Bäckerei, die als Labor dienen (Corradi).

man ihn an Sonntagen auf einen Hof, damit er die Familie bei einem festlichen Anlass aufnehme. Er habe kaum einen Sonntag frei gehabt, meint er rückblickend. Tiere galt es aufzunehmen, etwa ein «Chueli» mit dem stolzen Besitzer, aber auch Kaninchen, Hunde. Auf einem Hof zwischen Waasen und Summiswald sei ein Hundezüchter gewesen. Wenn der einen schönen Wurf von «Hundeli» gehabt habe, habe er Hiltbrunner kommen lassen. Auch Vereinsanlässe waren zu photographieren, Konfirmationen. Regelmässig besuchte Hiltbrunner die Schulen und bat die Lehrer, von der Klasse eine Aufnahme machen zu dürfen. Zu solchem Tun war ein Ausweis als Wanderphotograph, ausgestellt von der Polizeidirektion des Kantons Bern, nötig. Es wurde offenbar scharf kontrolliert, und Hiltbrunner weiss von mancherlei Schikanen seitens der Ortspolizisten zu berichten.

Mit dem Aufkommen der Billigapparate, die sich fast jedermann leisten konnte, nahmen die Entwicklungs- und Kopierarbeiten für Private zu; dafür gingen die eigentlichen Photoaufträge zurück. Auch hatte man so naturgemäss weniger Zeit für eigene Arbeiten. Trotzdem brachte es Hiltbrunner im Laufe der Zeit zu einem erstaunlichen «Œuvre». Ausser den über 3 000 Negativplatten, die heute im Eidgenössischen Archiv für Denkmalpflege in Bern aufbewahrt werden (eine Anzahl Platten waren vorher verlorengegangen), liegen eine Unmenge Papierphotos vor, einzeln, in Alben: Familien-, Gruppenbilder, Aufnahmen von Vereinsanlässen, Dorftheater, Hausbauten, vor allem aber Porträts, Porträts . . . Passphotos waren stets erwünscht. Dafür wird Hiltbrunner zuweilen heute noch aufgesucht; er macht sie mit einer Polaroidkamera, in Farben, vier Stück, zu Fr. 24.–. Man komme nur noch zu ihm, meint er scherzhaft, wenn es pressiere und weil er billiger sei als andere. Noch heute garantiert eine kleine Lichtreklame vor seinem Haus den «Abendservice».

Während des Krieges war die Arbeit des Photographen besonders erschwert. Man geriet leicht in Spionageverdacht. Hiltbrunner erzählt einen Zwischenfall, der sich ereignete, als er eine seiner Töchter auf der Schulreise ins Wallis begleitete. Bei der Heimfahrt wollte er vom fahrenden Zug

98

aus ein Photo machen, um einen Film fertig zu belichten. Kaum hatte er den Apparat weggelegt, stand ein Unbekannter neben ihm. Was er da photographiert habe? – Er müsse den Film beschlagnahmen. Nach einer Woche erhielt Hiltbrunner den entwickelten Film vom Ortspolizisten zurück. Ein andermal photographierte er auf dem Hügel oberhalb Rohrbach; der Bäcker hatte entsprechende Dorfaufnahmen bestellt. Er arbeitete noch mit einem Tuch über dem Kopf. Plötzlich stand der Dorfpolizist neben ihm und fragte nach dem Grund seines Tuns. Es gab dann ein grosses Gerede in der Gegend, der Hiltbrunner sei ein Dummkopf, er habe sich beim Photographieren militärischer Anlagen ertappen lassen. Hiltbrunner besitzt im übrigen ein Album mit Photos aus dem Militärdienst, die er auf Wunsch seines Einheitskommandanten von der Truppe gemacht hatte.

Eine wichtige Einnahmequelle waren Aufnahmen für Ansichtskarten, die er von den Weilern und Dörfern in der Umgebung machte. Er belieferte damit die Ladengeschäfte in der Gegend, wo sie an Einheimische und Fremde verkauft wurden. Es handelte sich durchwegs um Handabzüge, wie sie heute noch im Schaufenster des Hauses zum Verkauf angeboten werden. Die Ansichten zeigen die Dörfer kurz nach dem Krieg, als noch kaum grössere bauliche Eingriffe das geschlossene Gesamtbild beeinträchtigten.[12]

So verlief ein bescheidenes Photographendasein auf dem Land, immer knapp an der Grenze der Subsistenz. Ernst Hiltbrunner konnte kaum Ersparnisse machen. Vor wenigen Jahren musste er das kleine Haus, das er bewohnt, der Kirchgemeinde verkaufen. Es bleibt ihm das Wohnrecht bis an sein Lebensende. Lange Jahre, seit 1954, hatte er darin als «Junggeselle» gewirtschaftet. Fielen die Photoaufträge spärlich aus, nahm er andere Arbeiten an, etwa auf der Sägerei zu Rohrbach. Schliesslich wurde ihm die schwere Arbeit vom Arzt untersagt, weil ein Auge fast erblindet war. 1980 heiratete er zum zweiten Mal. Er hatte die um vierzig Jahre jüngere Heidi Künzi bei einem Spitalbesuch in Herzogenbuchsee kennengelernt. Die tatkräftige Frau umsorgt Hiltbrunner, den immer mehr die Leiden des Alters plagen. Auch sie hat kein leichtes Leben hinter sich. Als eines von zehn Kindern in Bigenthal (Gemeinde Walkringen, ebenfalls im Emmental) geboren, kam sie später als Magd zu verschiedenen Bauern, die sie offenbar nach Strich und Faden ausnützten. Man gab ihr einen Vormund, aus Gründen, die ihr nicht einsichtig sind, und besorgte ihr eine Invalidenrente. 1971 erhielt sie z. B. in Thörigen für harte Arbeit in Feld und Stall ganze 120 Franken Monatslohn. Dabei habe sie keinen einzigen Sonntagmorgen im Monat frei gehabt. Noch sind die Verhältnisse, wie sie Gotthelf für das Emmental des 19. Jahrhunderts beschreibt, offensichtlich nicht ganz verschwunden. Als Hiltbrunner die junge Frau zu sich nahm, versuchte man zuerst, sie zur Rückkehr zum Bauern zu zwingen. Erst der energische Einspruch Hiltbrunners gab ihr die Freiheit eines Erwachsenen zurück. Frau Hiltbrunner meint, noch heute werde mancher Knecht und manche Magd so ausgenützt, es genüge, auf den Märkten zu beobachten, wie schlecht manchmal solche Leute von ihren Meistern gekleidet seien, mit welch zerschlissenen Hosen sie daherkämen. Diese Bauern hätten eben Macht, ihr Meister in Thörigen habe z. B. im Amtsgericht gesessen.

So hausen die beiden heute in ihrer kleinen Zweizimmerwohnung und stellen keine grossen Ansprüche an das Leben. Neben dem ersten Raum, dem «Atelier», bleibt ihnen eine enge Kammer als Schlaf- und Wohnzimmer zugleich. Zwei Betten stehen da, ein kleiner Tisch, an dem man isst, einige Kästen für Kleider und Wäsche, ein Fernseher, ein alter Radioapparat. Katzen huschen umher. Die Wohnung besitzt keinen Komfort. Das Haus hat weder Badezimmer noch Dusche. Die Toilette befindet sich auf der Aussenseite, als Trocken-WC, die Türe öffnet sich direkt auf die Strasse. Den Holzsitz hat Frau Hiltbrunner mit einem weissen Tuch sauber abgedeckt. Dass so ein 88jähriger, auch im Winter, bei aller Kälte, «im Freien» auf die Toilette gehen muss, wirkt heute fast unglaublich.

Hiltbrunner bietet das Beispiel eines Photographen, der das Photographieren als Selfmademan betrieb, wobei das schiere Überleben im Vordergrund stand. Die Photoapparate sind heute fast alle verschwunden, ein Apparat wurde gestohlen, einen andern hat Hiltbrunner verkauft. Unten aber, im Keller, sieht es labyrinthisch aus; da riecht es nach Alchemie; man hat das Gefühl, einem echten Photographen auf der Spur zu sein. Besonders im gewölbten, fensterlosen Kellerlokal, auf dessen Schiebetüre «Eintritt verboten» steht, wo Hiltbrunner kopierte, retuschierte, mit allen möglichen Essenzen hantierte, zeigt sich, dass er ein Photograph war, der etwas von seinem Metier verstand, auch wenn er keine Lehre gemacht hatte. Im Raume davor, dessen Fenster auf die Strasse geht, steht eine Hobelbank. Da verfertigte Hiltbrunner kleine Bilderrahmen für seine Photos.

Impressionen beim Betrachten der Bilder Hiltbrunners

Leider ist Hiltbrunner bei den meisten Photos nicht mehr in der Lage, Gegenstand, Zeit und weitere Umstände anzugeben. So sind wir bei der Interpretation auf Auskünfte von Kennern der Region und ihres sozio-kulturellen Lebens und auf die eigene Beobachtungsgabe angewiesen. Die folgenden Gedanken verstehen sich als Assoziationen, die sich spontan beim Betrachten der Bilder Hiltbrunners ergeben.

Die Photos haben in starkem Mass den Charakter des Zufälligen und doch Notwendigen. Es sind Zufälle des bäuerlichen Lebens, man spürt den Wanderphotographen auf der Suche nach Motiven, nicht in erster Linie nach solchen, die ihn künstlerisch ansprechen, sondern nach Themen, die sich kommerzialisieren lassen. Ganz offensichtlich schlug Hiltbrunner unterwegs den Leuten vor, sie in der Situation, wie er sie antraf, mit den Requisiten, auf die sie Wert legten, aufzunehmen, natürlich in der erklärten Absicht, ihnen das Bild zu verkaufen. Dazu gehören etwa der dengelnde Bauer an seiner wohl selbstentwickelten Dengelmaschine oder das Kind mit der improvisierten Säh- und Walzmaschine aus Holz. Das Ehepaar auch mit dem riesigen Trichtergrammophon, den die beiden mit Besitzerstolz vors Haus getragen haben. Wie unscheinbar und nebensächlich wirkt dahinter das Paar selbst. Da posiert eine Gruppe vor dem Wirtshaus; der Photograph hatte die Leute wohl so, wie er sie in der Gaststube antraf, zu einer Aufnahme vor das Haus gelockt. Das erklärt die bunt zusammengewürfelte Gesellschaft: der eine in Krawatte und steifem Kragen, mit Melone, andere in Pullover und den Rucksack umgeschnallt, zuhinterst die Serviertochter in ihrer Berufskleidung. Auf einer andern Photographie sehen wir zwei Sennenhunde, nach bäuerlicher Gewohnheit des Emmentals als Zugtiere vor das Milchgefährt gespannt. Wahrscheinlich stiess Hiltbrunner auf

99 «Stilleben» mit Trichtergrammophon (Hiltbrunner).

100 Die Nähmaschine Pfaff – unentbehrliches Requisit der Bäuerin (Hiltbrunner).

101 Bauer mit selbstgebauter Dengelmaschine (Hiltbrunner).

102 Eine Säh- und Walzmaschine eigener Machart (Hiltbrunner).

103 Kinderbildnis: Da ist nichts von der künstlichen Atmosphäre des Atelierphotographen zu spüren (Hiltbrunner).

104 Ein Bild von seltener Geschlossenheit und Würde: alte Frau beim Schälen von Rüben. Ein Leben der Arbeit schaut in die Kamera. Schindelschirm und Tischdecke mit den rautenförmigen Mustern bilden einen lebendigen Kontrast zu den dunklen Flächen des Kleides und der Holzpartien (Hiltbrunner).

105 Hochzeitspaar, dunkel gewandet; die wenigen Blumen hellen das ernste Bild etwas auf (Hiltbrunner).

die Gruppe, machte das Bild und präsentierte es den Eltern der beiden Kinder. Hierher gehört auch das Motiv des geschmiedeten Herdes, aufgenommen, bevor er in eine Küche eingebaut werden sollte. Damals wurden Kochherde noch von eigentlichen Herdschmieden nach regional unterschiedlichen Typen hergestellt.[13]

Hiltbrunner nahm die *Menschen* auf, ungeschminkt, wie er sie antraf: die Frau an der Nähmaschine Marke «Pfaff», draussen auf der sommerlichen Hauswiese, die alte Frau beim Schälen von Rüben. Da wurde kaum arrangiert; man lief nicht ins Haus, um sich umzukleiden; man stellte sich dem Photographen, gab seinem Zureden nach, das Bild wurde gemacht. Hier liegen der Unterschied zum Atelierphotographen und der besondere Reiz der Bilder Hiltbrunners: Es sind kaum Sujets darunter, die im Atelier angeordnet wurden; der Photograph suchte die Menschen vielmehr in ihrer Intimität auf, die Familie etwa zu Hause am runden Stubentisch. Sprechend ist die Kleidung der Personen: ländlich einfach, eine Eleganz aus zweiter Hand, etwa Tricot-Kleider bei Frauen. Die Schuhe sind oft erdverkrustet; der Gedanke, sie vor der Aufnahme zu reinigen, kam einem nicht; auch der Photograph achtete nicht darauf. Solche Schuhe gehörten zum Leben. Das waren Nebensächlichkeiten. Die Blicke gehen oft irgendwohin, man spürt die geringe Regie des Photographen, er tut seinen Personen, ausser der Nötigung zur Photographie, kaum weitern Zwang an. Er stellt sie schlicht vor die Kamera und verlangt Stillhalten. Entsprechend wirkt auch die Staffage unprofessionell. Zuweilen hat der Photograph im Atelier einen Holzklotz oder ein Geländer aufgebaut, eher einer Hecke ähnelnd, aus richtigen Ästen gezimmert. Auf einem Bild halten die Personen ein paar welke Zweige in den Händen. Doch fehlen auch Blumensträusse als Beiwerk nicht.

Das Bild der Hochzeiter etwa bleibt haften, beide noch dunkel gewandet, rührend linkisch, ohne Pose, aber auch ohne grosse Illusion; diese Menschen haben offensichtlich bereits ein Stück

106 Die Hasen, der Stolz der beiden Halbwüchsigen und nebenbei wichtige Fleischlieferanten (Hiltbrunner).

107 Geschmiedeter Kochherd, aufgenommen vor dem Einbau in der Küche (Hiltbrunner).

schweren, arbeitsreichen Lebens hinter sich. Selbstbewusster verhalten sich die beiden Metzgerburschen; die berufsständisch umgeschlagenen Schürzen geben ihnen einige Sicherheit. Die Kinderbilder sind ebenfalls charakteristisch für das Schaffen Hiltbrunners, etwa die Kleinen auf dem Schlitten, nicht freundlich lächelnd, eher misstrauisch, ja verdriesslich. Noch sind wir nicht in der Zeit der «smiles» amerikanischer Zahnpasten- und Politreklame. Die Kinder wirken unmittelbarer, realistischer, als wenn sie im Atelier postiert und ihre Konterfeis nachher sorgfältig retouschiert worden wären, etwa der Kleinste auf einem geradezu expressionistisch reduzierten Schaukelpferd.

Häufig findet sich in der Fachliteratur die Ansicht, dass gerade Photos aus der bäuerlichen Umwelt dem Statischen und Hieratischen verpflichtet seien. *Enrico Fulchignoni* schreibt z. B. über die Unbeweglichkeit bäuerlicher Aufnahmen: «Bäuerliche Photographien stehen im Gegensatz zu Zufall und vergänglichen Augenblicken. Worauf sie hinzielen, ist allein das Festhalten eines Gesichts und einer erinnerungswerten Situation. Diese Bedingungen erfordern eine respektvolle Haltung von dem Fotografierten, eine Haltung so wenig 'natürlich' wie möglich, wenn 'natürlich' zufällig oder episodenhaft bedeutet.»[14] Hier zeigen die Arbeiten Hiltbrunners eine andere Realität. Und was gibt es denn Gewählteres als die bürgerlichen Porträts der Jahrhundertwende mit ihrer Posenhaftigkeit und dem Mangel an Natürlichkeit oder auch in einer gekünstelten Natürlichkeit?

Manche Bilder, v. a. von bewegten *Gruppen*, verraten die Unsicherheit des Photographen Hiltbrunner. Sie wirken in den Konturen unscharf, sind falsch belichtet. Aber gerade in dieser mangelnden beruflichen Präzision, in der fehlenden Professionalität und Routine, liegt das Besondere der Aufnahmen Hiltbrunners. Hier wird das Leben ungeschminkter festgehalten, der Photograph ist viel stärker Zeuge des Alltäglichen, nicht das Künstlerische bewegt ihn, sondern das Erdgebundene, das Realitätsnahe. Darum zeichnet sich die bäuerliche Welt um Rohrbach in diesen Bildern greifbar ab: Pferd und Stier werden vor einem weitern Paradestück des Bauern vorgeführt, dem kunstvoll geschichteten Scheiterstoss, birnenförmig mit dekorativem Muster. Ein sicheres Gespür leitet den Mann für die Wünsche seiner Kunden. Einmal nur wagt er sich nach Bern, um Bilder aus einem Festumzug aufzuneh-

108 Drei Elemente bäuerlichen Stolzes: Pferd, Stier und kunstvoll geschichtete Scheiterbeige (Hiltbrunner).

men, an dem sich auch die Gemeinden zu Hause beteiligen. Der Wagen von Lotzwil mit den stolzen Pferden wird festgehalten; auf der Gegenseite hat sich ein anderer Photograph postiert.

Sie sind stark, diese Bilder, die Kraft unverfälschter Menschen steigt aus ihnen, derb, bäuerlich, unverhohlen, Menschen, die noch keine Pose vor der Kamera gelernt haben, die noch nicht durch die Medien, das Fernsehen vor allem, in ihrem Gehaben beeinflusst sind. Die Bilder wirken für uns, gerade in ihrer Unvollkommenheit, mit ihren Flecken und störenden Lichteinfällen, archaisch.

Eine gewisse Zärtlichkeit, eine Sensibilität äussert sich in den *Landschaftsaufnahmen*. Hier spürt man die Liebe Hiltbrunners zu seiner näheren Heimat. Diese Aufnahmen zeigen die weich geschwungenen Höhen und Täler, die verstreuten Höfe, im Vorfrühling etwa, wenn der Schnee sein weisses Ringelornament über die Wiesen legt. Damit kontrastiert der krude Realismus der Schlachthausszene. Was mag Hiltbrunner dazu verleitet haben, diese Photographien zu machen: Auftrag eines Kunden, der stolz auf den namhaften Reichtum an Schweinehälften war, oder plötzliches eigenes Erfasstsein vom Motiv?

ANMERKUNGEN

1 Zu einer Jugend in Rohrbach vgl. die «Lebensgeschichte des Walter H»., in: Rasante Zeiten. Eine Frau und ein Mann erleben unser Jahrhundert. Hg. v. *Judith König* und *Annelise Truninger*. Bern 1982. 8–16. Im benachbarten Klein-Dietwil verbrachte der Maler *Ernst Morgenthaler* (geb. 1887) seine Jugend. Vgl. dazu seine «Aufzeichnungen zu einer Geschichte meiner Jugend», in: Ernst Morgenthaler. Bern 1957. 19–40.

2 Das Emmental war damals eine ausgesprochene Textilregion, wo vor allem Handweberei als Heimarbeit betrieben wurde. In jedem zweiten Haus soll ein Webstuhl geklappert haben. Diese Heimweberei ist heute verschwunden.

3 Es gab in Huttwil zwei Strickereien, Leuenberger-Ryser und Wyss AG, die Heimarbeit vergaben.

4 Vgl. dazu auch *Jeremias Gotthelf*, Bauernspiegel, 12. Kap., wie überhaupt viele Lebensumstände bei Hiltbrunner an die Verhältnisse erinnern, wie sie der Berner Schriftsteller für das Emmental des 19. Jahrhunderts beschreibt.

5 Moos diente sowohl als Streue wie auch als Isolationsmaterial. Id. 4. 467 f.

6 Der Gewerkschaftssekretär *Paul Stähli* spricht in seinen Erinnerungen von über 500 «Braunkohlegräbern» in Gondiswil und Hüswil für die Zeit des Ersten Weltkriegs: Im Wandel der Zeit. Vom Verdingbub zum Gewerkschaftssekretär. Aarau 1954. 202. 1941–46 wurde die Ausbeute der Flöze zwischen Zell und Gondiswil wieder aufgenommen, und es wurden 230 000 Tonnen gefördert. Dies gemäss Unterlagen der Gemeindekanzlei Zell.

7 Zum Kraftwerkbau liegt eine literarisch gestaltete, mit Zeichnungen reich illustrierte Publikation vor: Von grosser Arbeit. Kraftwerk und Stausee von Mühleberg in ihrer Entstehung, geschildert von *Rudolf von Tavel*, mit farbigen Bildern von *Carlo von Courten* und Zeichnungen von *Rudolf Münger*. Bern 1921.

8 Vgl. Karte 87, Atlas der schweizerischen Volkskunde.

9 Zur Geschichte und Organisation der Textilindustrie in der Region: *Walter Wegmüller:* Die industrielle Entwicklung Langenthals. Langenthal 1938. 44–132.

10 Im Besitz von Hiltbrunner sind u. a. zwei ältere Handbücher: Dr. *E. Vogel*: Taschenbuch der Photographie. Ein Leitfaden für Anfänger und Fortgeschrittene. 32. Aufl. 123.–134. Tausend. Berlin 1915, und: *David*: Ratgeber im Photographieren. Für Anfänger und Fortgeschrittene. 495. Tausend. Halle (Saale) 1920.

11 Ein Beispiel von vielen: Der deutsche Optiker und spätere Farmer in Südwestafrika (Namibia) *Otto Reiner*, der fast mittellos um 1900 in Transvaal ankommt, verdient sich dort seinen Lebensunterhalt als Wanderphotograph bei den Buren: «Aus meinem Koffer hatte ich mir etwas Reservewäsche und das nötigste Handwerkszeug herausgenommen, ebenso meinen photographischen Apparat 13 × 18 und ein Dutzend Platten sowie Papier, Chemikalien, mein Skizzenbuch und zwei Reisedecken.» Achtzehn Jahre Farmer in Afrika. Leipzig o. J. 26.
Die Wanderphotographen gehören im 19. Jh. zum typischen Bild der deutschen Kleinstadt. Vgl. dazu etwa *Helmut Richter*: Topografische Fotografie in Erlangen 1839–1914, in: Fotogeschichte. Beiträge zur Geschichte und Ästhetik der Fotografie. 1. 1981. 3–56, spez. 5.

12 Das photographische Schaffen Hiltbrunners gleicht in vielem der Tätigkeit des Freiburger Dorfphotographen *Alois Nussbaumer* aus Wünnewil, der von 1859–1933 lebte. Vgl. dazu den Ausstellungskatalog des Sensler Heimatmuseums von 1985: Aloys Nussbaumer. Photographien aus der Zeit der Jahrhundertwende, verfasst von *Raoul Blanchard*. Tafers 1985.

13 Vgl. dazu *Paul Hugger*: Die Nagel- und Kettenschmiede von Vallorbe. Altes Handwerk 33. Basel 1973. 12. In seiner Autobiographie schildert *Paul Stähli* die Arbeiten eines ländlichen Kochherdschmieds in Büren an der Aare (um 1890): Wie Anm. 6. 73–82. Vgl. dazu auch *Theo Rutschi*: Ich höre ein Lied . . . Hg. v. Karl Lang und Hans-Ulrich Stauffer. Zürich 1983. 30–37.

14 Betrachtungen über eine Soziologie der Photographie. – In: *A. Silbermann* (Hg.): Die Massenmedien und ihre Folgen. Kommunikationssoziologische Studien. München 1970. 15.

15 Viel sonntäglich-gekonnter wirken dagegen die Emmentaler Aufnahmen des Photoreporters Walter Studer (*1918), eindrücklich auch sie, aber doch realitätsferner. *Ernst Eggimann/Walter Studer*: Emmental. Zürich und Schwäbisch Hall 1983; ebenso der Text- / Bildband (nach Jeremias Gotthelf) von *W. Streit:* Des Bauern Werktag und Feierstunden. Bern 1947.

109 Ungeliebt – aber doch ins Pflichtenheft eines Photographen gehörend – waren Aufnahmen von Toten, die aufgebahrt zu Hause lagen (Hiltbrunner).

110 Unverhofftes Spektakel: eine Ballonlandung (Hiltbrunner).

111–114 Hof- und Haustypen der Landschaft um Rohrbach (Hiltbrunner).

112

113

114

115 Hiltbrunners Œuvre enthält viele Soldatenaufnahmen. Jungsoldat mit aufgepflanztem Bajonett und ernster Miene, wohl 1939 aufgenommen.

116 Musse und Erholung: der Akkordeonspieler (Hiltbrunner).

117

117–119 Musse und Erholung: Hornusser-Mannschaft – Bei Turnübungen mit Hosenträgern – Ländliche Athleten (Hiltbrunner).

119

120

120–123 Mensch und Arbeit: Beim Kiesabbau im Wald – Brennen von Branntwein – Der Sattler mit einem fertigen Pferdegeschirr – Blick in ein ländliches Schlachthaus (Hiltbrunner).

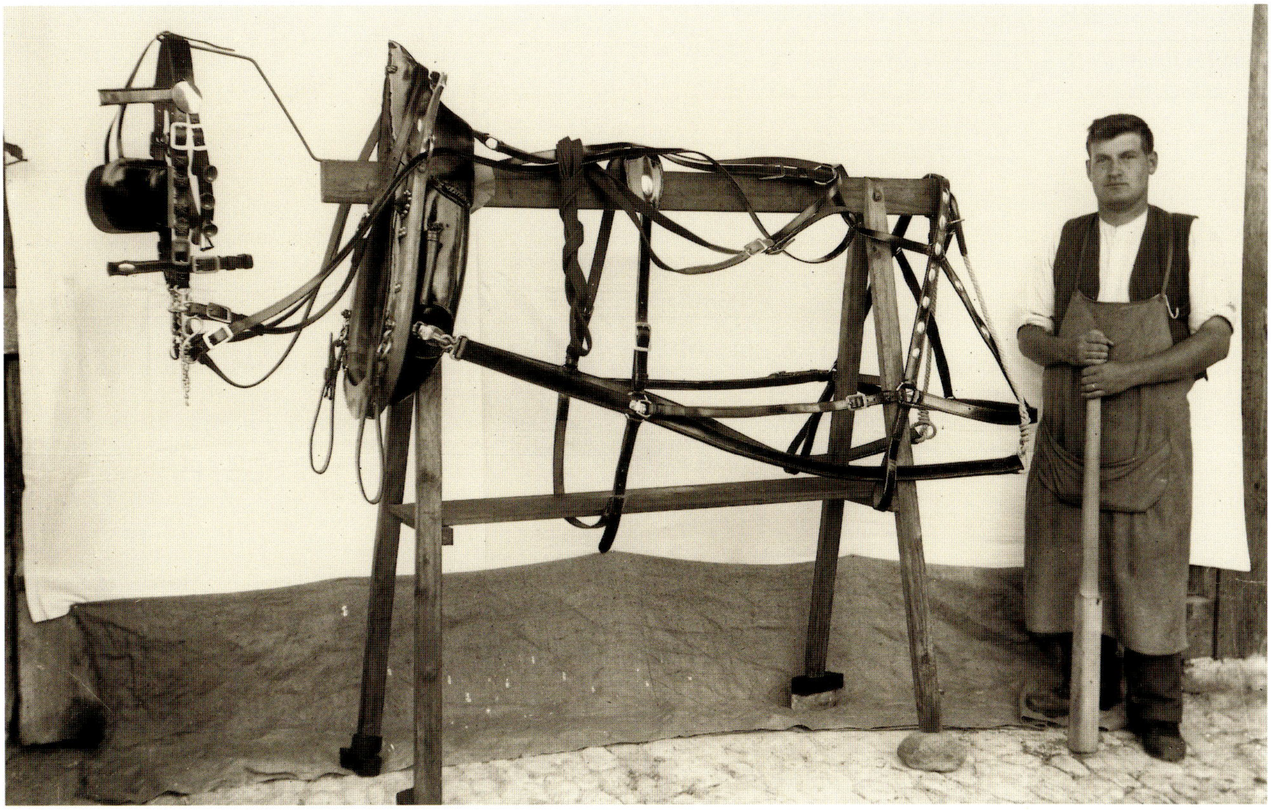

122

123

124 Auch Intérieurs gelangen Hiltbrunner: Blick in einen Tuchladen.

125 Eine Stube der fünfziger Jahre (Hiltbrunner).

126 Ertappte Zärtlichkeit (Hiltbrunner).

127 Wilhelm Felber in seinem Atelier zu Langenthal (Corradi).

WILHELM FELBER

oder das Leiden an der Photographie

Die Begegnung mit Felber liess sich nicht leicht bewerkstelligen. Auf eine erste Anfrage hin winkte er ab. Er könne mir nicht dienen, er sei sicher nicht die richtige Adresse für mich. Wie es mir dann doch gelang, ein Datum für einen Besuch abzumachen, erwartete er mich in seinem Atelier in Langenthal, das hinter dem Amtshaus an der Farbgasse liegt. Von aussen sieht das Gebäude trostlos modernisiert aus, eine flache Fassade, mit den üblichen langweiligen Fenstern. Eine Tafel weist auf den Photographen im 1. Stock hin. Aber gleich das hofseits gelegene Stiegenhaus wirkt anders, altertümlich. Eine Holztreppe führt, erhellt durch längsseitige Fenster, nach oben; an den Wänden hängen gute photographische Vergrösserungen, Arbeiten Felbers. Man gelangt zu einer Glastüre mit Glocke; durch einen kurzen Korridor führt mich Felber in einen grossen, holzgetäferten Raum, der offensichtlich einmal als Stube diente. Scheinwerfer auf eisernen Stativen stehen wirr im Raum angeordnet, in der Mitte ein einsamer Stuhl. Das Arrangement erinnert eher an eine Studiobühne als an ein Atelier. Ein paar Photographien auch hier an den Wänden, auf einer Seite liegt ein Haufen weisser, zum Teil zerknüllter Papierrollen.[1]

Felber steht vor mir, dem Aussehen nach ein Emmentaler Bauer, mit Bergschuhen, langem wildem Haar, eine Drahtbrille im Gesicht. Hager, dunkel gewandet, auffallend die prüfenden, flackernden, dunklen Augen. Er beginnt zu reden, gestikulierend mit den Händen, expressiv, nach Worten ringend, das Gesagte gleich negierend, dann doch wieder zu einer Aussage ausholend. Zuerst scheint alles nur Wortgefecht zu sein, um nichts Wesentliches preiszugeben, den Besucher vielleicht auch vom Bleiben abzuhalten. Er verwickelt sich in Widersprüche, sagt plötzlich Tiefsinniges, ein scheuer Mensch offensichtlich, der aber seine eigensinnige Weltanschauung hat, seine Ideen, eigene Gedanken über den Weltlauf und den Wandel der Dinge. Was sich im Verlauf des Interviews und der kommenden Begegnungen zeigt: Felber ist ein durch und durch künstlerischer Mensch mit all dem, was darin an Unausgegorenem liegen mag. Langsam stellt sich ein besseres Einvernehmen ein, ein Dialog; Erinnerungen an seine Basler Zeit tauchen auf und helfen mit, nachdem er in meinem Sprechen baslerische Elemente festgestellt hat. Aber immer wieder die resignierende Bemerkung: «Ich halte mich für einen schlechten Photographen. Sehen Sie, draussen spielt eine Militärkapelle; wenn ich ein guter Photograph wäre, würde ich jetzt hinausgehen, um das zu photographieren. Aber da ich weiss, dass ich damit keine Brötchen machen kann, tue ich es nicht.» Und als weiteres Beispiel bringt Felber eine Episode aus dem Wallis: Da sei er nach dem Krieg in ein Wirtshaus geraten, wo nur Einheimische sassen. Und das sei wirklich harmonisch gewesen. Es töne vielleicht kitschig, aber er habe den Eindruck gehabt, hier herrschten Harmonie und gutes Einvernehmen. Da habe er eine Aufnahme gemacht. Das habe im Wirtshaus eine ungeheure Aufregung ausgelöst, man kenne ja das Temperament der Walliser. Da habe er klein beigegeben, er habe einfach den Film ausgeliefert. Wenn er ein guter Photograph gewesen wäre, dann hätte er Fersengeld bezahlt und so seine Bilder gerettet.

Überhaupt sei heute alles materialistisch geworden, er selber auch. Er mache Photographien um des Geldes willen, er müsse eben noch arbeiten mit seinen 70 Jahren, seinen Lebensunterhalt verdienen. Früher habe er oft einen Auftrag, der ihm nicht entsprach, zurückgewiesen. Heute müsse er aber herumrennen. In der Schweiz habe die materialistische Phase übrigens früh begonnen. Eine Begegnung im Wallis, kurz nach dem Krieg, belege das. Es war auf einer

128 Das Schulzimmer auf Egg, in dem auch Simon Gfeller unterrichtete. Um 1937 (Felber).

129 Altes Bauernehepaar in Roggwil. Eine der frühesten Aufnahmen Felbers. Um 1937.

130 Blick aus dem Atelier auf die Heuwaage in Basel. Um 1943 (Felber).

Wanderung im Val d'Anniviers. Eine alte Bäuerin überholte ihn mit einem Maulesel und lud ihn ein, den Rucksack auf das Tier zu laden. So ging es nach Les Haudères. Unterwegs traf die Frau auch noch einen Amerikaner an, dem sie das gleiche Angebot machte. Der Amerikaner gab ihr am Ziel offenbar ein sehr gutes Trinkgeld. Da fühlte Felber sich verpflichtet, auch tief in den Beutel zu langen und gab ihr drei Franken, was damals viel Geld war. Da sei er aber an die falsche Adresse geraten. Was er sich denn vorgestellt habe! Und es habe eine schreckliche Szene abgesetzt.

Felber verschwindet wieder durch eine Seitentür, sie sorgfältig zuziehend. Ich solle nicht nachkommen. Später erfahre ich, dass er Angst hat, ich würde seine Unordnung sehen. Er erscheint mit einzelnen Photographien. Einen Grossteil der alten Aufnahmen hat er allerdings vernichtet, das Zeug tauge nichts, er wolle nicht seine Nachkommen damit belasten.

«Jetzt muss ich Ihnen die Photo des gescheitesten Langenthalers zeigen, den es je gegeben hat.» Felber verschwindet im Korridor, hängt ein Bild ab: das eindrückliche Porträt eines alten Mannes. Es ist Lehrer J. R. Meier (1883–1966), der in Langenthal Schule hielt, den die Langenthaler heute noch verehren, aber sein Wesen haben sie, nach Felber, nicht erfasst. Er erinnert sich an einzelne Situationen. Wie Meier in seiner Dachwohnung lebte, die Hände über den Ofen hielt, um ein bisschen Wärme zu bekommen. Und wie er ihm zum letzten Mal begegnete, als Meier müde auf einer kleinen Mauer vor einem Haus sass. Er habe gewusst, dass es das letzte Mal war, weil Meier vom Tod gekennzeichnet war. Und er habe nicht hingehen und ihm einfach sagen können: «Wie geht es dir?» Es sei traurig, wenn man vor der Gewissheit stehe, einem verehrten Menschen nie mehr zu begegnen. Meier habe ihm über das Reisen etwas sehr Richtiges gesagt. Allerdings habe er es damals nicht begriffen: «Die Phantasie und die Vorstellung können schöner sein als die Wirklichkeit.» Heute verstehe er das.

Felber selber wurde 1918 in Langenthal geboren, im Haus, wo sich heute sein Atelier befindet. Der Vater war Bäcker, das Geschäft besteht heute noch und wird, nachdem der ältere Bruder Eugen den Beruf aufgegeben hat, von andern Besitzern weitergeführt. Auf die Schulzeit in Langenthal, Primar- und Sekundarschule, folgte eine Lehre in Bern (1934–38) beim Theaterphotographen Fred Erismann an der Marktgasse 49, der «sich gut vorkam, sogar sehr gut». Er sei tatsächlich ein guter Theaterphotograph gewesen; aber Felber stösst es immer auf, wenn sich Leute, Künstler, so ungeschminkt und unkritisch als gut empfinden und das auch zeigen. Das äussert sich später auch, wie die Rede auf einen Maler aus dem Lötschental kommt, von dem ein Bild in der Wohnung Felbers hängt. Der habe ihm einmal bei einer Ausstellung vor einem seiner Bilder gesagt: «Gelt, das ist schön.» Da habe er nur gedacht: «Du armer Mensch. Musst du dich selber so loben, bei dem Schmarren, den du da gemalt hast.» Aber das, erschrickt Felber, was er jetzt gesagt habe, sei eigentlich unfair.

Er habe schon als Lehrling ein gestörtes Verhältnis zur Photographie gehabt. Nur auf Drängen der Mutter habe er überhaupt eine Berufslehre gemacht. Nach der Lehre ging der junge Mann dreiviertel Jahre auf Reisen, nach Berlin, wo er, kaum zwanzigjährig, sich mit Filmprojekten trug. Er frequentierte dort die Theaterwelt, was nicht erstaunt, wenn man an seine Ausbildung bei Erismann in Bern denkt. Er sah z. B. noch Emil Jannings spielen. Mit der Photographin Rosmarie Clausen, die damals bekannt war, wollte er einen Film drehen, gab dann aber die Idee auf, als er bei Gesprächen mit einsichtigen Persönlichkeiten erkannte, welche Katastrophe der Unmenschlichkeit bevorstand. Da ergriff ihn die Angst. Es war die Zeit, als das Sudetenland von Hitler annektiert wurde. Als Frau Clausen einmal ein Telefongespräch mit «Der Drecksau gönn ich's – Heil Hitler» beendete und dem verdutzten jungen Mann erklärte, auch sie müsse eben leben, da fiel es ihm wie Schuppen von den Augen.

Felber kehrte in die Schweiz zurück und wirkte zuerst in Langenthal als Photograph. Hier lernte er seine erste Frau, Grete Zaugg (geboren 1913), kennen, bei einer Hamlet-Aufführung. Grete sei eine «furchtbar interessante Frau» gewesen, wie er überhaupt Glück mit Frauen gehabt habe. Sie war Kindergärtnerin in Huttwil. 1942 heiratete das Paar, 1949 starb die junge Frau

131 Alter Bauer auf Besuch in Langenthal. 1937 (Felber).

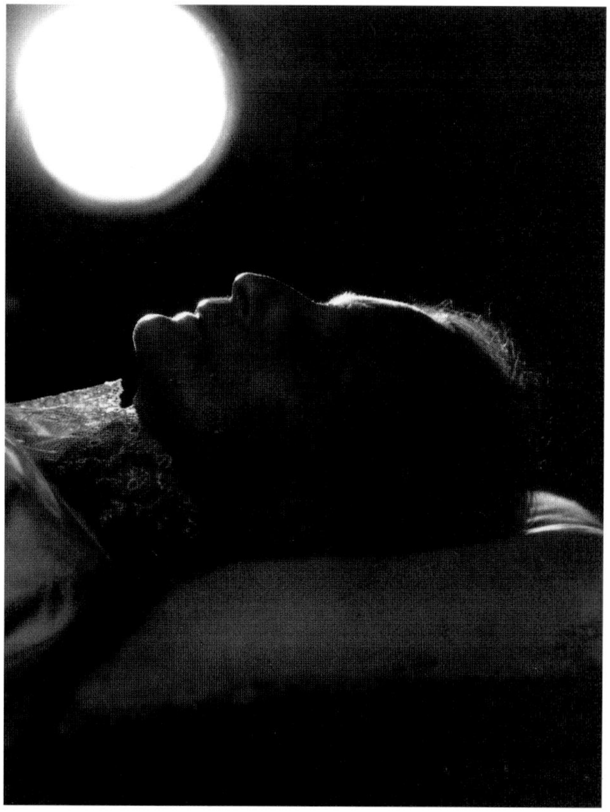

132 Aufnahme einer Verstorbenen in Riehen. Um 1940 (Felber).

133 Jugendfest in Langenthal. Um 1940 (Felber).

an den Folgen einer Schwangerschaft, die sie trotz ärztlichem Abraten durchstehen wollte. In der Zwischenzeit hatte Felber 1943 in Basel ein Atelier in einer grossen Wohnung an der Heuwaage eröffnet. Offenbar war die Basler Zeit für Felber erfolgreich, er hatte als Photograph Zugang zur «guten Gesellschaft». «Dort war ich noch sehr rege, dort hatte ich noch eine gute Meinung von mir. Ich habe an vielen Orten ausgestellt, in Schaukästen usw.»

Felber, wissbegierig, besuchte auch Vorlesungen an der Universität und verband sich freundschaftlich mit einzelnen Dozenten. Die Wahl der Professoren kennzeichnet sein geistiges Interesse und Suchen: Wolfram Von den Steinen, Karl Jaspers, Karl Schefold. Die Erinnerung bringt ihn ins Schwärmen. Die Universität Basel sei damals in einer Hochblüte gewesen.

Ja, die Basler Zeit: Wieder verschwindet er im Nebenraum, kommt mit einer Photographie zurück. Die habe er nicht zerrissen. Das Bild stellt eine tote Frau dar. Es sei die schönste Frau gewesen, der er in seinem Leben begegnet sei. 80 Jahre alt war sie, eine geflohene Jüdin, wohnhaft in Riehen. Er sei dorthin gerufen worden, um sie zu photographieren. Da er aber sehr beschäftigt war, konnte er erst abends kommen. Nachts um 12 Uhr habe er dann die Tote im Keller photographiert. Auf dem Bild liegt die Frau scheinbar friedlich schlafend da. Ein grosses Licht strahlt im Dunkeln über ihr.

1947 verliess Felber Basel, weil ihm die Wohnung zu teuer wurde. Zwar konnte der Mietzins nicht angehoben werden; aber man erhöhte dauernd den Wasserzins. So kehrte er nach Langenthal zurück. Hier lernte er auch bei einem Konzert seine zweite Frau kennen. Irmela Siegmund-Schulze (geboren 1918) war die Tochter eines von den Nazis verfolgten Theologieprofessors aus Münster, Westfalen. Die Eltern hatten 1933 Zuflucht in der Schweiz gefunden.[2] Der Vater wirkte als Studentenbetreuer in Zürich. Wie

134 Hochzeitszug in Bannwil, angeführt vom Pfarrer. 1945 (Felber).

schon einmal, verliebte sich Felber Hals über Kopf in die junge, sensible Künstlerin; Frau Siegmund-Schulze war Geigerin. Er habe sich ihr in seinen Interessen untergeordnet, das sei logisch gewesen, er sei in den Hintergrund getreten. Schliesslich sei ihm das Leben zu zweit wichtiger als das Photographieren gewesen. Und da waren die beiden Kinder: eine Tochter, heute Lehrerin, ein Junge, der jetzt als Bankangestellter arbeitet.

Es gab am Ort bereits andere Photographen: Bär, Dännler, Wüthrich. Aber Felber entwickelte eine eigene Bildniskunst, die wohl von seinen ländlichen Kunden nicht voll gewürdigt wurde, nicht gewürdigt werden konnte. Viele hätten sich mit weniger zufrieden gegeben. Auf die Länge bestand so die Versuchung, die eigenen Qualitätsansprüche herabzusetzen. Darauf angesprochen, erwidert Felber: «Ja, aber sie müssen doch vor sich selber bestehen können. Wissen Sie, als ich im Auto hierher fuhr» – dieses Gespräch fand in Zürich statt – «und bei einem Dorf im Aargau tankte, fuhr ein zweiter Wagen vor. Die Lenkerin sprach mich an, ich hätte ihre Hochzeit vor vier Jahren photographiert. Sie hatte das offenbar in positiver Erinnerung. Da sagte ich mir: 'Da hast du jemandem eine Freude gemacht.' Was soll's! Das ist das Wesentliche. Es ist eine kleine Welt, gewiss, ich bin ein Dorfphotograph. Aber es ist wie bei einem Pfarrer, der sich sagt, er habe wenigstens einer Seele in den Himmel verholfen.»

Bei anderer Gelegenheit lädt mich Felber nach Hause ein. Ich staune, wie ich in das stattliche Einfamilienhaus trete. Das Interieur wirkt zwar etwas unbehaust – Frau Felber ist seit einiger Zeit erkrankt –, aber gute, alte, zum Teil kostbare Möbel stehen da, Teppiche, Bilder usw. Im Nebensalon der Flügel der Frau. Im ersten Stock ein Himmelbett. Der Blick aus dem Salon geht über den Rasen zu alten Bäumen, hin zum Bach, zur «Langeten».

Felber hat das Bedürfnis, sich wegen der

135 Hochzeitspaar Emmental. Vierziger Jahre (Felber).

guten Möbel zu rechtfertigen. «Ich brauche eine gewisse Umgebung. Ich lebe in Vorleben, man trägt viele Leben in sich, auch die Umgebung muss entsprechend sein.»

Als Photograph ist Felber dem Porträt treu geblieben, das er mit grosser Sensibilität handhabt. Ein Zug zur Verinnerlichung geht durch seine Bilder. In den Aufnahmen von alten Leuten und von Hochzeitspaaren aus der Region liegen Wärme, Zutrauen, Geborgenheit. Seine Bilder atmen den Geist Gotthelfs. Felber sieht denn auch im Berner Schriftsteller einen der spirituellen Meister. Zum Photoreporter habe er sich nicht geeignet, meint er. Es liegt nicht in seiner Art, sich vorzudrängen, sich aufzudrängen. «Ich habe immer wieder festgestellt, dass ich doch kein hundertprozentiger Photograph bin. In Basel zum Beispiel dachte ich, ich sollte das Leben auf dem Bahnhof photographieren, das gäbe Stoff für ein Buch. Aber ich habe es nicht gemacht, aus finanziellen Gründen konnte ich es nicht realisieren. Da habe ich halt die Waffen gestreckt.» Einmal versuchte es Felber mit einer Reportage über das Kloster Sankt Urban. Einzelne Bilder der nicht beendeten Serie sind erhalten.

Dafür entwickelte Felber ein besonderes Vorgehen bei der Porträtphotographie. Er verbringt einen ganzen Tag mit seinem Auftraggeber, er versucht, ihn in typischen Situationen zu Hause, in der gewohnten Umgebung, festzuhalten. Ich selber habe mir eine solche Reportage machen lassen. Am vereinbarten Tag erschien Felber in

136 Hochzeitsmahl Luzern. Ende der vierziger Jahre (Felber).

Zürich mit einem alten, abgewetzten Koffer, einem Stativ und zwei Sandalen unter dem Arm, aus dem Wunsch heraus, mit den Strassenschuhen nicht die Wohnung zu verunreinigen. Dann begann ein geschäftiges Treiben. Der Siebzigjährige installierte seine Geräte, spannte einen kleinen, weissen Sonnenschirm über eine Stativlampe, eilte hin und her, ruhelos, unermüdlich, immer wieder neue Situationen mit der Kamera erspähend und einfangend, stehend, kniend, liegend. «Gut so, bleiben Sie so!» Das ging über Stunden hin, ohne dass eine Ermüdung festzustellen war. Und als er mir später das fertige Album zuschickte, so tat er es mit der Bemerkung: «Sie müssen es nicht nehmen, wenn es Ihnen nicht gefällt. Ich habe da meinen Stolz.» So ist Felber: Er stellt an sich selber hohe Ansprüche, immer bereit, sein eigenes Schaffen kritisch zu durchleuchten, zu verwerfen. Und doch glaubt er an die Kunst, ist ergriffen von der Schönheit des Augenblicks, fasziniert von den Bildmöglichkeiten, die sich bieten. Leiden an der Photographie – ein Leben lang.

ANMERKUNGEN

1 Felber dazu bei späterer Gelegenheit: «Mein Atelier ist einfach, primitiv, aber ich liebe es, es verbinden sich damit soviele Erinnerungen. Ich habe immer unter dem sogenannten Fortschritt gelitten.» Und ein andermal: «Das Atelier ist ein Grundstein, um schlecht zu photographieren.»

2 Vgl. dazu das Vorwort zum Ökumenischen Jahrbuch 1934–35, hg. v. *F. Siegmund-Schultz*. Zürich und Leipzig 1936. 9 f.

137 Aus einer Familienreportage Region Langenthal. Späte vierziger Jahre (Felber).

138 Les Haudères. 1940 (Felber).

139/140 Aufnahmen aus der Klosterkirche Sankt Urban. Um 1952 (Felber).

140

141 Basler Damen bei einer Beerdigung in Huttwil. 1940 (Felber).

142 Stiege in einer Schuhhandlung in Langenthal. Um 1945 (Felber).

143 Kinderporträt: Der Sohn des Photographen. Um 1964 (Felber).

144 Aus einer Familienreportage: Kind mit Puppe. 1980 (Felber).

145 Kommentar von Wilhelm Felber: «Mehr Herz in einer herzlosen Zeit.» Umgebung von Langenthal. 1987 (Felber).

DIE «AUSSTEIGER»

In diesem Teil werden einzelne Photographen vorgestellt, die nicht in einem bestimmten lokalen Umfeld arbeiteten und diesen engen sozialen Raum in ihren Bildern festhielten. Es sind Photographen, die keinen Kundenservice, kein eigentliches Atelier unterhielten, sie verkauften auch keine Photoapparate. Ihre Optik galt einer weiteren Wirklichkeit, der sie meist als Reportage-Photographen nachgingen oder auch als Buchautoren. Sie sind aber dennoch, oder gerade auf diese Weise, zu Interpreten einer Alltagswirklichkeit in unserem Land geworden, deren Dokumente für die Kenntnis der Vergangenheit besonders wichtig sind.

146 Walter Läubli.

WALTER LÄUBLI

Vom Weltenbummler zum Photographen der bedrohten Heimat

Walter Läubli wurde 1902 als Sohn eines Lokomotivführers in Winterthur geboren. Der Vater stammte aus Ermatingen, die Mutter, eine geborene Waldvogel, aus Marthalen. Einer habe einmal herausgefunden, dass diese Waldvogel von den Zigeunern abstammten. Läubli führt darauf seinen Wandertrieb zurück, der auch der Mutter eignete. Nachdem ihre Söhne ausgezogen waren, wechselte sie öfters den Wohnort: Basel, Aegeri, Schaffhausen, Zürich. Schliesslich sei sie in einem Hochhaus von Basel gestorben. Da habe es ihr gefallen, man habe eben in die Weite gesehen.

Sie waren zu Hause sechs Buben. Dank der tüchtigen Mutter, einer «grandiosen Frau», die immer fröhlich war und durch Heimarbeit das Einkommen ergänzte – sie nähte Berufskleider und Militärhosen –, ging es der Familie leidlich. Der Vater trank, man musste ihn oft nachts suchen gehen. Wegen Trunkenheit durfte er schliesslich nur noch Rangierlokomotiven fahren. Läubli weiss nicht einmal, wann und wie er gestorben ist.

Walter besuchte die Schulen in Winterthur, sollte nachher Maschinenzeichner bei Sulzer lernen, brach aber die Lehre schon nach einem Jahr ab, lief davon und ging wandern, mit Vorliebe in den Süden. Später begann er eine Lithographenlehre bei Meierhofer & Fries AG in Winterthur. Auch diese Lehre kam nicht zum Abschluss. Das Wandern lag dem jungen Läubli im Blut. Damals gab es eine Wandervogelgruppe in Winterthur, rund zwanzig Mädchen und Burschen, alle zwischen 18 und 25 Jahren. Läubli gehörte zu den Begründern der Gruppe[1]. Nach einem Jahr Kunstgewerbeschule in Zürich war Läubli «so etwas wie ein Graphiker geworden». Er verdiente sich seinen Lebensunterhalt mit graphischen Arbeiten. Aber das Wandern unterbrach auch diese Tätigkeit. In Deutschland zog er bis Eisenach. Dann ging's nach Spanien, Italien. Wochenlang sei er unterwegs gewesen, manchmal allein, manchmal mit einem Freund. Man sang und spielte Guitarre, erhielt dafür Speis und Trank, übernachtete bei Bauern, manchmal auch im Hotel, wenn man als Dank für die Musik dazu eingeladen wurde. 1929 heiratete Läubli und zog mit seiner jungen Frau Ida Gentsch über den Atlantik nach Amerika, zu einer Zeit, wo auch dort die grosse Krise herrschte. Er schüttelt heute über seinen damaligen Wagemut den Kopf. Er habe jeweils die Mappe mit Arbeiten und Entwürfen unter den Arm genommen, sei von einem Hochhaus zum andern gezogen, habe nach Aufträgen gefragt. Schliesslich habe er Glück gehabt und in New York und Chicago Arbeit für Agenturen gefunden. Er zeichnete Reklame-Entwürfe für Schuhe und Strümpfe, entwarf Packungen, Kataloge für Warenhäuser usw. Die Bezahlung sei recht gewesen, aber man sei gezwungen gewesen, oft die Stelle zu wechseln. Am Samstag habe es etwa geheissen: «Am Montag müsst Ihr dann nicht mehr kommen.» Dann war eben die Arbeit ausgegangen.

1933 kehrte Läubli nach Zürich zurück und begann dort als selbständiger Photograph zu arbeiten, ohne jede photographische Ausbildung, ohne Lehre, nach amerikanischer Manier. Wegen einer durch Unfall geschwächten Hand konnte er keine feine Zeichnungen mehr anfertigen. Mit einer Leica-Kamera zog er los, auf Reportage, wobei er auch den Text verfasste. Für eine Reportage erhielt man damals 70 Franken Honorar. Abnehmer waren illustrierte Zeitungen und das «Heimatwerk». Wieder hielt ihn nichts in der Heimat zurück, er brach auf nach Ibiza, mit Malkasten und Photoapparat. Später kehrte er mit der Absicht dorthin zurück, ein Photobuch über Ibiza und Mallorca zu machen. Ein drittes Mal schliesslich, anfangs der siebziger Jahre, fand er das Land durch den Tourismus völlig verändert. Die kühnste Alleinfahrt führte ihn 1936 von Ibiza über Paris, Antwerpen nach Finnland und von dort nach Russland, nur mit einem Rucksack und dem Photoapparat. Unterwegs zeichnete und photographierte er. Die Rückkehr geschah über Polen und Deutschland. In Berlin schoss ihm die schweizerische Botschaft die Rückfahrkarte in die Schweiz vor; sie galt aber nur bis nach Schaffhausen. In dieser Zeit war Läubli auch in der Freischar tätig, einer linken Jugendgruppe, die sich vom Wandervogel abgespalten hatte. Mit der roten Fahne zog man vor die Gefängnisse, wenn dort ein Kollege seine Strafe als Dienstverweigerer absass, und sang für ihn, kämpfte für Straferlass. 1937 wurde Läubli vom Bauernsekretariat in Brugg die Gestaltung der Ehrenhalle der Landwirtschaft für die künftige Landesausstellung übertragen. «Vom Krieg selber wurde Läubli in Toulon überrascht, einmal mehr unterwegs, aber der Mann, der sich dann in der Schweiz für den Militärdienst meldete, wurde dem Hilfsdienst zugewiesen.»[2]

Nach dem Krieg packte Läubli erneut die Lust zur Auswanderung. Es sollte wieder nach Übersee gehen. Eine Zeitlang erwog er die Idee, auf Einladung eines aargauischen Kerzenfabrikanten, den er zufällig kennengelernt hatte, nach Brasilien zu emigrieren. Schliesslich fuhr er nochmals in die USA, zuerst nach New York, dann zu Kodak nach Rochester. Nach einem halben Jahr kam er 1949 wieder in die Schweiz zurück, die Hoffnungen auf eine entsprechende Beschäftigung hatten sich zerschlagen. Jetzt widmete er sich der Farbphotographie, die er in den Staaten erlernt hatte. In einem alten Kutscherhaus im Zürcher Seefeld entwickelte er die Filme selbst. Die Farbaufnahmen fanden v. a. für die Zeitschrift «Modespiegel» (hg. von C. J. Bucher AG, Luzern) Verwendung, die er redaktionell betreute. Ungefähr gleichzeitig übernahm er auch die Redaktion der Zeitschrift «Camera»[3] für das gleiche Verlagshaus. 1951 gründete er mit andern bekannten Photographen das «Kollegium Schweizerischer Photographen» als lose Vereinigung. Im gleichen Jahr stellte die Gruppe im Zürcher Helmhaus aus; Bischof, Schuh, Senn, Tuggener waren vertreten. Loetscher schreibt dazu: «Diese Ausstellung setzte in der Schweizer Photographie ein Datum: es wurde hier völlig unprogrammatisch eine Bilanz gezogen, welche einer Demonstration von Qualität und Anspruch gleichkam. Vier Jahre später folgte eine weitere Ausstellung, dann erloschen die Aktivitäten des Kollegiums.»

1956 eröffnete Läubli eine Galerie an der Trittligasse. Er hatte unterdessen Erika Laich, die den Kindergarten des Quartiers betreute, geheiratet. Der zweiten Ehe erwuchs ein Sohn, der heute als Biochemiker arbeitet. – In seiner Galerie stellte Läubli vor allem Schweizer Maler aus; die meisten zeitgenössischen Maler, die figürlich arbeiteten, fanden Aufnahme. Später folgte eine zweite Galerie, an der gleichen Gasse. Jetzt wurde ihm das eigene Malen wieder wichtiger, die Photographie rückte in den Hintergrund.

Seinen Lebensabend verbringt Läubli in der stilvollen Altstadtwohnung ebenfalls an der Trittligasse, im Haus seiner zweiten Frau. Aus den Fenstern schweift der Blick über den Garten ins Bellevuequartier hinüber und in die Weite. Es ist ein freier Blick, der dem Wanderer von früher das Träumen in die Ferne ermöglicht. Läubli wirkt mit seinen 85 Jahren geistig rege, körperlich agil: Ohne Beschwerden steigt er die steilen Treppen seines Hauses hinauf. Ein Grossteil des photographischen Œuvres ist leider verloren, er hat die Negative selbst weggeworfen. Aber es liegt in diesem Verhalten wohl auch eine gewisse Bescheidenheit.[4]

Walter Läublis Photographien aus der Urschweiz und dem Kanton Glarus, aufgenommen in den späten dreissiger und zu Beginn der vierziger Jahre, wirken auf den heutigen Betrachter wie Blicke in eine pastorale Idylle. Da breiten sich scheinbar unberührte Landschaften aus, von einladender Harmonie, im Blütenschmuck des Frühlings, mit weichen Linien oder harten felsigen Kontrasten, föhnig aufgeworfenen Wellen des Sees. Es sind Ortsbilder, die sich wie naturgegeben in eine Landschaft fügen, deren Lebensrecht noch nicht durch wuchernde Betonbauten in Frage gestellt ist.

Läublis Bilder atmen den Geist jener Haltung der Schweiz kurz vor und während des Zweiten Weltkrieges, die eine patriotische Besinnung auf die Werte einer Heimat brachte, die es um jeden Preis zu verteidigen galt. Es ist das Bewusstsein einer eigenständigen Kultur, sichtbar in den Menschen und ihren Gesten, ihren Bauten, im Schmuck der Kirchen und der Häuser genauso wie bei brauchtümlichen Anlässen. Läubli, heimgekehrt von weiten Wanderungen in die eingekreiste Heimat, sieht mit fühlbarer Emotion ihre Schönheit und Eigenart, die er bedroht weiss. Der Buchtitel «Urschweiz» tönt wie eine

147 Steinen (Läubli).

148 Die Photographie als Familien-Memorial (Läubli).

Beschwörung jener Quellgründe des eigenstaatlichen Wesens, die man von draussen in Frage stellte.

Die Bilder Läublis schmerzen uns heute, wir ermessen den Verlust an natürlicher und vom Menschen gestalteter Schönheit, der unterdessen eingetreten ist, jene schroffe Zerstörung der Landschaft, wie sie selbst ein Krieg kaum so brutal zustandegebracht hätte.

ANMERKUNGEN:

1 Vgl. dazu *Fritz Baumann*: Der Schweizer Wandervogel. Das Bild einer Jugendbewegung. Aarau 1966. 163 ff. Offensichtlich handelt es sich um eine Neugründung im Jahre 1922, denn bereits vor dem Ersten Weltkrieg bestanden zwei Wandervogelgruppen in Winterthur, die allerdings nicht gemischt waren. S. 167 wird Walter Läubli als Obmann dieser kleinen Gruppe genannt.
Photographen als Globetrotter, auch Hans Baumgartner, der Thurgauer Lehrer und «Heimatphotograph», gehört dazu. Vgl. dazu *Hans Baumgartner*: Photographien. Weinfelden 1986.

2 *Hugo Loetscher*: in: Walter Läubli: Künstler-Bildnisse. Zürich 1974. 115.

3 1922 zum ersten Mal mit dem Untertitel «Illustrierte photographische Monatsschrift für Berufsphotographen u. Amateure» erschienen.

4 Von Walter Läubli liegen sechs Photobände vor: Urschweiz. Heimat des Vaterlandes. Luzern/Zürich 1941; Maria Einsiedeln. Meiringen 1944; Glarnerland. Glarus 1949; Mallorca und Ibiza. Büchergilde. Zürich 1959; Sonnenland Toscana – Umbrien. Büchergilde. Zürich 1961; Sizilien. Büchergilde. Zürich 1957.

149 Alphirte (Läubli).

150 Schöllenenschlucht mit Teufelsbrücke (Läubli).

151 Viehmarkt in Altdorf (Läubli).

152 Schlafende Hirten (Läubli).

153 Urigen mit Schächentaler Windgälle (Läubli).

154 «Urner Maitli» (Läubli).

155 Hirtenknaben (Läubli).

156 Mittagstisch (Läubli).

157 Geborgenheit (Läubli).

158 Theo Frey im Alter von 78 Jahren (Alice Frey).

THEO FREY

oder der wache Sinn für das Alltäglich-Triviale

Theo Frey wurde 1908 in Hochdorf, Luzern, geboren. Sein Vater Theodor war ein erfindungsreicher Geist, beweglich. Als Ingenieur hatte er bereits in jungen Jahren eine Fabrik gegründet, die 30 bis 40 Arbeiter beschäftigte. Viele eigene Konstruktionen, die manuelle Tätigkeiten durch Maschinenarbeit ersetzten, sollten dem Unternehmen eine gute Zukunft sichern. So entwikkelte er die erste gut funktionierende Maschine zur Herstellung von Zementröhren, für welche die Firma Hunziker in Aarau das Schweizer Patent erwarb. Erst 33jährig starb der Vater an einer «läppischen» Operation. Am Morgen war er noch fröhlich mit dem Strohhut winkend ins Spital nach Luzern aufgebrochen; am Tag darauf brachte ihn der Leichenwagen tot zurück. Man hatte eine Drüsenschwellung am Hals operiert, der Vater war daran verblutet. Die Mutter, noch nicht dreissig, hatte für fünf Kinder aufzukommen. Ein Onkel, einfacher Schmied von Beruf, sollte die Firma übernehmen; er wagte es nicht, da ihm zu vieles noch in den Anfängen stand. Schliesslich übernahm der Buchhalter, der mit 5000 Franken beteiligt war, die Fabrik. Die Mutter erhielt eine kleine Abfindungssumme, der Gemeinderat hatte sich nicht für die Halbwaisen eingesetzt.

Fortan ging es zu Hause kärglich zu und her. Man fand aber doch, dass Theo Ingenieur werden sollte, weil der Vater eben auch Ingenieur gewesen war und der Sohn folglich die gleichen Gaben hätte. Ein Onkel in Zürich veranlasste, dass Theo an die Sekundarschule nach Zürich kam, ins Schulhaus Rietli. Dort blieb er zwei Jahre. Dann hätte er die Industrieschule, später Realgymnasium genannt, beziehen sollen, um am Polytechnikum zu studieren. Es kam aber nicht dazu. Der Onkel dachte plötzlich an seine zwei eigenen Jungen, und nun fand er es besser, dass Theo eine Berufslehre mache. In der einstigen väterlichen Maschinenfabrik zu Hochdorf absolvierte der junge Frey eine dreieinhalbjährige Lehre als Schlosser. Er bestand die Lehrabschlussprüfung mit guten Noten. Es hiess, die Aussichten seien positiv, so dass er schliesslich selber dachte, es sei so in Ordnung. Nebenbei hatte Theo sich weitere technische Fähigkeiten angeeignet; er bastelte abends Radioapparate samt Antennen und verkaufte sie. Das ersparte Geld ermöglichte ihm das Studium am Technikum Winterthur. Noch immer glaubte er selber, zum Techniker geboren zu sein. Mit Fleiss und gutem Willen erwarb er das Diplom, fand 1930 sofort eine Stelle bei Theodor Bell & Co. in Kriens, in der Abteilung für Papiermaschinen. Nach einer knappen Stunde dämmerte es ihm, dass er weder für den Beruf des Technikers noch für die Arbeit im Büro geeignet war. Die Arbeit habe ihn «angeschissen», wie man heute sagen würde. Ein halbes Jahr hielt er es bei Bell aus. Dann drängte ihn der Bürochef, die aufgeschobene Rekrutenschule zu machen. Er absolvierte sie bei den Fliegertruppen in Dübendorf. Wieder zu Hause, verdiente er sich seinen Unterhalt als Radiobastler und Radiohändler.

1933 gab Theo diese Tätigkeit auf. Er zog nach Zürich und suchte einen neuen Beruf. Hier lebte bereits sein Bruder als Kunstmaler und musste ebenfalls schmal durch. Ein Cousin studierte Medizin und war begeisterter Anhänger von C. G. Jung. Jeden Abend sass man im Café Odéon zusammen und beriet, was aus dem jungen Mann werden sollte. Da eine künstlerische Komponente da war, Theo aber nicht zeichnen konnte, kamen die beiden anderen auf die «glorreiche Idee», er könnte Photograph werden. Die Möglichkeit einer Lehre bestand in diesem Alter bereits nicht mehr; auch für die Aufnahme in die

159 Trauergeleite bei einer Beerdigung in Saignelégier. 1938 (Frey).

Photoklasse der Kunstgewerbeschule war Theo bereits zu alt. Am Photographischen Institut der ETH wirkte damals Professor Ernst Rüst.[1] Theo besuchte einmal in der Woche seine Vorlesung. Nach der dritten Stunde, in der Rüst über die Farbphotographie gesprochen hatte, wandte sich der junge Frey an den Professor, erklärte ihm seine Lage und fragte, ob er ihm im Laboratorium zu arbeiten erlaube, damit er gleichsam im Schnellverfahren ein paar Tricks erlernen könne. Rüsts Antwort: «Wenn Sie das, was Sie kaputt machen, nachher vergüten, können Sie kommen.» Ein ganzes Jahr lang wanderte darauf Theo Frey täglich ins Photographische Institut hinauf, wo ihm Assistent Pfister die nötigen handwerklichen Fertigkeiten beibrachte; er lernte Filme entwickeln, Entwickler ansetzen, kopieren usw. Kurze Zeit später holte er sich einen Schmalfilm-Auftrag bei Welti-Furrer AG, einer Firma für Schwertransporte. Er hatte der Firmenleitung das Thema für einen Werbefilm suggeriert. Für die Dreharbeiten mietete er eine Filmkamera. Es blieb sein einziger Film. Mitte der dreissiger Jahre begann die Brotarbeit: Es waren kurze Reportagen für Zeitungen. Die Filme entwickelte Frey in der ersten Zeit noch an der ETH, da er keine eigene Dunkelkammer und keinen Vergrösserungsapparat besass.

Auf den Rat eines Freundes begab er sich zu Arnold Kübler, dem Chefredaktor der Zürcher Illustrierten.[2] Hans Staub (geb. 1894) wirkte dort bereits als fester Reporter, neben Gotthard Schuh (1897–1969) und Paul Senn (1901–1953). Kübler willigte ein, Beiträge von Frey zu publizieren. Frey musste sich anfänglich einen Mitarbeiter suchen, der den Text schrieb. Das schuf Probleme: «Der Betreffende hatte vielleicht am gleichen Ort ein ganz anderes Erlebnis, das deckte sich nicht mit meinen Photos, oder der andere setzte die Akzente anders. So geriet ich dauernd in einen Zwiespalt.» Er klagte darüber bei Kübler. Dieser gab ihm zur Antwort: «Sie müssen das selber schreiben, Sie sind dazu wohl fähig. Wenn mich dann etwas stört, ändere ich es schon.» Kübler habe dann aber an den Texten wenig geändert. Nach einem halben Jahr funktionierte der Ein-Mann-Betrieb: Frey photographierte und textete selber. Das hatte gemäss Frey Vor- und Nachteile. Wenn er nämlich etwas photographisch nicht bewältigen konnte, aus technischen Gründen, dann glich er es durch den Text aus. Damit habe er sich im Grunde genommen vor photographischen Schwierigkeiten gedrückt; andererseits sei er aber auch vor einem gewissen photographischen Purismus bewahrt geblieben. Frey vergleicht seine Arbeitsweise mit der seines Sohnes: «Thomas, der ebenfalls Photograph ist und die Photographie regelrecht erlernt hat, kann sich mit der Kamera restlos ausdrücken. Er formuliert aber keine Texte, vielleicht wäre er dazu auch fähig. Aber er will das nicht.» Sein Sohn hatte einen raschen Start als junger Photograph, erhielt verschiedene Stipendien, konnte so von der Stadt Zürich aus auch nach New York gehen, wurde dann aber von seinen Förderern fallengelassen wie viele andere, da man stets nach dem «coming man» auf der Suche sei. Man wandte sich wieder andern jungen Künstlern zu. Heute hat sich Thomas als Architekturphotograph etabliert.

Und nun das ehrliche Bekenntnis von Frey: «Im Unterschied zu den Kollegen Senn und Schuh und Staub habe ich sehr viele Kompromisse machen müssen. Es gab damals engagierte, linientreue Photographen, die kein Jota von ihren photographischen Überzeugungen abwichen und um des schnöden Geldes willen nicht bereit gewesen wären, bescheidene Aufträge zu übernehmen. Eine solche Linie konnte man aber nur einhalten, wenn man selbst bedürfnislos lebte (wie etwa Tuggener) oder viel Sympathien bei Frauen fand, die einem finanziell unterstützten, oder Geld von zu Hause aus hatte. Mit der Photographie allein konnte man keine Familie durchbringen. Ich musste für alle möglichen Zeitungen arbeiten; ich konnte mich nicht darauf kaprizieren, nur für das 'du' und die 'Zürcher Illustrierte' Aufträge auszuführen. Das hat sich nun plötzlich auch als Wert herausgestellt. Das Triviale ist zum wichtigen Dokument geworden.» Wie ich bei einer späteren Textkontrolle Frey diese Stelle vortrage, fügt er korrigierend bei: «Wenn ich das höre, so muss ich doch sagen, dass meine Motivation vom Sozialen her kam, nicht nur von der blossen Photographie. Wenn man nur von der Photographie ausgeht, dann kann es einem gehen, dass man an der Grenze des Möglichen angelangt ist, wie es Robert Frank (geb. 1924) und Gotthard Schuh ergangen ist, die eines Tages feststellten, dass sie vom Formalen her nicht mehr weiter kamen, so dass sie sich dem Film respektive der Malerei zuwandten und die Photographie aufgaben.»

So gehört Theo Frey zu den Schweizer Photographen, die als erste den Bildjournalismus im heutigen Sinn betrieben. Freys Engagement war dabei von besonderer Art: «Die Leute interessierten mich, die Berufe; bei schönem Wetter drängte es mich, über Land zu ziehen. Ich hatte eine Ausrede für diese Verlockung: Wenn ich nämlich mit dem Velo und der Kamera über Land fuhr, hatte ich sicher am Abend Photos für irgendeine Seite in einer Zeitung oder Illustrierten. Es ging aber sehr lange, bis ich akzeptiert wurde bei andern Photographen. Mein Antrieb war nicht, eine besondere Rolle unter den Photographen zu spielen. Ich wollte zwar ein guter Photograph sein, aber bis heute bin ich in einem Widerstreit. Was ist nun das Wertvollste an meinen Arbeiten? Ich habe herausgefunden, dass einfachste, trivialste Sachen plötzlich einen grossen Wert bekommen, weil es die Sache so nicht mehr gibt. Es gab Photographen, die einfach den berühmten Leuten, den berühmten Namen nachrannten. Die machten eine gute Überlegung, die Rechnung ging auf. Heute reisst man sich um diese Photographien.»

Zwei Bücher konnte Frey im Laufe seines Lebens realisieren. Eines Tages meldete sich der Verlagsleiter von «Ides et Calandes» in Neuchâtel; er konzipierte an einem halben Tag mit Freys Photos einen ganzen Bildband über die Schweiz. Als er wegging, hatte er die Aufnahmen mit den Ausschnitten bereits ausgewählt. Das Buch erschien unter dem Titel «Helvétie». Texte Charly Guyot. Photographies de Théo Frey. Collection des Ides photographiques 9. Neuchâtel et Paris 1954. Frey hatte sein Einverständnis unter der Bedingung gegeben, dass der Verleger ein zweites Buch von ihm herausbringe, diesmal über Irland, sein Traumland. Mit dem Honorar von rund 2000 Franken fuhren er und sein Freund Max-Albert Wyss, der spätere Redaktor von Camera, für sieben Wochen nach Irland. Das Buch erschien 1954 mit einem Text von Wyss als Nummer 11 der erwähnten Collection des Ides photographiques, ebenfalls in Neuchâtel. Um die Kosten zu senken, hatten die beiden einen Son-

160

dertarif der Swissair erreicht; zudem stand durch Vermittlung des irischen Gesandten in Bern ein Auto gratis zur Verfügung.[3]

1947 kaufte sich Frey ein Ferienhaus in Caviano im Gambarogno, das ihm zum geliebten Aufenthalt wurde. Er baute sich später in Weiningen ein eigenes Haus mit viel Umschwung; hier trieb er Gartenbau, produzierte alles Gemüse selbst, hielt 30–40 Kaninchen.

Seine Frau, Alice Zumbühl, ebenfalls Bürgerin von Hochdorf, lernte er in Zürich kennen. Sie arbeitete dort am Hygiene-Institut der Universität. 1948 wurde geheiratet. Vorher war es Frey aus beruflichen Gründen nicht möglich, eine Familie zu unterhalten. Zudem verlangte der Beruf des Photoreporters eine Freiheit, die sich schlecht mit den Aufgaben eines Familienvaters vertrug. Die beiden Söhne arbeiten heute als Photograph bzw. als Architekt.

Theo Frey urteilt bescheiden über sein photographisches Schaffen: «Ich bin kein eigentlicher professioneller Photograph. Ich habe tatsächlich

160/161 Links eine Ecke der Stube mit den typischen Schultornistern und den stereotypen Erinnerungsbildern aus der Verwandtschaft. Pfarr- und Amtsblatt sind wichtige und wohl fast einzige Lektüre. Rosenkränze und Weihwasserbecken weisen auf das katholische Milieu hin (Frey).
Bauernfamilie im Muotatal um 1943. Grossmutter, Mutter und acht Kinder. Ein neuntes Kind war gestorben. Der Vater half zur Zeit der Aufnahme einem Nachbarn bei der Arbeit (Frey).

162 Bergbauern-Kinder in Ried-Mörel (Wallis). 1945 (Frey).

163 Zwei Knaben aus der gleichen Familie beim Spielen mit selbstgebastelten Kühen. Muotatal um 1943 (Frey).

mein Leben lang darunter gelitten, – nein das ist etwas hochgestochen, handicapiert war ich, ich konnte keine fachtechnischen Aufträge übernehmen, weil ich nicht wusste, ob ich fähig gewesen wäre, sie zu erledigen. Wenn ich bei Finsler [dem Lehrer der Photoklasse an der Zürcher Gewerbeschule] gewesen wäre, so hätte ich gehört, wie man eine Kugel oder einen Zylinder aufnimmt, ich habe das später etwas durch Erfahrung gelernt. Ich war so nicht wettbewerbsfähig, wie etwa Michael Wolgensinger [geb. 1913] in Basel. Ich musste so halt ein Freelandphotograph sein. Schwieriger war es, wenn ein Redaktor mir feste Aufträge gab.» Dann aber mischt sich doch ein gewisser Stolz in das Geleistete, wenn er auf das wohlgeordnete Archiv mit rund 90 000 Photos hinweist, sein reiches Lebenswerk.

Ein Schwerpunkt seines Schaffens bezog sich auf die Lebensverhältnisse in den Berggebieten. Seit 1964 wirkte er als Werbe-Beauftragter der

164 Lehrer mit Schulklasse auf dem Säntis, Blick nach Westen (Frey).

165 Notjahre. Arbeitslose sammeln zur Krisenzeit Kohle auf den Schlackenhalden in den Herdern. Zürich 1936 (Frey).

Schweizer Berghilfe. Dabei hielt er die ärmlichen Lebensverhältnisse der Bergbevölkerung fest, ihr Wohnen, ihr schweres Arbeiten an steilen Hängen, das mitunter gefährliche Tun in der Abfolge der Jahreszeiten. Generell fällt auf, dass Frey ein besonderes Interesse, ein Flair für volkskundliche Fakten hat, einen Sinn für das Wesentliche im Leben des einfachen Mannes.

In einer Besprechung einer Photoausstellung im Stadthaus Zürich schreibt der Rezensent des Tages-Anzeigers vom 3. Mai 1983, dass Frey im Vergleich zu Gotthard Schuh, Paul Senn und vor allem Hans Staub, die ebenfalls für die «Zürcher Illustrierte» arbeiteten, eine andere geistige Haltung verkörpere. Er habe nicht mehr «den Biss der vorangehenden Fotografengeneration» gehabt. «Aber kurz nachdem Frey zur Kamera gegriffen hatte, stand auch die 'Zürcher Illustrierte' im Zeichen der geistigen Landesverteidigung. Nun waren nicht mehr Reportagen über den Arbeitskampf mit seinen Demonstrationen, über den Genfer Generalstreik etwa, gefragt. Jetzt kehrte die Schweiz nationale Einigkeit heraus, indem sie sich als ein Volk der Bauern verstand, indem sie deren Brauchtum und Lebensart pries. Abgesehen von einigen wirklich harten Aufnahmen aus der Krisenzeit (1934), die Arbeitslose, in bidonvilleartigen Behausungen lebend, beim Durchsuchen von Abfallhaufen am Stadtrand Zürichs zeigen, gelangen Theo Frey in der Tat diejenigen Fotos am besten, welche das entbehrungsreiche Dasein der Bergbauern und Bergbäuerinnen bezeugen.»

Neben der Berghilfe arbeitete Frey für andere wohltätige Institutionen: die Kinderhilfe des Schweizerischen Roten Kreuzes, die Pro Juventute, Pro Infirmis, Pro Senectute, die Winterhilfe usw. Während des Krieges war er als Armeereporter im Pressebüro des Armeestabs tätig. Als Höhepunkte der damaligen photographischen Dokumentationsarbeit erachtet er die Internierung der polnisch-französischen Truppen bei Sai-

166 Schuhputzerin im Hauptbahnhof Zürich. Vierziger Jahre (Frey).

gnelégier und den Rütlirapport, bei Kriegsende die Flüchtlings-Übertritte bei Schaffhausen und das Treffen von General Guisan mit De Lattre de Tassigny in Konstanz.

Uns aber will scheinen, dass die vielen Reportagen über Brauchtum, Feste, handwerkliche Betriebe, Industriewerkhöfe und Betriebsfeste, die Fülle von menschlichen Gesichtern auch, den eigentlichen Reichtum des Schaffens von Theo Frey ausmachen. Dazu gehören nicht zuletzt die Bildreportagen über zwölf Gemeinden, die er seinerzeit für die Höhenstrasse der Landesausstellung von 1939 erstellte. Freys Werk ist eine Schatzkammer für volkskundliche und sozialgeschichtliche Bilddokumente.

ANMERKUNGEN:

1 1878 geboren, wurde Rüst 1928 a. o. Professor an der ETH, wo er bis zu seinem Rücktritt 1945 das Photographische Institut leitete. Vgl. dazu *Ernst Rüst*: Die Photographie an der Eidg. Technischen Hochschule und ihre Vertreter 1869–1945, in: Schweizerische Photo-Rundschau 14. 1951. 262–269.

2 Die Zürcher Illustrierte, aus der später das 'du' hervorging, erschien in den Jahren 1929–1941. Unter Küblers Leitung entwickelte sie sich zu einem massgebenden Gefäss für qualitativ hochstehenden Bildjournalismus. Vgl. dazu *Peter Killer*: Anfänge und erste Höhepunkte des Bildjournalismus in der Schweiz. Notizen eines Gesprächs mit Arnold Kübler, in: Photographie in der Schweiz 1840 bis heute. Hg. v. Hugo Loetscher, Walter Binder, Rosellina Burri-Bischof, Peter Killer. Teufen 1974. 208–234.

3 Als weiteres Buch von Theo Frey erschien: 3 Mois de vacances en Suisse. Un livre de souvenirs pour nos jeunes hôtes. Zürich o. J.

167 Kieswerk der Kibag bei Nuolen. Fünfziger Jahre (Frey).

168 Photos zum Thema Arbeitsplätze: Elektroofen bei Sulzer, Winterthur. Vierziger Jahre (Frey).

169 Metalldreher beim Drehen von Geschossmänteln. Maschinenfabrik Oerlikon. Vierziger Jahre (Frey).

170 Schweissarbeiten am SBB-Triebwagen. Maschinenfabrik Neuhausen am Rheinfall. Vierziger Jahre (Frey).

171 Maiglöckchen-Verkäufer, Zürich. Vierziger Jahre (Frey).

172 Milchmann in Zürich. Vierziger Jahre (Frey).

173 Der Zivilstandsbeamte von Stammheim nach beendigter Trauung. 1938 (Frey).

174 Hausierer in Zürich. Vierziger Jahre (Frey).

175 Fensterreinigung bei einem Restaurant im Kreis 5, Zürich. Fünfziger Jahre (Frey).

176 «Die drei Grazien». Transport einer Plastik in Zürich. Fünfziger Jahre (Frey).

177 Anlässlich des «Chacheli-Märts» am Limmatquai, organisiert vom Schweizer Heimatwerk. 1977 (Frey).

178 Schweizer Trachtenvereinigung auf Romfahrt. Offizieller Empfang auf dem Quirinal. Mai 1968 (Frey).

179 Lieb' Vaterland, kannst ruhig sein. Appenzell. Sechziger Jahre (Frey).

180 Stadtpräsident Emil Landolt spricht an den Zehnkampf-Meisterschaften in Zürich. 1949 (Frey).

181 Zwei Aufnahmen zum Thema Einsamkeit. In der Thurebene. Sechziger Jahre (Frey).

182 Pariser Vorortszug. 1936 (Frey).

183 Kurt Blum photographiert in der Kunsthalle Bern bei der Ausstellung Südsee. 1952 (Margreth Blum).

KURT BLUM

oder wie ein Burgdorfer Lehrling zum photographischen Bildmagier wurde

Kurt Blum, den ich zufällig in einem abgelegenen Hotel in Frankreich kennengelernt habe, empfängt mich zum Gespräch in einem hofseitigen kleinen Raum eines alten Berner Stadthauses. Alles ist eng, Platz ist nur für ein Tischchen und ein Bett, damit ist der Raum ausgefüllt. Kurt Blum wirkt bedächtig, humorvoll und voller Selbstironie. In sein Reden fliesst oft ein Stück Lebensweisheit ein, wie es sich für Gespräche bei einem Glas Roten geziemt. Sein Porträt steht hier als Beispiel eines Photographen, der seinerzeit eine der typischen Berufslehren machte, wie sie landauf, landab üblich waren, der dann aber konsequent seinen eigenen Weg ging, der ihn hin zur Reportage führte und schliesslich zum international bekannten Porträtisten berühmter Künstler. In unserem volkskundlichen Zusammenhang sind besonders die köstlichen Erinnerungen an seine Burgdorfer Lehrzeit wichtig.

Kurt Blum wurde 1922 in Bern geboren. Vater Ernst (1895–1977) arbeitete als eidgenössischer Beamter bei der Militärversicherung, Mutter Frieda, geborene Dreyer (1896–1986), war vor der Hochzeit als Sekretärin tätig. «Ich muss sagen, ich stamme eigentlich aus einer Beamtenfamilie, was ich immer etwas verleugnet habe; ich stand immer in Opposition zum Staatsbeamtentum. Meine Mutter war gar nicht glücklich über die Photographenlehre. Aber 1938/39 war es sehr schwer, überhaupt eine Lehrstelle zu finden. Ich habe mich zuerst als Mechaniker am Technikum Biel gemeldet. Da kamen von 45 vielleicht einer oder zwei an, und auch in der Lehrwerkstätte in Bern war es nur ein kleiner Prozentsatz. Somit muss ich sagen, dass ich per Zufall zu diesem Traumberuf gekommen bin und dass ich sonst heute vielleicht ein unglücklicher Mechaniker wäre. – Ja ein Traumberuf ist das, so wie ich ihn erfahren habe, vom ersten Tag in der Lehre bis heute. Bis heute habe ich das 'feu sacré' eigentlich nie verloren, weil es in diesem Beruf ungeheuer viele Möglichkeiten gibt. Auch wenn meine Mutter gesagt hat: 'Oh, oh, mein Sohn als Photograph'; sie sehe ihn schon auf der Bundesterrasse mit der Kamera und Tauben links und rechts, und mit der Frage: Darf ich eine photographische Aufnahme machen? Sie war sehr unglücklich, dass ich diesen Beruf erlernte. Der Vater war grosszügiger. Sein Onkel hatte nämlich um die Jahrhundertwende bereits photographiert. Und der Vater hat auch mich photographiert, in der Wiege die ersten paar Stunden nach der Geburt. Und auch später immer wieder; er hat die Bilder selbstverständlich auch selbst entwickelt. Das habe ich vielleicht in die Wiege bekommen, das Photographieren. Der Vater war in seinem Beruf nicht glücklich, aber als er während des Krieges 14/18 oft im Militärdienst weilte, war er 'gottenfroh', dass er eine solche Stelle hatte. Er hat nachher geheiratet und hatte mich dann als Sohn. Die Situation hat sich ja später bei mir wiederholt, während des Zweiten Weltkrieges, als ich eine Stelle an der Schweizerischen Landesbibliothek hatte. Darauf werden wir ja noch zurückkommen. Die wirtschaftlichen Verhältnisse zu Hause waren recht. Man musste sehr sparen, vor allem in der Krisenzeit. Da waren die Brüder des Vaters arbeitslos. Ich kann mich noch gut erinnern, wie die Mutter jeweils gewettert hat, dass man Onkel Hans fünf Franken im Monat zahlen musste, als eidgenössischer Beamte war Vater dazu verpflichtet, und das war jeweils das Mittags- und das Abendgespräch, und das hat mich schon beeinflusst.»

184 Der Vater in der Tracht des Fahnenschwingers. Um 1940 (Blum).

Kurt besuchte in Bern die Primar- und die Sekundarschule, er sei ein schlechter Schüler gewesen, das gehe ihm heute noch nach. Die Lehrer hätten ihn «verdorben», vor allem der in der 3./4. Klasse, der mit dem Meerrohr jeweils auf den Hintern, die Knöchel, auf den Kopf schlug. Da Kurt nur an einem Ohr höre, sei er benachteiligt gewesen, habe oft den Lehrgegenstand nicht mitbekommen, was ihm dann als Unaufmerksamkeit ausgelegt worden sei. Dieser Hörfehler sei für die ganze Schulzeit ein Handicap gewesen. Aber über die Schule möchte er nicht mehr reden; sie sei für ihn tabu. «Mein Leben begann am ersten Tag meiner Lehre. Die Lehrstelle in Burgdorf war von der Berufsberatung ausgeschrieben worden. Photograph war damals kein begehrter Beruf, gut situierte Söhne haben natürlich nicht den Photographenberuf erlernt. In der Not frisst der Teufel eben Fliegen, und ich habe es dabei sehr gut getroffen.»

Das Atelier von Eugen Fehlmann (1912–81) befand sich an der Bahnhofstrasse in Burgdorf. Der Lehrmeister war jung, nur etwa acht Jahre älter als Kurt, frisch verheiratet, und Blum war sein erster Lehrling. Fehlmann hatte das Atelier 1936 vom Photographen Albert Käser übernommen, selber die Lehre in Langenthal bei Foto Baer gemacht. Es ging Fehlmann in jenen Jahren wirtschaftlich nicht gut. «Wir hatten finanziell immer sehr, sehr Mühe, wir konnten keine photographischen Geräte anschaffen, wir hatten nur die Holzkamera, die Studiokamera, die schwere mit dem Holzstativ, in einem sehr schönen Tageslichtatelier, wie man es im Grunde genommen von Paris her kannte. Das machte mir sehr Eindruck. Ich kam mir sehr als grosser Künstler vor, wenn ich die Vorhänge zog, gegen den Himmel hinauf, links, und dann so ein Gesicht beleuchten konnte. Als Kunstlicht hatten wir eigentlich nur eine Lampe, eine Kohlenbogenlampe, die zu bedienen ich Angst hatte. Damit sie brannte, musste man immer wieder die Kohlenstifte nachschieben.»

«Die Leute kamen, um sich porträtieren zu lassen. Wir haben eigentlich das Geld mit den Hochzeiten gemacht, von der Kirche her kamen die Paare direkt zum Photographen, das war unerlässlich bei der Hochzeit. Und das war am Samstag und am Freitag, da hatten wir am meisten zu tun. Ich habe immer ein wenig Angst gehabt, wenn ich eine Hochzeit photographieren musste. Da war die grosse Sorge, das Hochzeitspaar nicht zu verwackeln. Wir hatten einen Compound-Verschluss, einen Gummiball, den man in der Hand hielt und mit dem man die Verschlusszeit regulierte. Der war kaputt, und wir hatten kein Geld, einen neuen zu kaufen. Daher musste man mit dem Objektivdeckel die Belichtung regulieren, indem man mehrmals kreisend vor dem Objektiv herumfuhr. Zwei Aufnahmen waren das Maximum, was man machen durfte. Es waren Kabinettaufnahmen, das Format 18/24 war selten, vielleicht bestellte jemand auf Weihnachten ein Porträt. Die Objektive waren nicht sehr lichtstark, mit der Technik musste man also sehr kämpfen, gerade wenn es November/Dezember war und das Licht karg war. Neben dem Atelier befand sich eine Dunkelkammer, da lud man die Kassetten mit den Platten und musste aufpassen, dass die Platte nicht kaputt ging; auch während des Entwickelns im Dunkeln war das eine heikle Angelegenheit.» 1939 war der Lehrbeginn, Lehrabschluss 1942.

«Kaum hatte ich die Lehre begonnen, da musste der Lehrmeister 1939 einrücken. Ich war dann mit der Lehrmeisterin allein, da musste ich mich schon recht dreinlegen. Wir haben damals vor allem Amateuraufträge erledigt und Hochzeitsaufnahmen im Atelier gemacht. Und davon haben wir nachher gelebt.» Die Lehrabschlussprüfung fand beim Photographen Lehmann in

Langnau statt. Dieser besass ein modernes Atelier; er war offenbar begütert. Kurt musste bei der Prüfung all das machen, was im Lehrreglement vorgeschrieben war. Das erschreckte ihn aber nicht; denn er hatte sich seit Lehrbeginn nach seinen Worten hundertfünfzigprozentig eingesetzt. Auf der Bahnfahrt Bern–Burgdorf und zurück, im sog. Bummelzug, lernte er; er studierte ausgiebig das Kompendium für Photographenlehrlinge, das ihm ein wichtiges Buch geworden war. Auch in der Fachschule zu Bern war er einer der ersten in der Theorie. Hermann König aus der bekannten gleichnamigen Photographendynastie wirkte als Fachlehrer. Daneben belegte Blum Zeichnen: Akt-, Pflanzenzeichnen, Schriftzeichnen («das war sehr wichtig»), all das, was eben Kunstgewerbelehrlinge zu besuchen hatten. Am Abend fuhr Blum im Prinzip heim; manchmal musste er aber bis 10, 11, ja 12 Uhr arbeiten, dann übernachtete er beim Lehrmeister. Im ersten Lehrjahr erhielt er fünf Franken im Monat; die Arbeitszeit dauerte von morgens 8 bis 7 Uhr abends, mit einer Mittagspause von dreiviertel Stunden. Blum wollte unbedingt eine Rolleiflex haben. Die Mutter gab ihm jeweils 95 Rappen für das Mittagessen. Er begnügte sich mit einem «Caramelbouchée» und einem «Mütschli» (kleines Brötchen), das Ganze zu 20–25 Rappen. Das «Mittagsmahl» verzehrte er sitzend auf dem Trittbrett eines Eisenbahnwagens im Bahnhof Burgdorf. Den Rest des Geldes legte er zur Seite, bis er mit einem Zustupf der Eltern die Rolleiflex kaufen konnte. Fehlmann sei im übrigen ein guter Lehrmeister gewesen; er hatte künstlerisches Flair, soweit man es überhaupt bei den damaligen Aufträgen einsetzen konnte; denn im Vordergrund stand der Existenzkampf. Aber Blum sah Aufnahmen des Lehrmeisters, die er noch als Lehrling in Langenthal gemacht hatte, Bromöldrucke, Kohlendrucke, Kohlenumdrucke, die ihn sehr beeindruckten. Er habe selber einmal solche Bromöldrucke probiert, in der Lehre noch, aber das Resultat habe ihn gar nicht überzeugt.

Und damit zum damaligen Arbeitsbereich: Reportage gab es überhaupt nicht. Vor dem Krieg gab es nur wenige Zeitschriften, für die man Reportagephotos machen konnte. Aber das besorgten andere Photographen, und der Lehrmeister besass auch keine Kleinbildkamera, die es erlaubt hätte, in die Weite zu ziehen. Er als Stift habe später dem Lehrmeister seine Rolleiflex (und die Leica) zur Verfügung gestellt. «Natürlich mussten auch Aufnahmen auswärts

185/186 Kinderbildnisse. Lützelflüh im Emmental. Um 1940 (Blum).

gemacht werden, etwa wenn ein Schreiner ein neues Bauernhaus errichtet oder umgebaut hatte; dann nahm man aber die Atelierkamera mit dem 18/24-Objektiv mit.» Vergrössert habe man fast nie. «Erst im dritten Lehrjahr wurde das häufiger, als wir einen Leica-Kunden hatten, doch die Vergrösserungen fielen unbefriedigend aus wegen des Korns. Die Kundschaft kam aus der ganzen Umgebung; denn weit und breit gab es keinen Photographen mit einem vergleichbaren Atelier, bis hinauf nach Lützelflüh nicht, wohl im Umkreis von 20 km nicht. Wenn wir zu Aufnahmen nach auswärts gerufen wurden, dann ging das gut, sofern man mit der Bahn hinfahren konnte. Mit dem Militärvelo war es mühsamer; da musste man die grosse Kamera und die Platten hinten befestigen und so auf den 'Högern' (Höhen) herumfahren. Ich habe manchmal beim Aufstieg auf die Ausläufer des Napfs geschwitzt.» Solche Aufträge galten etwa einem verstorbenen Kind, von dem man ein Totenandenken haben wollte; auch alte Leute waren aufzunehmen, auf dem «Läubli» (Veranda) oder vor dem Hause, wenn sie nicht mehr beweglich genug waren, um selbst in die Stadt zu gehen. Tieraufnahmen waren seltener. Für stattliche Kühe oder Stiere gab es spezielle Markt-Photographen, die auf den Viehmärkten ihre Dienste anboten.

«Der Hochzeitstag war früher natürlich bedeutend. Es war der Tag der Braut und des Bräutigams, der seinerzeit mehr galt als heute. In der Kirche wurde da nicht herumgeblitzt, von Amateuren, wie heute. Benommen noch von der kirchlichen Trauung, kam das Brautpaar mit den Zeugen ins Atelier. Der Schleier musste dann von hinten nach vorne drapiert werden, das Brautbouquet gehörte in die Hand, die näher beim Bräutigam war; das waren einfach Standardaufnahmen. Alle wollten es so haben, wie es bereits auf den Aufnahmen des letzten Jahrhunderts zu sehen war. Die Kunden bestellten 20–30 Kabinettbilder, auf Karton aufgezogen, mit Büttenpapier. Goldrand gab es eigentlich nur noch bei den Cartes-de-Visite.» Er habe noch Visites-Karten gemacht; durch den Krieg habe sich die Entwicklung von der Stadt auf das Land eben verzögert.

«Auch Hintergründe hatten wir, die wir zwar nicht mehr oft brauchten, das Schloss Chillon zum Beispiel, dann aber auch eine wunderbare Waldlichtung. Auch Kinderaufnahmen machten wir. Wenn die Kinder noch nicht so gut gehen konnten, dann legte man sie auf das berühmte weisse Fell, möglichst nackt. Das war für mich jeweils ein Albdruck; denn ich kam meistens von hinten in den Laden hinein im weissen Schurz wie ein Chemiker oder Arzt, denn ich wollte nicht eine Schürze wie der Vater tragen, so eine graue, die man vorne zuknöpfte. Die Arztschürze schloss man von hinten. Und wenn ich dann so nach vorne kam, rannten die meisten Kinder schon davon, bevor sie überhaupt im Atelier waren. Dann brachte ich sie kaum mehr zurück. Als Requisiten hatten wir Säulen und Podeste, damit sich Einzelpersonen darauf abstützen konnten; denn sie wussten ja sonst nicht, wohin mit den Händen.»

An einer folgenden Sitzung empfängt mich Blum mit der Erklärung: «Es sind mir nachträglich noch drei lustige Geschichtlein in den Sinn gekommen, die meine Lehrzeit betreffen.»

Die erste: «In Burgdorf meldete sich eines Tages die Versicherung mit dem Ersuchen, von einem Bauerhaus, das in einem 'Krachen' [auf einer abgelegenen Höhe] oben abgebrannt war, eine Aufnahme zu machen. Wie ich Ihnen schon erzählt habe, hatten wir damals nur eine 18/24-Kamera mit dem schweren Stativ. Da fuhr ich eben als Stift mit dem Fahrrad den Krachen hinauf, stiess das Velo zwei bis drei Stunden bergwärts und kam dann zu einem bis auf die Grundmauern abgebrannten Bauernhaus. Da sollte ich nun zuerst eine Gesamtaufnahme und dann, wie es hiess, noch Detailaufnahmen machen. 'Und nächäne si natürlech deert de Chüe no verbrönnt gsii, u alls, was deert i däm Huus inne isch gsii, isch eifach de vercholet gsii. Das het mi de doch als Schtift sehr beiidruckt, woni de dert ä vercholete Liichnahm i der Kamera umgekeert, ihr wösst ja, schpiegelvercheert, un i do denn ha müesse scharf iischtelle. Won i de die Ufnaam ha ghaa, i ha immer so sächs Plattene bi mer ghaa, für so Sache, i ha de immer nu ei Ufnaam dörfe mache. Di Kasette si natürlech ou no schwär gsii umenand zfergge. De bini halt de wider abe mit gmischte Gfüu.' Die Aufnahmen waren in Ordnung. Man photographierte ja damals ohne Belichtungsmesser, man wusste mit der Zeit schon, wie die Lichtverhältnisse waren, vom Morgen bis zum Abend. Das war das A und O eines Photographen, die Belichtung richtig einschätzen zu können.»

Und dann die zweite Geschichte: «Sie ist ähnlich wie die erste. Ich musste gegen Abend ausrücken. Es war ein totes Kind, das ich in einem Bauernhaus photographieren sollte. Die Stimmung war sehr traurig. 'U nächäne hei si mir das

187 Paul Camenzind liest einer Schulklasse im Emmental vor. Um 1940 (Blum).

Särgli da i däre Stube dert zeigt, und das isch natürlech schlächt im Liecht gsii, und i ha nächäne de das Särgli, wo offen isch gsii – so mit Blüemli drapiert, hani müesse ads Fänschter tue u de hanis so underen Arm gnoo u dert ufene Stuel taa, u das Liecht isch ine choo i däm Ämmital, s isch ou Herbscht gsii, o de nächäne hani das dert de fotografiert. Das isch ou sehr iidrücklech gsii für mi, und i wäärde das nie vergässe.'»

«Die dritte Geschichte ist eigentlich wieder sehr ähnlich. Es sind makabre Geschichten, die ich Ihnen da erzähle. Aber das letzte Mal kamen sie mir nicht in den Sinn. Es war auch in einem Bauernhaus, nachts wurde ich dorthin gerufen, um einen Toten zu photographieren. Ich hatte eine 100-Watt-Lampe bei mir, der Tote lag im Bett, in seiner Kammer. 'U i bi dert de eifach nid derzue cho, um dä Tot ufznää, dä isch mer znaach uf beide Siite gsii, und i ha müesse das Bett verschiebe. Guet, i bi dert elleini dinne gsii, o d Bure si dusse gsii, u nächäne het das Bett eifach irrsinnig hert ghaa. Uf zmal hets ä Ruck gää u i bi fasch hinde use gfloge, u dä Tot het sech natürlech de bewegt im Bett inne i dr Starri. De isch mer also s Härz de scho fasch wider i t Hosen abe gheit. U nächhär hani natürlech no müesse zwe, drei Chränz hinge a dem Tote ahängke, und nächäne, da i nume ei Lampe ha ghaa, hani natürlech de bi dr Beliechtig um dä Tot müesse umerenne mit däre Lampe u die Beliechtig so abschetze, grad eso Handglänk mal pii, wie dr wüsset, s Objektiif isch offe gsii, u me het de nächär e so langsam dä Tot belüchtet, u me het de zwo Ufnaame gmachet. I bi au so hei, und i muess säge, bi der einte Ufnaam bini no chlii mit em Liecht gäge t Kamera choo o dert het s o so ne

Liechtstrahl gää, so wieni jetz hüt schaffe, hani eigentlich o scho als Schtift unbewusst gschaffet.'»

Diese Geschichten zeigen, wie solche Aufträge seelisch auf den Photographen wirkten, vor allem auf einen Lehrling. Im allgemeinen sprechen die Photographen nicht gerne von den Totenaufnahmen, Hiltbrunner z. B. erklärte nur, dass er sie ungern gemacht habe. Es gehörte dies aber in das Pensum eines Landphotographen. Unverständlich wirkt bei der dritten Erzählung, dass die Bauersleute den jungen Photographen mit dem Toten allein liessen und ihm keine Hilfe boten; auch dies belegt wohl eine gewisse Unbekümmertheit der Leute im Umgang mit dem Tod.

Darauf fiel Blum eine vierte Geschichte ein; er müsse, da er einmal vom Makabren rede, gleich damit weiterfahren.

«Es war am Ende meiner Lehrzeit. Ich hatte damals eine Rolleiflex-Kamera erworben. Da kam eine Mutter händeringend ins Atelier: 'Loset, loset, chömet, chömet, mi Soon isch im Stärbe, chömet ids Schpitaal. Und ii mit mim wiisse Schuurz ha dänkt: Jä nei, muess das sii. Jä nei, so öppis machen i niid.' Aber da ich damals Stift war und der Patron im Militärdienst weilte, war ich froh um jeden Auftrag, den ich einbringen konnte. Ich ging mit der Frau ins Spital. Wirklich stand da der Vater hinter dem Bett des Sohnes, der im Sterben lag. Den Sohn erkannte ich, er hatte seinerzeit in Bern Zeitungen verkauft. Ich hatte ihn dann plötzlich nicht mehr gesehen, und nun traf ich ihn sterbend an. Ich sollte ihn also noch lebendig photographieren. Das war schwierig, denn er lag wirklich in den letzten Zügen. So aus der Augenhöhe konnte dies nicht geschehen. Ich musste auf den Tisch stehen, aber auch das reichte noch nicht. Auf den Tisch wurde ein Stuhl gesetzt, von dort oben herab exponierte ich ihn in den letzten Atemzügen, in den Augenblicken, wo er ein wenig stillhielt. Und das ist mir bis heute lebhaft in Erinnerung geblieben.

Nachher musste ich den Eltern, die in Bern wohnten, die Photographien überbringen. Es waren sehr, sehr ärmliche Verhältnisse. Und wie ich dann die Photographien zeigte, brachen die beiden in Tränen aus, das war eine traurige Sache. 'I bii da so näbe dranne ghocket u ha nid gwüsst, was säge. I bii of all Fäll froo gsii, won i wider bi dusse gsii.'» Dazu kam, dass Blum auch noch das Geld bei den armen Leuten einziehen musste. Eine solche Aufnahme auswärts kostete zu jener Zeit etwa zwanzig Franken.

Nach der Lehre begannen die sogenannten Wanderjahre. Weil Blum in Burgdorf kaum vergrössern gelernt hatte – man kopierte nur, da man grosse Platten verwendete –, nahm er Arbeit in einem Amateurgeschäft in Bern an, bei Jakob Lauri an der Christoffel-Gasse. Damals nahmen die Kleinbildaufnahmen immer mehr zu. Auch Amateure benützten Leica- und Rolleiflex-Apparate. Blum arbeitete ein halbes Jahr bei Lauri und lernte das Vergrössern von Grund auf. Und da es Kriegszeit war, bekam er als Photograph zusätzliche Milchmarken, weil es sich dabei um einen chemischen Beruf handelte, zum Vorbeugen möglicher Bleivergiftungen. Und darüber sei er «gottenfroh» gewesen, weil er immer ein bisschen Hunger hatte, er als grosser, schlacksiger Mensch. Er habe oft weite Wege, dreissig Kilometer z. B., mit dem Velo im Schnee zurückgelegt, um ein Kilo Brot ohne Rationierungsmarken zu ergattern. Es folgten die Rekrutenschule und der Aktivdienst, den «ich natürlich nicht sehr gern machte». Dann nahm Blum Arbeit bei Hugo Nicca in Leysin an, der vor allem Porträtphotograph war.[1] Bei Nicca wurden Porträts auf dem Positiv retouchiert. Das war eine neue Technik, wonach man nicht mehr am Negativ arbeitete. Man kratzte all die «Bibeli u die Äderli», die man nicht wünschte, auf der Kopie weg und besserte dann mit dem Grafitstrich aus, so dass ein schönes, glattes, junges Gesicht entstand. Blum logierte in einem Zimmer in Leysin. Wenn er morgens in der Frühe ins Atelier ging, sah er jeweils, wie man Särge (verstorbener Lungenkranker) zur Bahn brachte, um sie ins Tal hinunter zu schaffen. Von Leysin ging's zurück nach Bern, zu Photo Max (Wagner), der auf Pferdeaufnahmen spezialisiert war, auf Bilder von Concours Hippiques. Da musste er den ganzen Tag in der Dunkelkammer vergrössern, so dass er schliesslich die Technik vollkommen beherrschte. «Über das Wochenende war man aber auf den Rennplätzen, da ging man von Concours zu Concours und nahm die Dragoner auf. Das waren damals Militärreiter; Herrenreiter gab es noch kaum. Die Dragoner waren gute Abnehmer, und so mussten Hunderte von Schwarzweiss-Vergrösserungen, Format 13/18, hergestellt werden. Wir waren technisch auf der Höhe, 10 Filme haben wir so jeweils durchgelassen, das waren 360 Bilder. Die wurden den Kunden zugeschickt. Das war ein gutes Geschäft für Photo Max, der später lange Zeit ein bekanntes Atelier in St. Moritz nebst einem Postkartenverlag unterhielt.» In

188 Bei einem Fussballmatch auf der Allmend bei Bern. Vierziger Jahre (Blum).

189 Grand Prix Bern auf der Bremgarten-Rundstrecke. Vierziger Jahre (Blum).

Bern befand sich sein Geschäft an der Schauplatzgasse. Und zwischenhinein trat Kurt Blum – was er mir erst später lachend erzählte – als Fahnenschwinger und «Handörgeler» auf, oft zusammen mit seinem Vater, von dem er die Künste erlernt hatte. Das geschah an Vereinsabenden, einmal aber auch im Kursaal Interlaken.

1942 wurde an der Schweizerischen Landesbibliothek in Bern die Stelle eines Photographen ausgeschrieben. 153 Bewerber meldeten sich. Blum erhielt die Stelle. Er wisse nicht, ob die Tatsache dabei ins Gewicht fiel, dass sein Vater Staatsangestellter war, oder der Umstand, dass er dem Direktor gesagt habe, er verstehe sich aufs Schriftenmachen, so dass er Bibliothekskasten anschreiben könne. Das habe dem Direktor wohl mehr imponiert als die Photographie. Von 1944–1954 arbeitete Kurt Blum an der Schweizerischen Landesbibliothek. Er verfügte dort nur über eine kleine Dunkelkammer. Seine Hauptbeschäftigung bestand in der Herstellung von Photokopien mit dem Kopierkasten: «Zuerst wurde ein Negativ von einem Schriftstück, einem Zeitungsausschnitt, oder, für gewisse Herren Professoren, aus Büchern gemacht, dann aus dem Negativ ein Positiv, und das waren dann die Kopien. Darin bestand die Hauptarbeit.» Da es aber während der Kriegsjahre an Leuten mangelte, half Blum auch in der Ausleihe mit, holte Bücher in den rückwärtigen langen Gängen. Einmal kam ihm die Idee, Rollschuhe anzuziehen, und so fuhr er in den langen Gängen zu den Büchergestellen. Am Montag wurde er zum Direktor Godet zitiert, der ihn abkanzelte: «Herr Blum, in solch heiligen Hallen wird nicht Rollschuh gefahren!» Wenn auch die Arbeit gleichförmig war, so war man während den Kriegsjahren und nachher sehr froh, eine Staatsstelle und damit ein sicheres Einkom-

190 Hauswand in Paris, die Kurt Blum an das malerische Werk von Braque erinnerte. Ende der fünfziger Jahre (Blum).

men zu haben, zumal Blum 1947 auch heiratete. Sein Photographieren sei damals vor allem auf technische Perfektion ausgerichtet gewesen, man habe sie noch kaum als künstlerische Photographie bezeichnen können. Blum las viel über Photographie und bestand in Vevey die eidgenössische Meisterprüfung.

Den grossen Umbruch, die entscheidende Wende brachte ein Besuch in Paris. Die Grenzen waren wieder aufgegangen. Mit einem Freund, dem Kunstmaler Peter Stein, reiste Blum in den Ferien nach Paris. Vor der Mauer eines Abbruchhauses sagte ihm Stein eines Tages: «Schau, das ist ja wie ein Braque.» Blum fragte ihn: «Wer ist Braque? Ich kenne den nicht.» Stein zeigte ihm darauf die Braque-Bilder im Musée de l'Art Moderne. Blum photographierte in der Folge die Hausmauer. Und durch diese Aufnahme einer «hässlichen» Hauswand, die in ihrem Mittelteil wie ein Braque wirkte, habe er Zugang zur modernen Malerei gefunden.

Das sei ein absoluter Wendepunkt in seiner Photographie gewesen. Nachher, zurück in Bern, photographierte er in der Kunstschule von Max von Mülenen (1903–1971), und der habe ihm die Augen über das Wesen der künstlerischen Photographie geöffnet. «Dort habe ich schon gespürt, dass in der Photographie noch etwas anderes liegt. Ich habe in der Folge viel in der Schule und bei Malern in Bern photographiert, etwa bei Walter Linck. 1951 wurde von der Zeitschrift Camera unter der Redaktion von Walter Läubli ein grosser Photowettbewerb ausgeschrieben. Es gingen viele Bilder ein, wenn ich mich recht erinnere, an die 7000. Eines Tages erhielt ich in der Landesbibliothek einen Anruf. Walter Läubli war am Apparat und sagte: 'Ich gratuliere Ihnen, Sie haben den ersten Preis gewonnen.' Ich konnte nicht mehr reden, Tränen liefen mir das Gesicht hinab. Noch heute ergreift es mich, wenn ich an jenen Augenblick denke.» Das war der Auslöser für einen Prozess, bei dem sich Blum bewusst wurde, dass in ihm noch etwas mehr steckte, als die Beschäftigung in der Landesbibliothek von ihm verlangte. Es begann damit der Prozess der Ablösung von der Staatsstelle.

Später erfuhr Blum, wie er fast durch Zufall zum ersten Rang gekommen war. Die Jury hatte ihn im ersten Durchgang bereits ausgeschieden. Ein deutscher Photograph, der als Preisrichter beigezogen wurde, verlangte, das ausgeschiedene Material nochmals zu sichten, weil er vermutete, dass es darin doch gültige Arbeiten gäbe. Darauf rückte Blum rasch in die oberen Ränge hinauf. Die fünf Sujets, die prämiert wurden, gehören noch heute zu den Lieblingsphotos Blums: eine Tänzerin aus dem Atelier von Mülenen, die Blum aus der Tiefe aufgenommen hatte, so dass ihre starken Beine ins Bild gerieten, während sich im Hintergrund die Zeichenschule spiegelte. Dann waren ein paar Künstlerporträts darunter, auch zwei Aufnahmen aus Paris, Strassenlaternen usw., Bilder, welche «Camera» in der Folge publizierte.

Seine künftige Frau Margreth arbeitete als Bibliothekarin und Sekretärin am Obergericht in Bern. Er habe immer sehr grosses Glück mit Frauen gehabt, da er nie dumme Frauen kennengelernt habe, die man nachher abschieben musste. Blum ist heute geschieden, lebt aber in gutem Einvernehmen mit seiner früheren Frau. Das Paar verzichtete bewusst auf Kinder. Blum wollte seine Freiheit bewahren. Seine Frau sei mit der Lösung einverstanden gewesen, da sie einsah, dass er sich eines Tages von der Staatsstelle lösen wollte, was aber nur möglich war, wenn keine weiteren finanziellen und erzieherischen Belastungen da waren. Und da er, Blum, sehr verantwortungsbewusst sei, wäre er als Familienvater heute pensionierter Bundesbeamter.

Das junge Paar wohnte in Bern. Seine Frau zeigte sich an künstlerischen Fragen interessiert, mehr und mehr kamen die Blums in Kontakt mit den Künstlerkreisen, nahmen am bohèmehaften Leben teil. Es seien die eindrücklichsten Jahre seines Lebens gewesen. Damals wirkte Arnold Rüdlinger in Bern als Direktor der Kunsthalle und wurde durch seine avantgardistischen Ausstellungen berühmt. Ihm verdankt Blum, nach seinen Worten, Entscheidendes.

Noch aber arbeitete Blum an der Landesbibliothek. Der erste Preis der Camera hatte eine grosse Wirkung. Direktor Bourgeois, der Nachfolger Godets, war stolz darauf, und er erlaubte Blum, ein neues Labor einzurichten: vier grosse Räume, die heute noch bestehen, mit den entsprechenden Geräten. Bourgeois, der selber Chemiker war, hatte grossen Spass daran.

Auf die Frage, wie er denn als freier Photograph sein Leben gefristet habe, erklärte Blum: Er habe zuerst noch halbtags gearbeitet, im übrigen gleich Aufträge bei illustrierten Zeitschriften erhalten, bei der «Woche», die vom Otto Walter-Verlag, Olten, herausgegeben wurde, vor allem bei der «Sie und Er», einem Erzeugnis des Ringier-Verlags, Zofingen. Seinerzeit hätten die

191 Kunstatelier von Max von Mülenen. Das preisgekrönte Bild. 1951 (Blum).

Zeitschriften die Rolle gespielt, die später das Fernsehen übernahm. Das zeige ein Vergleich mit den heutigen Zeitschriften. Damals habe man drei bis vier Seiten Kultur machen können, mit einer Titelseite z. B. über die Luzerner Festspiele, was kaum mehr vorstellbar sei. Die Zeitschriften brächten heute nur noch kleine, banale Beiträge. Bei der «Sie und Er» arbeitete er vor allem mit Redaktor Dr. Baumgartner zusammen. Baumgartner wie Blum gaben später die Mitarbeit bei Ringier aus Protest gegen das Erscheinen der Boulevardzeitung «Blick» zusammen mit andern Mitarbeitern auf. Blum selbst hatte an der Null-Nummer des Blicks an der Fleet Street in London mit Dr. Wiget mitgearbeitet. Als er die Null-Nummer sah, dachte er: «Es ist doch nicht möglich, dass eine solche 'Sauzeitung' überhaupt existieren kann. Wir glaubten, dass das Unternehmen in wenigen Monaten zu Ende wäre.» Die Beiträge Blums für die «Sie und Er» lagen bereits in der Thematik, die sein späteres Lebenswerk ausmachten: Reportagen über die Luzerner Festspiele, über Pablo Casals in Prades, eine Reihe «Künstler und ihre Modelle», eine Photoreportage über Michèle Morgan in Marokko. «I bii eigetlech ä schlächtä Reporter gsii, im Sinn vomene Prässereporter, wo siich de füre drängt mit der Kamera. I bii immer im Hintergrund blibe u ha di ganz guete Schnappschüss, wo die andere hei gmacht, verpasst.»

1955 fand im Helmhaus, Zürich, eine erste Ausstellung von Schweizer Photographen statt, veranstaltet vom «Kollegium Schweizerischer Photographen».[2] Blum war dabei. Sie gehörten damals, wie er stolz sagt, zur Avantgarde der Photographie in der Schweiz.

Auf meinen Einwand, er habe wohl kaum von gelegentlichen Reportagen in Zeitschriften leben können, meint Blum: «Rückblickend muss man sagen, dass wir sehr, sehr bescheiden lebten. Wir alle, die wir damals zu diesem Künstlerkreis gehörten, haben kaum etwas verdient; auch die heute Berühmten assen in der 'Herberge zur Heimat' in Bern, assen dort Suppe und Rossfleisch. Das wenige, was ich mir ersparen konnte, setzte ich für den Ankauf neuer Apparate ein.» Gewiss, Blum betrieb ein halbes Jahr lang noch ein Geschäft für Kundenphotographie an der Zieglerstrasse in Bern. Er habe aber schnell gemerkt, dass er für den Umgang mit Amateur-Kundschaft nicht geeignet war. Direktor Bourgeois sei ein sehr grosszügiger Mann gewesen. Er habe aber doch mit der Zeit bemerkt, dass Blum selten in der Landesbibliothek anwesend war und eines Tages zu ihm gesagt: «Was meinen Sie, wäre es für Sie nicht besser, doch ganz auszusteigen?» Das geschah dann auch. So vollzogen sich Blums Ausscheiden aus einer gesicherten Existenz und der Übergang zu einer freien künstlerischen Betätigung in Etappen. Kaum ein Jahr später rief Bourgeois in seiner Eigenschaft als Präsident einer Unesco-Delegation an, ob Blum nicht Lust hätte, als Photograph und Filmemacher nach Pakistan zu gehen. Ohne Zögern sagte Blum zu. Im Unesco-Haus in Paris erhielt er eine entsprechende Ausbildung. Zusammen mit seiner Frau verbrachte er rund anderthalb Jahre in Karachi (1957–1959). «Nächäne bin i hei choo, voller Drang, respektif i ha wölle rings um d Wält; aber die hei mi dert dermasse uusgsoge i dr Wüeschti, geischtig und alls zäme, dass i snägschti Flugzüüg ha gnoo u bi i d Schwyz choo, um wider einisch in a Chirche zgaa oder in es Museum zgaa, u wider öppis über üsi weschtlechi Kultur z erfaare.» Eine Ausstellung in Venedig, die er mit Unterstützung des Eidgenössischen Departements des Innern veranstaltete, brachte ihm den Auftrag eines italienischen Verlegers, ein Buch über Genua zu machen. Es folgten ausgedehnte Fahrten in Italien, das damals in einer kulturellen Hochblüte gewesen sei. Blum drehte dort einen Film, arbeitete als Photograph für verschiedene italienische Firmen, brachte ein zweites Buch heraus.

1959 lernte er Erika Häberli kennen, seine jetzige Lebensgefährtin, mit der er zusammen in einem Bauernhaus im freiburgischen Praz lebt und die «Galerie au Poisson Rouge» betreibt. 1961 begann die Mitarbeit an der Swissair-Gazette, ausgelöst durch ein Filmprojekt über Griechenland, «Hellas», das Blum an die Swissair herangetragen hatte. In der Folge photographierte Blum an 52 Destinationen der Swissair. Auf die Frage, ob es sich dabei um subjektive Photographie oder Dokumentarphotographie handelte, antwortete er: «Ich musste mit zwei Augen arbeiten, mit einem Blum-Auge und einem Swissair-Auge, beide musste ich verbinden.»

Daneben gab es noch einen anderen Photographen Blum, der mit unendlicher Geduld und Einfühlungsgabe bedeutende Künstler porträtierte, ohne besonderen Auftrag, einem innern Impuls und eigenem Interesse folgend. Die 22 Künstler entsprachen alle einem bestimmten Kunstverständnis. Er habe nachher mit der 'conceptual art', als man Mist vor die Kunsthalle

192–196 Photos aus der Arbeitswelt: Stahlwerk von Cornigliano. Genua 1960 (Blum).

193

194

195

196

197 Picasso in der «Californie». 1956 (Blum).

brachte und mit dem Bohrhammer das Gebäude aufriss, nicht mehr mithalten können; das sei wie in der Musik, wenn eine völlig neue Tonalität aktuell werde. Dann komme man plötzlich seelisch nicht mehr mit. So sei es auch Arnold Rüdlinger ergangen, dem das Herz brach, als in der Kunsthalle Basel mit Harry Szeemann ein anderer Wind einkehrte.

Die 22 Künstler seien im übrigen damals noch keineswegs von breiten Schichten anerkannt gewesen. Und als Beispiel zitiert er die Reaktion der PTT, bei der er hie und da Aufträge erhielt. Als ruchbar wurde, dass er Picasso photographieren wollte, hiess es dort 1956: «Also wenn der Blum Picasso photographiert, einen solchen Photographen können wir nicht brauchen.» Rüdlinger habe beim Zugang zu den Künstlern eine wichtige Vermittlerrolle gespielt. Mit ihm fuhr er zu Braque nach Paris. Die Aufnahmen bei Braque als Mensch, als Künstler hätten ihn sehr beeindruckt, und er sei sehr stolz darauf gewesen.

Als Beispiel einer solchen Reportage führe ich Blums Kommentar über den Besuch bei Picasso an. In Bern gab es damals einen Lehrer Bernhard Geiser, der von Picasso sehr angetan war. Er war schon Jahre vorher nach Paris gefahren, um mit der Leica das «Œuvre gravée» Picassos zu photographieren. Geiser hatte nach dem Kriege einen Sohn des Künstlers bei sich aufgenommen. Als Geiser erzählte, er fahre wieder zu Picasso, bat Blum, ihn mitzunehmen. So fuhren die beiden nach Cannes zur «Californie», wo der Maler lebte. Geiser machte bei Picasso weitere Aufnahmen zum «Œuvre gravée». Er erzählte Picasso, er habe einen Photographen bei sich, Kurt Blum, der gerne Aufnahmen von ihm machen würde. Picasso war grundsätzlich nicht abgeneigt, erklärte aber, es sei ihm im Augenblick nicht

198 Kurt Blum vor dem russischen Fernsehen anlässlich seiner Ausstellung in Moskau 1989.

darum zu tun. Jeden Abend traf Geiser Blum, der aus Geldmangel in seinem Volkswagen an den Quais unten übernachtete und sich morgens jeweils mit Meerwasser wusch. Das ging so drei, vier Tage. Eines abends kam Geiser strahlend an und erklärte, morgen könne Blum zu Picasso kommen, der Meister sei einverstanden. «Ich war natürlich sehr nervös. Am Morgen fuhren wir gemeinsam zur 'Californie', die bereits damals von Höllenhunden bewacht war. Es war ungefähr zehn Uhr morgens. U nachäne hemmer de afe priichte, und i han em gsait, i heigi scho der Braque fotografiert u dr Léger fotografiert und no gwüssi Amerikaaner. Nächäne isch er natürli scho interässiert gsii, as er o zu däne ghöört. Und nachäne hetts z Mittaag gää, und i muess säge, dä Picasso isch seer, seer gspräächig gsii u het Gspass allwäg a mir ghaa. I ha aber no nüüt fotografiert, i ha Hemmige ghaa, eifach die Kameraa füre znää und afä loosszschiesse, wie ne Reporter. Aber nachär, nach em Mittaagässe, hett er gseit: 'Eh, Monsieur, il faut travailler.' Guet, nachäne han i natürlech zur Kameraa griffe, u nachäne han i also doch seer vil Ufnaame gmacht, u nachäne hett är sich verchleidet, hett mi gfragt, ob er dert söll anestaa, da söll anestaa – isch das rächt esoo? – u nachäne no mit em Babbe Geiser, u de simer no veruse i Gaarte, deert no Ufnaame gmacht. Er hett also, i muess säge, alls gmacht, was i ha wölle. Es hett ungfäär ä Stund, anderthalb tuuret, do het er gseit: 'Maintenant c'est fini, je veux encore travailler.' Und denn bin i eigetli entlasse worde mit em Babbe Geiser, beidruckt vo der ganze Atmosfääre.»

Später photographierte Blum weitere bekannte Künstler, wie z. B. Chagall. Die Beziehungen zu diesen Künstlern, wenn sie oft auch nur über das Œuvre weitergingen, blieben für ihn und sein geistiges Werden wesentlich.

199 Selbstbildnis des Photographen mit Lichtzeichnung, um 1987. Das Bild erinnert an das faustische Unternehmen des Photographen, die Welt zu «erfassen».

Einige Bildbände von Kurt Blum:

- Immagini di una città. Text von Luciano Rebuffo. Milano 1959.
- Lebendiger Stahl. Text von Michele Parrella. Zürich 1961.
- I colori del ferro. Italsider. Genova 1963.
- Murten. Text von Georges Grosjean. Murten 1965.
- Menschen im Bau. Text v. Hans Boesch. Bern 1970.

ANMERKUNGEN:

1 Vgl. dazu *Elisabeth Breguet*: 100 ans de photographie chez les Vaudois. 1839–1939. Lausanne 1981. 105, 107. Frau Breguet beschreibt dort das spezielle «Photographen-Klima», das in Leysin herrschte.

2 1951 gegründet, trat diese Vereinigung mit zwei Ausstellungen an die Öffentlichkeit. Vgl. dazu *Hugo Loetscher*: Photographie in der Schweiz. In: Photographie in der Schweiz. Hg. v. Hugo Loetscher u.a. Teufen 1974. 18. Vgl. auch oben S. 184.

200 Porträt des Photographen, von Pio Corradi.

JEAN AMREIN

oder das Glück auf Polaroid

Der achtzigjährige Photograph Jean Amrein in Zürich gehört zu den eindrücklichen Gestalten des Films «Der schöne Augenblick». Er steht dort als Beispiel eines ausgesprochenen «Boulevard-Photographen», der, ähnlich wie etwa die Photographen vor dem Markusdom in Venedig ihre Kunden mit den unvermeidlichen Tauben ablichten, sich auf ein Arbeitsgebiet spezialisiert hat, als «einzig wahrer Polaroid-Profi», wie er einmal bezeichnet wurde. In der Tat, Jean Amrein hat eine kleine Nische im weiten Feld photographischer Möglichkeiten entdeckt, die ihm in der letzten Phase eines langen Lebens noch ein bescheidenes Einkommen sichert: als Photograph der Nachtlokale und der Bars im «Dörfli», dem Altstadtquartier rechts der Limmat in Zürich. Hier nimmt er die Besucher in vergnügter Stimmung auf, zu vorgerückter Stunde, bei einem Glas Champagner, liebevoll umschlungen; das Bild ist sogleich zu haben, sorgfältig versehen mit des Meisters Unterschrift. Der Photograph als Zeuge des schönen Augenblicks auch hier, der Erinnerung gewährt, sei sie später erwünscht oder unerwünscht. Jedenfalls bleibt in seinen Händen kein Dokument zurück.

Jean Amrein arbeitet mit seinen 83 Jahren immer noch in den tiefen Nachtstunden. So wie seine nächtlichen Gänge aber unberechenbar geworden sind, so schwer hält es, den scheuen Mann für ein Gespräch zu gewinnen. Zu sehr beschäftigten ihn die gesundheitlichen Störungen und seine kümmerlichen Wohnverhältnisse. Immer wieder setzte er denn auch zur fragenden Bitte an, ob man nicht ein Zimmer oder eine Wohnung für ihn wüsste. Denn er haust, seitdem er seine Wohnung in Oerlikon aufgeben musste, in einem engen Raum, eingepfercht mit seinen Materialien, in den er keinen Besucher einlässt, mit dezidierter Absage. «Nicht weil er sich nicht freuen würde, nein, aus Scham. Das Zimmer sei eng, viel zu eng, die Ordnung schlecht, er fühle sich manchmal mehr wie in einem einfachen 'Taubenschlag' als in einem Zimmer. . . . Kühlschrank und Herd habe er, doch zum Kochen fehle ihm die Kraft, er sei immer so schnell müde. Deshalb trinkt er nur kalte Milch und isst nur kalte Speisen, am liebsten Käse und Brot. Warmes gibt es nur ab und zu im Restaurant oder dann bei seinem Bekannten an der Neugasse, dem er die Miete zahlt und der ihm dafür kochen sollte. Doch der Weg ist weit, oft zu weit für einen alten, verbitterten Menschen. 'Mängisch wärs besser, mer chönnt is Altersheim', sagt er deshalb nachdenklich, doch der Gedanke wird schnell verdrängt. Er wolle nicht, es gebe da zu viele Leute, die nur neidisch und misstrauisch seien und 'zleidwerke' möchten. Da bleibe er lieber eigenständig.» (Urs Honauer). Und dieser Wille zur Eigenständigkeit, zur Unabhängigkeit beeindruckt, er teilt ihn mit vielen alten Leuten, die keinesfalls ihre Unabhängigkeit aufgeben und so der öffentlichen Hand zur Last fallen wollen.

Urs Honauer, den ich bereits zitiert habe, hat 1987 im Tages-Anzeiger der Stadt Zürich innerhalb einer Serie «Gesichter im Dörfli» ein sehr symphatisches und treffliches Porträt von Jean Amrein gezeichnet. Feinfühlig und mit leisem Humor gibt er die Eindrücke wieder, die man bei der Begegnung mit dem seltsamen und seltenen Menschen gewinnt. Daraus sei hier jene Passage wiedergegeben, welche Jean Amrein bei seinem Auftritt in den Nachtlokalen schildert:

«Ja, er ist wieder unterwegs, der kalte Winter ist vorbei, gesundheitlich geht es Jean Amrein wieder etwas besser, auch wenn die Schwierigkeiten beim Atmen geblieben sind, das eine Ohr nicht mehr richtig will und auch die Sehkraft abnehmend ist. 'Ich mues doch ächli Gäld ver-

201 Pio Corradi, porträtiert von Jean Amrein im «Malatesta». Zürich 1985.

dienä', sagt er. Seine Einsätze sind allerdings kürzer geworden, regelmässig ist er nur noch nachts zwischen 11 und 1 Uhr unterwegs, manchmal auch noch vorher, doch zwischendurch muss er sich wieder hinlegen, zur Erholung, zum Sammeln der Kräfte. Auch sein Tätigkeitsfeld ist kleiner geworden, 'Haifisch', 'Splendid' und 'Räblus' gehören noch dazu, dort ist er weiter anzutreffen, so lange es noch geht, so lange es die Gesundheit zulässt. In der Manteltasche wird weiter der Reservefilm deponiert sein, auch die Taschenlampe wird nie fehlen.

Jean Amrein bei der Arbeit. Erst die Frage: 'Wännd Sie äs Bild? Äs gaht ganz schnäll.' Ja oder nein, Begeisterung oder Empörung bei den Angesprochenen. Wenn es klappt, beginnt für die Anwesenden das grosse Schauspiel. 'Jedes Bild muss ein Kunstwerk sein', sagt er, der eigentlich Johann Fridolin heisst, sich aber seit vielen Jahren Jean nennt. Fürs Kunstwerk wird erst das Umfeld vorbereitet, alles, was irgendwie stören könnte, wird weggeschoben, weg aus dem Blickfeld des Objektivs. Die Blume auf dem Tisch in den Vordergrund, die Sujets nach links, nein, doch lieber nach rechts. Dann der Griff zur Kamera, ein Klicken, sie öffnet sich, das Objektiv wird ausgefahren, so wie es einzig bei alten Apparaten noch möglich ist. Den Blitz montieren, die Distanz einstellen. Meist ist es zu dunkel, da hilft erstmals die Taschenlampe. Einschrauben der Lampe, Knopfdruck, Licht, kritisches Stirnrunzeln, Einstellen. Nochmals ein prüfender Blick auf Umgebung und Menschen, meist Mann und Frau, lachend, flirtend, sich zuprostend. Dann der grosse Augenblick: Alles stimmt, für einen Moment überzieht ein zufriedenes Lachen das sonst meist bekümmerte, traurige Gesicht. Es ist wie eine Erlösung, ein Triumph auch. Abdrükken. Blitzlicht. Ein Schritt nach vorne, an den Tisch, das verbrauchte Blitzlämpchen fliegt heraus, rollt unter den Stuhl, ein kurzer Fluch, das neue wird eingeschraubt, der Klebstreifen auf dem Blitzgerät, der das zersprungene Glas zusammenhält, zurechtgedrückt. 'Äs isch halt kaputt.' Schliesslich der Höhepunkt: Jean Amrein zieht das Papier heraus, streicht mit der Hand über die schwarze Fläche, 'das git ächli Wärmi, dänn gahts schnäller', ein erster Blick in die unterste Ecke, zu früh, nochmals wärmen, dann ist es soweit, das Foto wird vom Papier weggezogen, mit der Taschenlampe einige Hin- und Her-Bewegungen, so werden die Farben kräftiger. Ein letzter prüfender Blick, wieder huscht ein Lächeln übers Gesicht, der Griff zum Filzstift und zum Etui, das Signieren auf der Rückseite des Bildes, daneben das Datum, noch ins Etui schieben. Geschafft. Fertig ist das Kunstwerk. 'Gälläd äs isch schön!'

Fünfzehn Franken kostet ein Bild, fünf mehr als vor fünf Jahren. 'Äs isch halt alles tüürer wordä, begründet der Künstler. Wenn es schlecht läuft, macht er noch vier Bilder an einem Abend, wenn's gut läuft, acht bis zehn. Das reicht ihm zum Leben, auch wenn er in letzter Zeit öfter zum Kafi Luz-Chrüter greifen muss. 'Äs wird mir öppädie schlächt', erzählt der originelle Fotograf.»

Durch eigene Recherchen liessen sich folgende biographische Einzelheiten ermitteln: Jean Amrein wurde 1906 in Sursee geboren, als ältestes von drei Kindern des Josef Amrein-Bucher (1873–1939). Man lebte zu Hause bescheiden. Eine Zeitlang betrieb der Vater eine «Handlung», ein Lebensmittelgeschäft, in Beromünster. Da das «Lädeli» kein genügendes Einkommen erbrachte, zog man wieder nach Sursee, wo der Vater in der Ofenfabrik zu einem Monatslohn von Fr. 125.– arbeitete. Die Eltern waren fromm. Das unterstreicht folgende Begebenheit, welche die Schwester Jeans, die seit über 50 Jahren als Ordensfrau in Freiburg lebt, berichtet: In Sursee lebte damals ein heiligmässiger Pfarrer. Die Mutter habe ihm die beiden Knaben mit dem Wunsch zugeführt, einer von ihnen sollte Priester werden. Der fromme Mann habe erklärt, er ziehe den älteren, Jean, vor. Der jüngere sei ihm gesundheitlich zu anfällig. Diese Wahl sollte lange Zeit wie eine Verpflichtung über dem Leben Jeans liegen. In der Folge bezog er das Kollegium Schwyz mit der Absicht, Priester zu werden. Ihm habe aber, so meint seine Schwester, die Berufung gefehlt. Als er dann mit 25 Jahren seine theologischen Studien in Deutschland abbrach, sprang sein Bruder Josef (geboren 1907) in die Bresche, gab die Tätigkeit als Kaufmann auf und begann das Studium. Bruder Josef versuchte, sein Studium selbst zu finanzieren. Er wagte es nicht mehr, zu «kollektieren». So nannte man in der katholischen Innerschweiz den Almosengang von Theologiestudenten aus bescheidenen Verhältnissen, die jeweils mit einem vom Pfarramt attestierten Sammelheft Studienbeiträge in der Umgebung einholten, eine gewiss nicht immer angenehme Aufgabe. Um so beschämender empfand man es in einer Familie, wenn am Schluss langer Sammeljahre der junge Mensch dann doch nicht Priester wurde; auch dies stellte einen grossen sozialen und psychischen Druck auf den Kandidaten dar. Josef wurde dann wirklich Priester und wirkte später als Pfarrer in Wegenstetten, wo er 1973 tödlich verunfallte.

Jean muss sich schon früh der Photographie gewidmet haben, er habe darauf sein Hauptinteresse gerichtet, erinnert sich die Schwester. Dann aber werden ihre Erinnerungen unklar, denn sie selbst zog 1934 in die Klostergemeinschaft zu Fribourg, wo sie seither lebt.

Nach andern Quellen absolvierte Jean Amrein eine Photographenlehre in Luzern, arbeitete dann an verschiedenen Orten auf seinem Beruf, unter anderem bei einem Architekten. Daneben übte er verschiedene Jobs aus, so etwa in der Dekorationsabteilung des Warenhauses Jelmoli. Wahrscheinlich ergänzte er sein Einkommen abends mit Aufnahmen in den Nachtlokalen und kam so 1953–54 auf die Idee, mit der Polaroidkamera sein Leben zu fristen. Sein grosses Abenteuer war eine Reise mit einem Journalisten anfangs der siebziger Jahre zu Kodak nach Amerika, die eine Einladung des Tages-Anzeigers ermöglichte.

Amreins Leben verdämmert heute für den aussenstehenden Beobachter und ist nur noch in Umrissen fassbar. Das entspricht sicher dem Naturell des seltsamen und eigenwilligen Mannes, der sorgsam seine Spuren verwischt, als scheues Nachtwesen, das er geworden ist. Von seinen nächsten Verwandten wurde er naturgemäss als sonderbar, als kauzig betrachtet. Sein Bruder, der Pfarrer, habe nie begriffen, dass er unbedingt nachts arbeiten wolle. Jean Amreins Lebensstil im Alter spiegelt seine Eigenart wieder: den unbändigen Willen zur Unabhängigkeit bis zur Hartnäckigkeit, aber auch eine Dosis Schalk, wobei man nie genau weiss, was bei Missverständnissen auf seinen Hörfehler, was auf sein Nichthören-Wollen zurückzuführen ist.

202 Selbstbespiegelung in der Wüste. Pakistan 1958 (Blum).

III. Zum Abschluss

DER MENSCH IM OBJEKTIV

oder die subjektive Erfassung der alltäglichen Wirklichkeit

Es gilt, uns der eingangs formulierten Frage zu stellen: Wie steht der auf eine lokale Kundschaft ausgerichtete Photograph in seiner sozio-kulturellen Umgebung, wie wird er von ihr geprägt, welche Impulse und innovatorischen Anregungen gibt er an sie ab? Erwartungsgemäss kann die Antwort nicht eindeutig sein. Sie fällt je nach Persönlichkeit des Photographen unterschiedlich aus. Sicher ist, dass der Photograph letztlich nur aufgrund der vorgefundenen lokalen Bedingungen arbeiten kann. Ein vorwiegend bäuerliches Milieu verlangt von ihm ein anderes Verhalten und andere Leistungen als eine kleinstädtische oder eine grossstädtische Umgebung. Sein Stil und seine Arbeitsweise passen sich den Gewohnheiten und dem Geschmacksempfinden der Leute an. Aber es besteht ein subtiles Spiel der gegenseitigen Beeinflussung. Der aufmerksame und geschäftstüchtige Photograph lotet mit feinem Empfinden die Möglichkeiten eigener Kreativität aus, er bringt Neuerungen, die er anderswo gesehen hat, behutsam ein und entwickelt sie bei Gegenliebe der Kunden weiter. Es sind dies die aktiven Persönlichkeiten unter den Photographen. Die Aschwanden bieten dazu die beste Illustration. Andere Photographen reagieren eher passiv; sie verbleiben weitgehend im Rahmen der vorgegebenen Erwartungen, deren Grenzen sie respektieren. Sie begnügen sich damit, das in der Lehre Erlernte anzuwenden. Dafür liefern die Atelierphotographen Metzener in Meiringen ein gutes Beispiel. Während z.B. Michael Aschwanden die deutschen Internierten in den Fabriksälen, wo sie arbeiten mussten, aufsuchte und so festhielt, lichtete Kaspar Metzener die französischen und belgischen Soldaten vor den gewohnten Atelierkulissen ab, unter dem gleichen Glashimmel wie seine übrigen Meiringer Kunden. Es verhält sich bei der volksnahen Photographie wie mit der Volkskunst: Am einen Ort verharrt sie in den traditionellen Bahnen, wiederholt sich in tausend Varianten, bringt auch damit den Adressaten Genuss und Genügen und erfüllt somit ihre Funktion. Anderswo treten forschere Künstler auf, sie entdecken neue Motive, bringen andere Darstellungsweisen ein, sind Innovatoren. Der Prozess einer langsamen Veränderung der Geschmackskultur und des ästhetischen Empfindens der vielen, wie ihn auch die Photographie und die Photographen bewerkstelligten, ist nur in kleinen Schritten und individuell zu beobachten. Dass er gesamthaft bedeutend war, unterliegt keinem Zweifel. Anderseits wird der Photograph von den übergreifenden Zeitströmungen beeinflusst. Die etwas libertäre Photographie, wie sie ansatzweise im Atelier Aschwanden gepflegt wird, ist nur denkbar innerhalb einer allgemein grösseren Permissivität der Gesellschaft.

Der Photograph hat dem modernen Menschen die Attitüde beigebracht, die Haltung vor der Kamera, vor dem Auge der Öffentlichkeit und der Nachwelt. Was früher an den Höfen in langen Bildungsgängen gelernt wurde, brachte er in rudimentärer Weise seinen Kunden bei: die Stellung der Hände, die Haltung der Beine, des Kopfes, den Blick, die Kontrolle der Miene, auch die korrekte Anordnung der Kleider. Es gibt einen photographischen Knigge. Der Photograph arrangierte die Gruppe nach Körpergrösse, Ansehnlichkeit, Rang, so wie sie vorher in der Natur, im Leben kaum vorgekommen war. Und seither sehen wir unsere Gesellschaft, vor allem die Kleingruppen wie Familien und Vereine, gemäss den photographischen Bildern, in Vorstellungen, wie sie von diesen Photographen mitgeprägt wurden, auch wenn diese ihrerseits die Vorbilder aus der bildenden Kunst bezogen.

Die Photographie erlaubte dem Menschen eine neue Erfahrung: Er begegnete seinem Ebenbild, zum ersten Mal erkannte er sich selbst als Ausser-sich. Dies muss eine grundstürzende Erfahrung gewesen sein, vergleichbar dem späteren Erlebnis der eigenen Stimme auf dem Tonband. Eine neue Dimension der sinnlichen Selbsterfahrung hatte sich damit erschlossen. Ein Weiteres wurde möglich: Die Konfrontation mit der eigenen Vergangenheit im visuellen Akt: Ich bin, der ich war. Die Feststellung der Veränderung, des Wandels im Äussern, den man zum Beispiel seit der Jugend durchlebt hat.

Die Photographen, die in Stadt und Land arbeiteten, vermittelten den Leuten eine internationale Bildkultur, einen Bildcode, der fast überall nach den gleichen Regeln zu entziffern war, vor allem was die Porträtphotographie betraf. Das Zentrale des photographischen Schaffens, besonders in den ersten Dezennien, war der Mensch. Der Photograph vermittelte in erster Linie das Bild des Zeitgenossen, eingebettet in die Strukturen seiner nächsten Umgebung, die Familie, die Gruppe, den Verein. Er tat das im Gegensatz etwa zum Maler oder Zeichner, der auch Landschaften, Tiere, Blumen oder ähnliches darstellte.

Der Photograph hat damit tief in unsern Erinnerungsprozess eingegriffen, die Photographie hat unsere Imagination des Vergangenen verändert. Sie ist, im Gegensatz zu dem, was man anzunehmen geneigt wäre, rudimentärer geworden; das Erinnern hat sich auf bestimmte Bildmotive, Bildinhalte reduziert. Denn die Vorstellung, die wir uns von Vergangenem machen, sei es von Personen oder Situationen, konkretisiert sich in den Photos, fixiert sich dort, gerinnt zu festen Konturen. Man mache selber die Kontrolle: Unser Erinnern an verstorbene Bekannte nimmt automatisch die Züge des verbliebenen Bildes an, das freie Spiel der sich erinnernden Phantasie ist weitgehend abgeblockt. Wir können uns kaum vorstellen, wie der Erinnerungsprozess jener Generationen, jener Menschen beschaffen war, die noch nicht das ikonographische Hilfsmittel, die Krücke der Photographie, hatten. Er muss vielfältiger, reicher, auch wandelbarer gewesen sei als bei uns Heutigen, weniger durch ein letztlich von aussen aufgedrängtes Medium fremdbestimmt.

BIBLIOGRAPHIE:

Alder, Oscar: Aus der Geschichte der appenzellischen Presse. In: Das Buch der schweizerischen Zeitungsverleger 1899–1924. Zürich 1925. 870–885.

Almasy, Paul: La photographie moyen d'information. Paris 1975.

Arnold, Seraphin: Kapuzinerinnenkloster Altdorf. Altdorf 1977.

Arnold, Seraphin: Kapuzinerkloster Altdorf 1581–1981. Ältestes Kapuzinerkloster im deutschen Sprachraum. 2. Aufl. Luzern o. J.

Arnold, Seraphin: Urner Kapuziner. Kurzbiographien. Luzern 1984.

ASV = Atlas der Schweizerischen Volkskunde. Begründet v. Paul Geiger und Richard Weiss, weitergeführt von Walter Escher, Elsbeth Liebl, Arnold Niederer. Basel 1950 ff.

Auer, Michèle; Auer, Michel: Encyclopédie internationale des Photographies de 1839 à nos jours. Bd. II. Hermance 1985.

Bauer, Ingolf; Gockerell, Nina (Hg.): Museumsdidaktik und Dokumentationspraxis. Zur Typologie von Ausstellungen in kulturhistorischen Museen. Projekt und Ausstellung Photoalbum 1858–1914. München 1976.

Baumann, Fritz: Der Schweizer Wandervogel. Das Bild einer Jugendbewegung. Aarau 1966.

Baumgartner, Hans: Photographien. Weinfelden 1986.

Baur, Walter: Die Anfänge der photographischen Industrie in Zürich von 1880–1926. Typoskript eines Vortrags. (Stadtarchiv Zürich).

Becchetti, Piero: Fotografi e Fotografie in Italia 1839–1880. Roma 1978.

Beiter, Berthold: Die Gewalt des Augenblicks. Gedanken zur Ästhetik der Fotografie. Leipzig 1969.[2]

Berger, John; Mohr, Jean unter Mitarbeit v. Nicolas Philibert: Eine andere Art zu erzählen. München/Wien 1984.

Binder, Walter u. a. (Hg.): Das Tessin und seine Photographen. Photographien von 1858 bis heute. Bern 1987.

Blanchard, Raoul: Aloys Nussbaumer. Photographien aus der Zeit der Jahrhundertwende. Ausstellungskatalog des Sensler Heimatmuseums. Tafers 1985.

Borner, Heidi: Zwischen Sonderbund und Kulturkampf. Luzerner Historische Veröffentlichungen II. Luzern/Stuttgart 1981.

Bourdieu, Boltanski, Castel, Chamboredon, Lagneau, Schnapper: Eine illegitime Kunst. Die sozialen Gebrauchsweisen der Photographie. Frankfurt a. M. 1981.

Brückner, Wolfgang: Projekt und Ausstellung Photoalbum 1858–1914. In: Museumsdidaktik und Dokumentationspraxis. Zur Typologie von Ausstellungen in kulturhistorischen Museen. Hg. v. Ingolf Bauer und Nina Gockerell. München 1976. 127–146.

Brückner, Wolfgang: Fotografie im fränkischen Trachtendorf 1905/15. In: Umgang mit Sachen. Zur Kulturgeschichte des Dinggebrauchs. Regensburger Schriften zur Volkskunde. Hg. v. Konrad Köstlin. Bd. 1. Regensburg 1983. 258–265.

Buddemeier, Heinz: Das Foto. Geschichte und Theorie der Fotografie als Grundlage eines neuen Urteils. Reinbek b. Hamburg 1981.

Camera. Illustrierte photographische Monatsschrift für Berufsphotographen u. Amateure. Luzern 1922 ff.

Castel, Robert: Bilder und Phantasiegestalten. In: Bourdieu, Boltanski, Castel, Chamboredon, Lagneau, Schapper. Eine illegitime Kunst. Frankfurt a. M. 1981. 235–266.

Darrah, William C.: Cartes de Visite in 19th Century Photography. Gettysburg 1981.

David: Ratgeber im Photographieren. Für Anfänger und Fortgeschrittene. 495. Tausend. Halle (Saale) 1920.

Depping, G. B.: La Suisse ou Tableau historique, pittoresque et moral des cantons helvétiques. T. IV. Paris 1822.
Drost, Ernst: K. u. K. Familienalbum. Die Welt von gestern in 319 alten Photographien von Franz Hubmann. Wien/München/Zürich 1971.
Eberhart, Helmut: Zwischen Realität und Romantik. Die Viktor-Geramb-Photosammlung am Institut für Volkskunde in Graz. In: Zeitschrift für Volkskunde 81 (1985) 1–21.
Eggimann, Ernst; Studer, Walter: Emmental. Zürich/Schwäbisch Hall 1983.
Eschle, Laurentius: Unsere Liebe Frau im Stein in Wort und Bild: Geschichte der Wallfahrt und des Klosters Mariastein. Solothurn 1896.
Felder, Hilarin: General und Erzbischof P. Bernhard Christen von Andermatt 1837–1909 und die Erneuerung des Kapuzinerordens. Schwyz 1943.
Freund, Gisèle: Photographie und Gesellschaft. München 1976.
Fulchignoni, Enrico: Betrachtungen über eine Soziologie der Photographie. In: Die Massenmedien und ihre Folgen. Kommunikationssoziologische Studien. Hg. v. A. Silbermann. München 1970. 10–20.
Girard, R.: Les juifs en France de 1789 à 1860. De l'émancipation à l'égalité. Paris 1976.
Gotthelf, Jeremias: Der Bauernspiegel. 1837 erstmals erschienen.
Gysi, Oscar J.: Der Jüngste von Zwölfen. Jugend-Erinnerungen aus alter Zeit. Aarau 1905.
Haas, Hieronymus: Wallfahrtsgeschichte von Mariastein. Mariastein 1973.
Haus, Andreas: Fotografie und Wirklichkeit. In: Fotogeschichte. Beiträge zur Geschichte und Ästhetik der Fotografie 2. 1982. Heft 5. Frankfurt a.M. 1982. 5–11.
HBLS = Historisch-Biographisches Lexikon der Schweiz. 7 Bde. + Suppl. Neuenburg 1921/34.
Historischer Verein des Kantons Thurgau (Hg.): Joachim Brunschweiler, oder Lehr- und Wanderjahre eines Portraitmalers am Ende des XVIII. und im Anfange des gegenwärtigen Jahrhunderts. In: Thurgauische Beiträge zur Vaterländischen Geschichte. 9. Heft. Frauenfeld 1868. 1–94.
Hogg, Raphael: Geschichte des Kapuzinerklosters Mels. Mels 1935.
Hoerner, Ludwig: Das photographische Gewerbe in Deutschland 1839–1914. Düsseldorf 1989.
Hugger, Paul: Die Nagel- und Kettenschmiede von Vallorbe. Altes Handwerk 33. Basel 1973.
Id. = Schweizerisches Idiotikon. Wörterbuch der schweizerdeutschen Sprache. Frauenfeld 1881 ff.
Iten, Karl: Uri damals. Photographien und Zeitdokumente 1855–1925. Altdorf 1984.
Jahresbericht der Bundesanwaltschaft. Bern 1853.
Kallinich, Joachim: «Fotos sind schön und schwer zugleich.» Anmerkungen zu Fotografie und Lebensgeschichte. In: Tübinger Beiträge zur Volkskultur 69. 1986. 285–300.
Keust, Bernhard: «Erinnerungen aus meinem Leben.» Solothurn 1914.
Kiechel, L.: Documents sur les israélites de Hegenheim vers le milieu du XIXe siècle. Société d'Histoire et du musée de Hunigue et du canton de Hunigue. 9. 1960. 40–46.
Killer, Peter: Anfänge und erste Höhepunkte des Bildjournalismus in der Schweiz. Notizen eines Gesprächs mit Arnold Kübler. In: Photographie in der Schweiz 1840 bis heute. Hg. v. Hugo Loetscher, Walter Binder, Rosellina Burri-Bischof, Peter Killer. Teufen 1974. 208–234.
König, Judith; Truninger, Annelise (Hg.): «Lebensgeschichte des Walter H.» In: Rasante Zeiten. Eine Frau und ein Mann erleben unser Jahrhundert. Bern 1982.
Korff, Gottfried: Rote Fahnen und «Tableaux Vivants», zum Symbolverständnis der deutschen Arbeiterbewegung im 19. Jahrhundert, in: Albrecht Lehmann (Hg): Studien zur Arbeiterkultur. Münster 1984. 103–140.
Kracauer, Siegfried: Das Ornament der Masse. Essays. Frankfurt a.M. 1963.
Kundt, Ernö: Lichtbilder und Bauern. Ein Beitrag zur visuellen Anthropologie. In: Zs. für Volkskunde 80. 1984. 216–228.
Läubli, Walter: Künstler-Bildnisse. Zürich 1974.
Läubli, Walter:
- Glarnerland. Glarus 1949;
- Mallorca und Ibiza. Büchergilde. Zürich 1959;
- Maria Einsiedeln. Meiringen 1944;
- Sizilien. Büchergilde. Zürich 1957.
- Sizilien. Büchergilde. Zürich 1957.
- Sonnenland Toscana – Umbrien. Büchergilde. Zürich 1961;
- Urschweiz. Heimat des Vaterlandes. Luzern/Zürich 1941.

Lechner, A.: Entstehung und Entwicklung der solothurnischen Presse. In: Das Buch der schweizerischen Zeitungsverleger 1899–1924. Zürich 1925. 817–836.

Loetscher, Hugo: Photographie in der Schweiz. In: Photographie in der Schweiz. Hg. von Hugo Loetscher u. a. Teufen 1974.
Maas, Ellen: Die goldenen Jahre der Photoalben. Köln 1977.
Müller, A.: Biedermeierisches Luzern. Die ersten Photographen. In: Heimatland. Illustrierte Monatsbeilage des «Vaterland». 8. 1948. 58–60.
Müller-Büchi, E. F. J.: Die alte «Schwyzer-Zeitung» 1848–1866. Ein Beitrag zur Geschichte des politischen Katholizismus und der konservativen Presse im Bundesstaat von 1848. Freiburg (Schweiz) 1962.
Ochsenbein, Peter: Beten «mit zertanen Armen» – ein alteidgenössischer Brauch. In: SAVk 75. 1979. 129–172.
Peters, Ursula: Stilgeschichte der Photographie in Deutschland 1839–1900. DuMont-Dokumente Photo. Köln 1979.
Pfluger, Jules; Elisabeth Pfluger, Karl Gschwind: Härkingen 1980.
Pieske, Christa: Bilder für jedermann. Wandbilddrucke 1840–1940. München 1988.
Ranke, Winfried: Joseph Albert – Hofphotograph der bayerischen Könige. München 1977.
Reck, Josef: 200 Jahre Kloster Berg Sion. Uznach 1966.
Regener, Susanne: Das verzeichnete Mädchen. Zur Darstellung des bürgerlichen Mädchens in Photographie, Puppe, Text im ausgehenden 19. Jahrhundert. Marburg 1988.
Reiner, Otto: Achtzehn Jahre Farmer in Afrika. Leipzig o. J.
Reinle, Adolf: Vergängliche und dauerhafte Festarchitektur vom Mittelalter bis ins 19. Jahrhundert. In: Stadt und Fest. Zu Geschichte und Gegenwart europäischer Festkultur. Hg. v. Paul Hugger. Unterägeri/Stuttgart 1987.
Richter, Helmut: Topografische Fotografie in Erlangen 1839–1914. In: Fotogeschichte. Beiträge zur Geschichte und Ästhetik der Fotografie. 1. 1981. 3–56.
Rühlig, Cornelia: Bloss ein paar Urlaubsfotos von «Knipsern». Kindheitsbilder eines bürgerlichen Mädchens (1926–1937). In Fotogeschichte. Beiträge zur Geschichte und Ästhetik der Fotografie. Hg. v. Timm Stark. Heft 13. 1984. 41–50.
Rüst, Ernst: Die Photographie an der Eidg. Technischen Hochschule und ihre Vertreter 1869–1945. In: Schweizerische Photo-Rundschau 14. 1951. 262–269.
Rutschi, Theo: Ich höre ein Lied . . . Hg. v. Karl Lang und Hans-Ulrich Stauffer. Zürich 1983.
Scheurer Hans J.: Die Industrialisierung des Blicks. Zur Kultur- und Mediengeschichte der Photographie. Köln 1987.
Schwabik, Maria; Misonne, Maurice: Léonard Misonne, ein Fotograf aus Belgien 1870–1943. Seebruck 1976.
Sontag, Susan: Über Photographie. München/Wien 1978.
Stadler, Peter: Der Kulturkampf in der Schweiz. Eidgenossenschaft und Katholische Kirche im europäischen Umkreis 1848–1888. Frauenfeld/Stuttgart 1984.
Stähli, Paul: Im Wandel der Zeit. Vom Verdingbub zum Gewerkschaftssekretär. Aarau 1954.
Stark, Timm (Hg.): Fotogeschichte. Beiträge zur Geschichte und Ästhetik der Fotografie. Frankfurt am Main 1981 ff.
Steen, Jürgen: Fotoalbum und Lebensgeschichte. In: Fotogeschichte. Beiträge zur Geschichte und Ästhetik der Fotografie. Hg. v. Timm Stark. Heft 10. 1983. 55–67.
Steen, Jürgen: Fotografiegeschichte als Kunstgeschichte. Fotografie als «optische Sozialgeschichte» und die Industrielle Revolution. In: Fotogeschichte 2. 1982. Heft 5. 13–17.
Steimer, Rufin: Geschichte des Kapuziner-Klosters Rapperswil mit einlässlicher Berücksichtigung der Orts- und Zeit-Geschichte. Uster 1927.
Steimer, Timotheus: Das Kapuzinerkloster Schüpfheim. Geschichtliche Notizen zu seinem 250jährigen Bestand (1655–1905). Einsiedeln/Waldshut/Köln 1905.
Tavel, Rudolf von (Text); Courten, Carlo von (Farbphotos); Münger, Rudolf (Zeichnungen): Von grosser Arbeit. Kraftwerk und Stausee von Mühleberg in ihrer Entstehung. Bern 1921.
Tröger, Annemarie: Lebensgeschichte und Fotografie. Ein Vergleich an einem Beispiel. In: Fotogeschichte. Beiträge zur Geschichte und Ästhetik der Fotografie. 2. 1982. Heft 5. 29–34.
Vogel, E.: Taschenbuch der Photographie. Ein Leitfaden für Anfänger und Fortgeschrittene. 32. Aufl. 123.–134. Tausend. Berlin 1915.
Wahl, Alfred: Confessions et comportements dans les campagnes d'Alsace et de Bade (1871–1939). Catholiques, protestants et juifs: démographie, dynamisme économique et sociale, vie de relations et attitudes politiques. Thèse. Vol. 2. Metz 1980.

Weber, X.: Die Musegg zu Luzern. Stans 1941.

Wegmüller Walter: Die industrielle Entwicklung Langenthals. Langenthal 1938.

Weiermair, Peter: Von der Kunstfotografie zur Neuen Sachlichkeit. In: Geschichte der Fotografie in Österreich. Bd. 1. Bad Ischl 1983. 187–203.

Wind, Siegfried: Geschichte des Kapuzinerklosters Dornach. Ein Beitrag zur Geschichte der schweizerischen Kapuzinerprovinz. Stans 1909.

Wyss, Fritz: Die Stadt Solothurn. Geographisch und kulturhistorisch dargestellt. Solothurn 1943.

Zingg, Eduard: Geschichtliches über das Schulwesen der Stadt Olten. Olten 1883.

Zwicky von Gauen, J. P.; Benziger-Müller, R. (Hg.): Ahnen und Nachkommen von Dr. Ralph Benziger und seiner Gemahlin Maria Donata Benziger geb. Müller. Privatdruck. Zürich 1975.

REGISTER

Sachregister

Personen- und Ortsregister

Bildnachweis

Vreni und Richard Aschwanden, Photographen, Altdorf 2, 3, 40–59
Kurt Blum, Photograph, Bern – Praz 183–199, 202
Pio Corradi, Kameramann und Photograph, Zürich 39, 89, 95, 97, 98, 127, 200, 201
Wilhelm Felber, Photograph, Langenthal 128–145
Theo Frey, Photograph, Weiningen 1, 158–182
Ernst Hiltbrunner, Photograph, Rohrbach (Eidg. Archiv für Denkmalpflege, Bern) 90, 91–94, 96, 99–126
Paul Hugger, Zürich 4, 5–13, 23, 61–63
Walter Läubli, Photograph, Zürich (Eidg. Archiv für Denkmalpflege, Bern) 146–157
Jules Pfluger, Härkingen 15–18
Provinzarchiv Kloster Wesemlin, Luzern 14, 19–22, 24–38
Richard Würgler, Photograph, Meiringen 60, 81–88
Zentralarchiv «Aktion Bauernhausforschung in der Schweiz», Basel (Nachlass Metzener) 64–80